Jost Schneider
Einführung in die Roman-Analyse

Einführungen Germanistik

Herausgegeben von
Gunter E. Grimm und Klaus-Michael Bogdal

Jost Schneider

Einführung in die Roman-Analyse

Wissenschaftliche Buchgesellschaft

Einbandgestaltung: Neil McBeath, Stuttgart.

Die Deutsche Bibliothek verzeichnet diese Publikation
in der Deutschen Nationalbibliografie;
detaillierte bibliografische Daten sind im Internet über
http://dnb.ddb.de abrufbar.

Das Werk ist in allen seinen Teilen urheberrechtlich geschützt.
Jede Verwertung ist ohne Zustimmung des Verlages unzulässig.
Das gilt insbesondere für Vervielfältigungen,
Übersetzungen, Mikroverfilmungen und die Einspeicherung in
und Verarbeitung durch elektronische Systeme.

© 2003 by Wissenschaftliche Buchgesellschaft, Darmstadt
Gedruckt auf säurefreiem und alterungsbeständigem Papier
Printed in Germany

Besuchen Sie uns im Internet: www.wbg-darmstadt.de

ISBN 3-534-16267-6

Inhalt

I. Der Begriff ‚Roman' 7
  1. Begriffsgeschichte 7
  2. Begriffsdefinition 8
  3. Formen des Romans 11

II. Forschungsbericht 12

III. Analytisches Instrumentarium 17
  1. Figurenanalyse 17
  2. Inhaltsanalyse 26
  3. Stilistische Analyse 38
  4. Narrativik 50

IV. Historischer Überblick 70
  1. Gattungsgeschichte 70
    1.1 Feudalistisches Zeitalter 72
    1.2 Bürgerliches Zeitalter 86
    1.3 Demokratisch-pluralistisches Zeitalter 100
  2. Poetikgeschichte, Ästhetikgeschichte 122
  3. Aktuelle Entwicklungen 136

Bibliographie 143

Personenregister 149

Sachregister 150

I. Der Begriff ‚Roman'

1. Begriffsgeschichte

Der Roman gehört zu den erstaunlichsten Phänomenen der neueren Literaturgeschichte. Welcher anderen literarischen Gattung könnte man attestieren, über mehr als zwei Jahrhunderte hinweg ein Massenpublikum fasziniert, ja überhaupt erst für die freiwillige Teilhabe an der schriftlichen literarischen Kommunikation gewonnen zu haben?

Sowohl im Buchhandel als auch in privaten und öffentlichen Buchsammlungen ist der Roman heute allgegenwärtig. Und fast alle großen und populären Schriftsteller waren auch Romanverfasser. Goethe verdankte seinen internationalen Ruhm dem *Werther*. Fontane schrieb mehr als 2000 Gedichte, wurde aber erst durch seine späten Gesellschaftsromane populär. Thomas Mann, Hesse, Böll, Grass und natürlich fast alle Autoren von Unterhaltungs- und Trivialliteratur schrieben Romane. Wenn jemals eine literarische Gattung Breitenwirkung erzielt hat, dann ist es der Roman.   Breitenwirkung

Die wissenschaftliche Analyse von Romanen ist deshalb nicht bloß eine interne Angelegenheit der Philologie. Vielmehr erfordert diese Aufgabe eine interdisziplinäre Herangehensweise, die auch auf Fragestellungen der   Interdisziplinarität
Mentalitätsgeschichte, der Medienwirkungsforschung, der Lesepsychologie, der Kulturwissenschaft und anderer Forschungszweige eingeht. Nachfolgend werden deshalb nicht nur die geistes- und poetikgeschichtlichen Aspekte des Themas aufgegriffen und nicht nur die kanonisierten Klassiker der offiziellen Literaturgeschichtsschreibung, sondern auch die populären Unterarten der Romangattung wie z. B. der Kriminal-, der Liebes- und der Räuberroman berücksichtigt. Auch auf einige Probleme der Intermedialitätsforschung wird einzugehen sein. Denn der Roman ist die einzige literarische Gattung, die trotz des immensen Konkurrenzdrucks der elektronischen Medien im 20. Jahrhundert ein Massenpublikum an sich binden konnte. Und darüber hinaus basiert ein Großteil nicht nur der Kinofilme, sondern auch z. B. der TV-Serien, der Video- und der Computerspiele auf literarischen Vorlagen, die zuerst als Romane erschienen oder wenigstens romanhafte Züge tragen.

Worauf beruht aber der erstaunliche Erfolg des Romans, der vom Groschenroman bis zum Experimentalroman und vom Kinderroman bis zum pornographischen Roman sämtliche Gesellschaftsgruppen, Bildungsschichten und Altersstufen anzusprechen vermag? Lässt sich angesichts der sehr unterschiedlichen Erscheinungsformen des Romans überhaupt von *einer* einheitlichen Gattung sprechen? Mit Hilfe welcher Analysekategorien und -instrumentarien kann man den Aufstieg der Gattung erklären, den inneren Aufbau eines einzelnen Romans verstehen und seine Qualität sachlich beurteilen? Wie kann man schließlich seine Wirkungspotentiale abschätzen und seine tatsächlichen Wirkungen messen?

Das vorliegende Buch will diese Fragen dem neuesten Stand der literatur- und allgemein der geistes- und kulturwissenschaftlichen Forschung gemäß zu beantworten versuchen. Dabei empfiehlt es sich, zuerst einen Blick auf die Geschichte des Begriffs ‚Roman', die wichtige erste Einblicke   Begriffsgeschichte
in das Wesen der Gattung eröffnet, zu werfen. Der Ausdruck ‚romanz' be-

gegnet uns zum ersten Mal im Frankreich des 12. Jahrhunderts (vgl. Vossler 1927, S. 1–3). Er bezeichnete dort ein nicht in lateinischer Sprache, sondern in der lingua romana abgefasstes Werk in Versen oder Prosa. Solche Werke stellten eher die Ausnahme als die Regel dar, weil die Teilhabe an der schriftlichen literarischen Kommunikation zu dieser Zeit das Privileg einer winzigen Minderheit von Gelehrten, Adeligen und Patriziern war, deren Bildungsideal in erster Linie eine gründliche Kenntnis der lateinischen Klassiker vorsah. Literarische Werke in der altfranzösischen Vulgärsprache trugen demnach das Stigma der Ungelehrtheit, auch wenn sie, anders als die Epen, nicht mündlich vorgetragen, sondern in Buchform verbreitet wurden. Ausgehend von Nordfrankreich fand bis ins 16. Jahrhundert eine allmähliche Begriffsverengung statt, so dass der Ausdruck ‚roman' schon recht genau das bezeichnete, was man heute einen „Roman" nennt, als er im 17. Jahrhundert als Fremdwort ins Deutsche übernommen wurde, nämlich eine schriftlich fixierte, erfundene, längere Erzählung in Prosa, die nicht in der lateinischen Gelehrtensprache, sondern in der jeweiligen Landessprache abgefasst war. Die Begriffsgeschichte zeigt den Roman in seinen Ursprüngen demnach als eine Zwittergattung, deren Lektüre einerseits keine höhere Gelehrsamkeit erfordert, die aber andererseits aufgrund ihrer Länge und ihrer Schriftlichkeit der Bevölkerungsmehrheit vorenthalten blieb. Erst im 19. Jahrhundert erlangen die Arbeiterschaft und das Kleinbürgertum eine Wirtschaftskraft und einen Bildungsstand, die es ihnen ermöglichen, Bücher zu erwerben, zu lesen und zu verstehen. Bis dahin bleibt die Teilhabe an der schriftlichen literarischen Kommunikation auf die kleinen Bildungseliten des Adels und des höheren Bürgertums beschränkt.

2. Begriffsdefinition

Definition Aus der Begriffsgeschichte lässt sich folgende allgemeine Definition ableiten: Ein Roman ist ein schriftlich fixierter, relativ umfangreicher, fiktionaler Prosatext in einer nicht nur Gelehrten verständlichen Sprache. Die einzelnen Bestandteile dieser Definition seien kurz erläutert:

– ‚schriftlich fixiert'
Im Unterschied zu Märchen oder Sagen wurden Romane von Anfang an nicht mündlich überliefert, sondern als fixierte begrenzte Graphemsequenzen gespeichert und weitergegeben. Ihr Wortlaut ist deshalb konstant, woran auch unautorisierte Veränderungen durch unaufmerksame Setzer, pflichteifrige Zensoren, gewinnlüsterne Raubdrucker etc. im Prinzip nichts ändern. Die technische Entwicklung der Speicher- und Transportmedien von der Handschrift über das gedruckte gebundene Buch und das Taschenbuch bis hin zur CD-ROM hat die Verbreitung und Demokratisierung der Gattung stark gefördert. Vorgelesene Romane (Literaturkassette, Audiobook) gehören natürlich nicht zur oral poetry. Die viel diskutierte Entwicklung einer neuartigen Internet-Literatur hat bisher keinen bedeutenden Einfluss auf die Gattungsentwicklung gehabt; vielmehr scheint umgekehrt die Romanlektüre den Maßstab zu bilden, an dem sich dieses wie jedes andere neue Format in puncto Attraktivität zu messen hat, wenn es über den

Status eines Randgruppenphänomens hinausgelangen will (vgl. Dörrich 1991).

– ‚relativ umfangreich'
Im Unterschied zu Erzählungen oder Novellen können und sollen Romane normalerweise nicht in einem Zug heruntergelesen werden. Da sie von Anfang an schriftlich fixiert wurden, brauchten ihre Verfasser keine Rücksicht auf die Grenzen der Memorierbarkeit zu nehmen. Weil aber diese Grenzen von Individuum zu Individuum variieren, lässt sich kein eindeutiger Minimalwert angeben; Edward Morgan Forster nannte in seinen *Aspects of the Novel* (1927) einen Wert von 50 000 Wörtern, was ungefähr 150 Taschenbuchseiten entspricht. Ein Maximalwert ist ebenfalls nicht benennbar, aber nur wenige Romane haben heute mehr als 800 Taschenbuchseiten und sehr viele liegen bei einem Wert von 300 bis 400 Seiten. Die Lektüre vollzieht sich deshalb in der Regel in mehreren Etappen, was einerseits die häufig anzutreffende Unterteilung in Kapitel und/oder Sinnabschnitte zweckmäßig erscheinen lässt und andererseits auf das wirkungspsychologisch interessante Spezifikum verweist, dass der Roman in das Alltagsleben zwischen den Leseetappen hineinwirkt. Oft ist der Leser jedenfalls schon gespannt, wie es weitergeht. Das bisher Gelesene beschäftigt ihn und schlägt sich anscheinend länger und intensiver in seinem Bewusstseinsleben nieder, als dies bei Gedichten oder nach einem Theaterbesuch durchschnittlich der Fall ist. Die besondere Wirkungsstärke des Romans hängt also unmittelbar mit seiner Länge und der dadurch bedingten Rezeptionsweise zusammen. Und für viele Leser scheint es geradezu ein Qualitätskriterium zu sein, ob der Roman sie dermaßen fesselt bzw. gedanklich oder emotional so sehr beschäftigt, dass sie zwischen den Etappen bis zu einem gewissen Grad in seine Atmosphäre eingetaucht bleiben. Wo diese nachhaltige Versenkung nicht zustande kommt, steigt bei vielen Lesern die Wahrscheinlichkeit des Lektüreabbruchs.

– ‚fiktional'
‚Fiktional' ist nicht das Gegenteil von ‚real'. Die neuere Literaturtheorie geht davon aus, dass literarische Fiktionen durch die Kombination von Fakten und freien Erfindungen entstehen, wobei formale Bildung und Weltwissen des Lesers seine Fähigkeit zur Identifikation von Fakten, Fiktionen und Erfindungen determinieren (vgl. Iser 1991; Berthold 1993). Da diese Strategien dem Individuum im Laufe seiner literarischen Sozialisation in Fleisch und Blut übergehen, vermag es in der Regel problemlos fiktionale von nichtfiktionalen Texten zu unterscheiden, ohne seine Kriterien hierzu explizit benennen zu können. Als Fiktionalitätssignale scheinen hierbei nicht nur solche Textstellen zu fungieren, die der Leser nach Maßgabe seines jeweiligen Weltbildes für phantastisch hält, sondern auch eine bis ins Unwahrscheinliche gesteigerte Detailliertheit in der Sachbeschreibung bzw. eine ebensolche Komplexität der Innenweltdarstellung (vgl. Schneider 2000, S. 11–13). Werden in einem Text mehr äußere Detailbeschreibungen und mehr Angaben über Gedanken und Gefühle von Figuren geliefert, als dies in lebensweltlich erfahrbaren Kontexten möglich und üblich wäre, so liest der Rezipient den Text also als fiktionales Werk. Dazu drei Beispielsätze:

(1) Am 24. Februar 1886 heiratete Edison seine zweite Frau Mina Miller.
(2) Die Glocken läuteten feierlich, als Edison am 24. Februar 1886 seine zweite Frau Mina Miller heiratete, die ihn aufrichtig liebte.
(3) Es war überraschend mild und die Glocken läuteten besonders feierlich, als Edison am 24. Februar 1886 seine zweite Frau Mina Miller heiratete, die ihn aufrichtig liebte und die zu diesem Anlass ein Seidenkleid mit vielen Rüschen trug, deren oberste sie beständig am Kinn kitzelte, was sie während der Zeremonie vergeblich zu ignorieren versuchte.

Käme in einer wissenschaftlichen Edison-Biographie ein einzelner Satz wie (3) vor, so würde der Leser dies vielleicht tolerieren. Würden derartige Detailbeschreibungen und Innenweltdarstellungen jedoch immer wieder auftreten, wie dies in Romanen und anderen literarischen Texten regelmäßig der Fall ist, würde der Leser irgendwann auf ‚Fiktion' umschalten (sofern nicht aus seiner Sicht phantastische Handlungselemente bzw. eine Gattungsangabe im Titel, ein Klappentext oder ähnliches ihm von vornherein signalisieren, dass er es mit fiktionaler Literatur zu tun hat).

– ‚Prosatext'
Bei der Übernahme des Fremdwortes ‚Roman' in die deutsche Sprache im 17. Jahrhundert gehörte der Verzicht auf die gebundene Rede bereits zu den feststehenden Gattungsmerkmalen. Bis ins späte Mittelalter war dies jedoch anders gewesen, weshalb in der Mediävistik z. B. vom ‚Artusroman' die Rede ist, obwohl das höfische Epos eben im Unterschied zum Roman versifiziert war (und mündlich vorgetragen wurde).

	gebundene Rede	mündlicher Vortrag
Roman	–	–
Versepos (z. B. *Atta Troll*)	+	–
höfisches Epos	+	+

Dichtung in Prosa galt trotz der Vorbilder von Boccaccio, Cervantes und Rabelais in Deutschland lange Zeit als unkünstlerisch und unvornehm. Im Grunde hat erst der Erfolg des Romans im 19. Jahrhundert eine nachhaltige Durchsetzung und Rehabilitation der Prosaform bewirkt. Auch in dieser Hinsicht erweist er sich als eine Gattung, deren künstlerische und gesellschaftliche Reputation erst im bürgerlichen Zeitalter befestigt werden konnte.

– ‚nicht nur Gelehrten verständliche Sprache'
Etymologisch meint die Bezeichnung ‚Roman' ein nicht-lateinisches, also nicht in der Gelehrtensprache seiner Entstehungszeit, sondern in der romanischen Volkssprache verfasstes Werk. Darüber hinaus kann dem Roman im Durchschnitt auch in stilistischer Hinsicht ein im Vergleich zu anderen Gattungen besonders hohes Maß an Verständlichkeit bescheinigt werden. Daran kann die kleine Zahl der anspruchsvollen, nur das gelehrte Publikum erreichenden Experimental- oder Montageromane wenig ändern, selbst wenn diese Werke häufiger kanonisiert wurden und werden als die viel gelesenen, leicht verständlichen Kriminal-, Liebes- oder Familienromane, die durch alltagssprachliches Vokabular, einfachen Satzbau, Vermeidung von Kohärenzstörungen und Übersichtlichkeit der Figurenkonstellation, der Handlungsführung sowie der Raum- und der Zeitgestaltung gekennzeichnet sind. Der Buchmarkt hat jedenfalls seit weit mehr als 100

Jahren für die Angehörigen aller Bildungsschichten, Gesellschaftsgruppen und Altersstufen Romane im Angebot, was sich von kaum einer anderen literarischen Gattung behaupten lässt. Romanlektüre bot besonders den bildungsferneren Schichten eine Gelegenheit zur Teilhabe an einer mehr und mehr respektierten Form der schriftlichen literarischen Kultur.

3. Formen des Romans

Die für den Roman charakteristische soziale Durchmischung der Leserschaft war sicherlich eine der wichtigsten Ursachen für die Entwicklung von Romantypologien. Jedenfalls spiegeln manche dieser Typologien offensichtlich den Versuch wider, die verschiedenen Unterarten des Romans gemäß ihrer ‚Legitimität' (vgl. Bourdieu 1987, S. 153 f.) zu hierarchisieren, d. h. zwischen legitim-anspruchsvollen und illegitim-anspruchslosen Unterarten des Genres zu unterscheiden. Die Literaturtheorie kennt deshalb eine Reihe von bei anderen Gattungen fehlenden pejorativen Komposita wie z. B. Schundroman, Groschenroman, Trivialroman oder Hintertreppenroman, denen poetologisch aufgewertete, positiv konnotierte Begriffe wie z. B. Bildungsroman, Entwicklungsroman, Zeitroman oder Künstlerroman gegenüberstehen. Darüber hinaus dienen die diversen Formtypologien aber auch der wissenschaftlichen Klassifikation nach Stoffen, Themen, Erzählhaltungen, Publikationsformen oder Gestaltungstechniken (z. B. Arztroman, Liebesroman, Ichroman, Fortsetzungsroman, Montageroman). Keine dieser Typologien ist jedoch speziell auf die Romangattung zugeschnitten, denn den Arztstoff gibt es auch in Dramen, das Liebesthema auch in Liedern, die Ich-Erzählsituation auch in Kurzgeschichten, die Publikation in Fortsetzungen auch bei Novellen, die Montagetechnik auch bei Gedichten usw. Die bisherigen Typologien genügen deshalb nicht systematischen, sondern bloß pragmatischen Ansprüchen, d. h. sie erfassen bestimmte Textkorpora, die innerhalb spezieller Rezipientengruppen zeitweise den Status literarischer Institutionen erreichten (vgl. Engel 1996, S. 1672). So ist z. B. der Räuberroman erst innerhalb der Kolportageliteratur des 19. Jahrhunderts, die sich an Arbeiter und Kleinbürger richtete, ein klar konturiertes Genre geworden, das bestimmten Regeln folgte, bestimmte Erwartungen befriedigte und bestimmte Wirkungen erzeugte, d. h. zu einer festen Institution im Leben der Kolportageabnehmer wurde.

Legitimität/ Illegitimität

II. Forschungsbericht

Die deutsche Romanforschung hat in den letzten zwei Jahrzehnten bedeutende Fortschritte erzielt. Dabei sind an erster Stelle gewiß die zahlreichen Einzelanalysen und -interpretationen zu den kanonisierten Klassikern dieses Genres zu nennen. Gattungstheoretische und -geschichtliche Fragen spielen in diesen Studien, die in den einschlägigen Bibliographien verzeichnet sind, jedoch in der Regel keine oder nur eine untergeordnete Rolle, weshalb sie hier nur in Einzelfällen berücksichtigt werden. Das gilt auch für die gesamte ältere Romanforschung, deren wichtigste Titel im bibliographischen Anhang zu dem von Helmut Koopmann herausgegebenen *Handbuch des deutschen Romans* (1983) verzeichnet sind, und für die nach wie vor recht seltenen Untersuchungen zum Trivial- und Unterhaltungsroman.

Romanpoetik Fast schon übererforscht ist die deutsche Romanpoetik, die man als besonders vornehmen Gegenstand der Romanforschung bezeichnen kann, weil die diesbezüglichen Texte praktisch niemals den Trivial- oder Unterhaltungsroman betreffen. Bereits die zwei Sammelbände zur *Romantheorie*, die 1971 und 1975 von Eberhard Lämmert und anderen herausgegeben worden waren, hatten mehr als 700 Schriften verzeichnet und viele davon in Auszügen abgedruckt und kommentiert. Seither sind zahlreiche weitere Publikationen zu diesem Thema entstanden, von denen hier nur einige der einflussreichsten herausgehoben werden können. An erster Stelle ist dies der von Hartmut Steinecke verfasste Band *Romanpoetik in Deutschland. Von Hegel bis Fontane* (1984), der 65 Auszüge aus wichtigen gattungstheoretischen Texten abdruckt und der in einer instruktiven Überblicksdarstellung die Haupttendenzen der Romandiskussion im 19. Jahrhundert skizziert. Zusammen mit Fritz Wahrenburg veröffentlichte Steinecke 1999 die heute wohl am weitesten verbreitete Anthologie zu diesem Thema unter dem Titel *Romantheorie. Texte vom Barock bis zur Gegenwart*. Darin werden Auszüge aus 118 Klassikern der Romantheorie abgedruckt und kurz erläutert; für Philologiestudenten besonders nützlich ist die klug selektierende Auswahlbibliographie am Ende dieses Buches, in der alle wichtigen neueren Beiträge zur Theorie und Geschichte der Gattung verzeichnet sind. Keine Materialsammlung, sondern eine zusammenhängende Darstellung liefert die Monographie *Der europäische Roman. Geschichte seiner Poetik* (1990) von Viktor Žmegač. Die Studie setzt mit der Spätantike ein und behandelt auch den Roman des feudalistischen Zeitalters, erreicht jedoch schon nach knapp 50 Seiten das 18. Jahrhundert und widmet sich dann ganz ausführlich der Romantik, dem Realismus, dem Naturalismus und dem 20. Jahrhundert. Fast genauso strukturiert und ebenfalls ganz auf die kanonisierten Klassiker des Romans fokussiert ist die 1993 erschienene Arbeit von Bruno Hillebrand mit dem Titel *Theorie des Romans. Erzählstrategien der Neuzeit*. Wer nicht primär Einblicke in die Realität der literarischen Kommunikation gewinnen, sondern zunächst nur den Kanon der von Berufslesern geschätzten Meisterwerke kennenlernen will, wird bei Žmegač genauso fündig wie bei Hillebrand, der zwar de Sade, Dos Passos und Borges unerwähnt lässt, dafür aber die deutsche Romantradition ausführlicher behandelt als Žmegač. Wer die Lektüre der mit jeweils über 400 Seiten recht ausführlichen Darstellungen beider Autoren scheut, findet im zweiten Kapitel der *Romantheorie* von Matthias Bauer (1997) eine im Großen und Ganzen zuverlässige Kurzfassung, die nicht mehr als ein Sechstel dieses Umfangs erreicht, aber leider erstaunlich nachlässig redigiert wurde.

Kann die – natürlich auch bei Bauer – festzustellende Fokussierung auf den anspruchsvollen, kanonisierten Roman im Falle der Romantheorie und Romanpoetik entschuldigt werden, weil die Verfasser und Erforscher von Trivial- und Unterhaltungsromanen so gut wie keine theoretischen Schriften zur Natur der von ihnen bevorzugten Gattung vorgelegt haben, so macht sich diese Horizontverengung im Falle gattungs*geschichtlicher* Darstellungen erheblich deutlicher und schmerzlicher bemerkbar. Ulf Eiseles Studie *Die Struktur des modernen deutschen Romans* (1984) konzentriert sich z. B. auf fünf Romanklassiker von Broch, Musil, Thomas Mann, Brecht und Kafka, denen exemplarische Geltung zugesprochen wird und die gleichsam in idealtypischer Weise die fünf gültigen Antworten auf die Fragen der Moderne ausformuliert haben sollen. Dabei unterstellt Eisele, dass moderne Literatur durchgängig durch ihre Autoreferentialität geprägt sei, ja dass es geradezu naiv wäre, in der Kunst etwas anderes als Aussagen über die Kunst zu vermuten. Eisele arbeitet so rastlos wie vergeblich, um diese einseitige These wenigstens an den fünf von ihm selbst ausgewählten Beispieltexten dingfest machen zu können. Dass er den engagierten neorealistischen Roman nicht akzeptiert, versteht sich von selbst, ganz zu schweigen von den modernen deutschen Trivial- und Unterhaltungsromanen, die seine Modernitätskonzeption und sein Literaturverständnis sprengen. Obwohl er 1985 in der *Zeitschrift für deutsche Philologie* eine kritische Rezension zu Eiseles Buch publizierte, hat Jürgen H. Petersen in seiner Studie *Der deutsche Roman der Moderne* (1991) nicht davor zurückgeschreckt, seinerseits eine Typologie der wichtigsten Romanformen zu entwickeln. Petersen unterscheidet erstens den die Deutungsfreiheit des Lesers maximierenden Roman, der auf alle Formen der Rezeptionslenkung verzichtet, zweitens den das Unbestimmte und Offene suchenden Roman, der die Wirklichkeit bloß als eine unter vielen Möglichkeiten auffasst, sowie schließlich drittens den fiktionsstörenden Roman, der mehrere Handlungsvarianten nebeneinander präsentiert oder explizit auf das Gemachte und Erfundene der Geschehnisse verweist. Obwohl auch dieses Raster recht eng ist und wenig Raum für gesellschaftskritisch-neorealistische Werke sowie für Trivial- und Unterhaltungsliteratur lässt, entgeht Petersen den schädlichen Konsequenzen einer derartigen Engführung dadurch bis zu einem gewissen Grade, dass er einerseits zwischen ‚fundamentaltypischen' Romanen ersten Ranges und ‚typus-kombinierenden' Mischromanen zweiten Ranges unterscheidet und andererseits seine Typologie mit einer gewissen Großzügigkeit auf die tatsächlich vorzufindenden Textbestände anwendet, so dass er auch den nach seiner Konzeption prima facie wenig modern wirkenden Romanen eines Heinrich Böll oder einer Gabriele Wohmann im Wesentlichen Gerechtigkeit angedeihen lassen kann. Petersens Buch ist im Moment die empfehlenswerteste, ausgewogenste, auch als Nachschlagewerk nutzbringendste Überblicksdarstellung zur Geschichte des (anspruchsvollen) deutschen Gegenwartsromans. Relativ ausgewogen wirkt

Gattungsgeschichte

auch die Behandlung des gleichen Gegenstandes in dem 1993 von David Midgley herausgegebenen Sammelband *The German Novel in the Twentieth Century*, der allerdings den bezeichnenden, sofort an Eisele erinnernden Nebentitel *Beyond Realism* trägt. Anders als Eisele konzentrieren sich die Verfasser der in diesem Buch versammelten Artikel jedoch nicht nur auf jene Varietäten des anspruchsvollen deutschsprachigen Gegenwartsromans, die sich einer anti-identifikatorischen Poetik des Spielens und Experimentierens verschrieben haben. Vielmehr wird am Beispiel von elf kanonisierten Klassikern der deutschsprachigen Romanliteratur des 20. Jahrhunderts gezeigt, wie bei Kafka, Musil, Grass, Wolf u. a. durch eine neuartige Wahrnehmungsweise sowie entweder durch eine Intensivierung oder durch eine mit poetologischen Selbstreflexionen einhergehende Abschwächung des Mimesisgedankens neuartige Romankonzepte entstehen, die den Realismus, für den hier Fontanes *Effi Briest* als Musterbeispiel einsteht, zu überbieten oder aber zurückzuweisen versuchen. Zwischen den Extremen des Super- und des Anti-Realismus eröffnet sich damit ein breites Spektrum theoretischer Positionen, das die elf behandelten Beispieltexte differenziert zu beschreiben und poetologisch präzise zu verorten erlaubt. Bedeutend einseitiger fällt hingegen die Darstellung von Christian Schärf aus, dessen Buch *Der Roman im 20. Jahrhundert* (2001) besser die Überschrift *Avantgardistische Romanpoetik* tragen würde. Wie Eisele vernachlässigt auch Schärf die diversen Spielarten des Neorealismus, so dass z. B. Siegfried Lenz und Heinrich Böll mit wenigen kurzen Nebenbemerkungen abgefertigt werden. Die ‚Gegenseite' der Antirealisten kommt hingegen bedeutend ausführlicher zu Wort, obwohl auffällt, dass z. B. Max Frisch, Rainald Goetz, Helmut Krausser und Kuno Raeber keine Erwähnung finden und dass auch die Beispielanalysen vergleichsweise abstrakt und textfern bleiben. Um die Geschichte des Romans als eine Entwicklung von der Mimesis über die Konstruktion zum postmodernen Spiel bzw. von der Totalität über die Dezentrierung zur Totalitätsparodie darstellen zu können, muss Schärf wie zuvor Eisele seine Textbeispiele scharf selektieren, zielgerichtet interpretieren und in fast geistesgeschichtlich zu nennender, im Vergleich zu den behandelten Gegenständen jedenfalls erstaunlich konventioneller Manier in eine zusammenhängende Entwicklungslinie zwingen. Für die Darstellung von Petersen stellt die von Schärf damit keine Konkurrenz dar.

Nach der Poetikgeschichte und der Gattungsgeschichte sind nun noch drei Arbeitsgebiete der Literaturwissenschaft in den Blick zu nehmen, denen die Romanforschung der letzten Jahrzehnte bedeutende Anregungen verdankt, und zwar die Fiktionstheorie, die Leseforschung und die Kultursoziologie. Im Bereich der Fiktionstheorie ist besonders die 1993 von Christian Berthold vorgelegte Studie *Fiktion und Vieldeutigkeit* zu nennen, in der die Kategorie der Fiktionalität einer Historisierung unterzogen und soziologisch relativiert wird. Wie Berthold zeigen kann, ist die fiktionale Lektüre „kein Können, über das man einfach verfügt oder nicht, sondern eine komplizierte Kompetenz, die immer weiter verfeinert werden kann" (ebd., S. 179). Dies gilt sowohl in ontogenetischer als auch in phylogenetischer Perspektive. Von Epoche zu Epoche verändert sich die Wirklichkeitsauffassung und damit die Definition der Grenze zwischen Erfundenem und

Marginalie: Fiktionstheorie

Nicht-Erfundenem. Ferner hängt es vom Bildungsstand und von den Lektüreerfahrungen eines Individuums ab, ob es den zu seiner Zeit bestehenden Verlauf dieser Grenze realisiert oder hinter dem in dieser Hinsicht erreichten Standard zurückbleibt. Und darüber hinaus reagiert auch der Roman selbst auf derartige Grenzverlagerungen, indem er – je nach Epoche und Leserzielgruppe – mit einfacheren oder raffinierteren Formen der Illusionserzeugung oder Illusionszerstörung arbeitet. Diese Feststellungen ermöglichen es, die in der Romanrezeption immer wieder anzutreffende ‚Verwechslung' von Fiktion und Wirklichkeit anders als in Jürgen H. Petersens Studie *Fiktionalität und Ästhetik* (1996) nicht einfach als intellektuelle Fehlleistung oder ‚Rezeptionsunfall', sondern als durchaus normalen, poetologisch kalkulierbaren und verwertbaren Kommunikationseffekt zu begreifen. So wäre es z.B. sinnvoll, den realistischen Roman des 19. Jahrhunderts nicht als naive Wirklichkeitsabbildung oder – wie inzwischen fast die Regel – umgekehrt als selbstreflektierte Wirklichkeitskonstruktion aufzufassen, sondern von einer Vielzahl möglicher Wirkungseffekte auszugehen, die zwischen diesen Extremen liegen können. Für eine neue, funktionsanalytisch orientierte Literaturgeschichtsschreibung liefert Bertholds Buch sehr wichtige Anregungen.

Was die Leseforschung betrifft, so ist vor allem auf Erich Schöns Studie *Der Verlust der Sinnlichkeit oder Die Verwandlungen des Lesers* (1987) hinzuweisen, in der dargestellt wird, dass die stille, einsame Lektüre gedruckter Schriften erst um 1800 zum Normalfall der Literaturrezeption wird. Zuvor war diese Rezeptionspraxis nur in gebildeteren Kreisen allgemein üblich gewesen, und selbst dort gab es Phänomene wie z.B. das Vorlesenlassen in geselliger Runde, das laute Sich-selbst-Vorlesen oder das Lesen im Freien, die eine erheblich größere Spannweite in den Formen des Leseverhaltens bezeugen, als sie heute der Normalfall ist. Der Aufstieg des Romans ab 1800 geht also Hand in Hand mit der Durchsetzung einer Lektürepraxis, die körperliche, emotionale und soziale zugunsten intellektueller und privat-individueller Textwirkungen unterdrückt. Am Ende dieser Entwicklung steht der immobilisierte Leser, der keinerlei Anzeichen von innerer und äußerer Bewegung zeigt, während vor seinem inneren Auge unerhörte Katastrophen, Abenteuer und Romanzen ablaufen. Es entstand Bedarf an detailliert ausgemalten, zur Versenkung in die Illusion einladenden fiktionalen Welten, wie sie besonders der Roman bereitstellen konnte. Und die identifikatorische Lektüre wurde in breiten Bevölkerungskreisen zu einem routiniert gehandhabten Instrument der als unterhaltsam erlebten Identitätsfindung und der seelischen Stabilisierung. Wie Norbert Groeben und Peter Vorderer 1988 in ihrer Studie *Leserpsychologie. Lesemotivation – Lektürewirkung* darlegten, wäre es unzeitgemäß, diese psychohistorisch sowie kultur-, mentalitäts- und zivilisationsgeschichtlich bedeutsamen Vorgänge aus der Literaturgeschichtsschreibung auszuklammern (ebd., S. 202–220).

Ein dritter wichtiger Impuls kam von Seiten der Kultursoziologie, deren Neubegründer, Pierre Bourdieu, 1979 in seiner Studie *La distinction* (dt. 1982 u.d.T. *Die feinen Unterschiede*) die enge Korrelation zwischen sozialer Position und Geschmack erforscht hatte. Dabei lassen sich vier Hauptformen unterscheiden, nämlich erstens der ‚natürlich'-souveräne Ge-

Leseforschung

Kultursoziologie

schmack der in einer kultivierten Umgebung aufgewachsenen Oberschichten, der ängstliche mittlere Geschmack der alles Unverständliche und ‚Anormale' zurückweisenden Mittelschichten, der grob-sinnliche Geschmack der Unterschichten und schließlich der ‚reine' Geschmack der mit interesselosem Wohlgefallen und reflexiver Distanz an die Kunst herantretenden Intellektuellen. Da das Individuum seine Position im sozialen Raum in der flexibilisierten Gegenwartsgesellschaft nur selten bis an sein Lebensende beibehält, werden diese vier Hauptformen kaum jemals in Reinkultur verwirklicht. Aber die – natürlich auch vorhandenen – individuellen Vorlieben und Abneigungen werden fast immer sehr deutlich von schichtenspezifischen Geschmacksdispositionen überformt, so dass für bestimmte Kunstwerke recht zuverlässig bestimmte Zielgruppen auszumachen sind. Dem Künstler selbst und auch dem Rezipienten ist dies im Allgemeinen weniger bewusst als dem Lektor oder dem Buchhändler, der davon lebt und leben kann, Zielgruppen einzugrenzen und die Texte mit Hilfe der Einbandgestaltung, der Plakatwerbung, der Formulierung des Klappentextes etc. ‚an den (richtigen) Mann zu bringen'. Die Aufgabe der wissenschaftlichen Literaturgeschichtsschreibung kann sich vor diesem Hintergrund nicht darin erschöpfen, das eine oder andere der vier Geschmacksideale zu übernehmen und zu verteidigen. Vielmehr ist im Sinne einer funktionsgeschichtlichen Gesamtdarstellung mit größtmöglicher Neutralität das Zusammenspiel zwischen sozialen Positionen, Bildungsidealen, Lektüreanforderungen und Mediennutzungsgewohnheiten zu analysieren, und zwar sowohl im Zentrum als auch an der Peripherie des sozialen Raumes. Dabei geht es nicht um eine ideologiekritische Relativierung der anspruchsvolleren und auch nicht um eine sozialpolitisch motivierte Aufwertung der anspruchsloseren literarischen Kulturen, die in einer Gesellschaft nebeneinander existieren, sondern um eine wissenschaftliche Gesamtgeschichte der literarischen Kommunikation in allen ihren Spielarten. Anders als bei der Ode, der Elegie und ähnlich exklusiven Gattungen erfordert dieses Postulat im Falle des seit dem 19. Jahrhunderts in allen sozialen Schichten verbreiteten Romans eine Weitwinkeloptik. Die folgende, einem kultursoziologisch-funktionsanalytischen Ansatz verpflichtete Darstellung berücksichtigt deshalb auch Werke wie die Bibliographie zum Kolportageroman von Günter Kosch und Manfred Nagl (1993), die Monographie über den Bestsellerautor August Lafontaine von Dirk Sangmeister (1998) oder die Studie über den Feuilletonroman von Norbert Bachleitner (1999).

III. Analytisches Instrumentarium

1. Figurenanalyse

In den meisten Romanen fungieren menschliche Wesen als Träger der Handlung. Im Prinzip können jedoch auch Roboter, Tiere, Fabelgestalten oder sogar sprechende Gegenstände diese Rolle übernehmen, wie uns ein Blick auf die Sciencefiction oder auf die Kinderliteratur sofort lehrt. Die handelnden Personen im Roman werden deshalb nicht als ‚Menschen', sondern als ‚Figuren' bezeichnet. Man will damit betonen, dass es sich in jedem Fall um erfundene, fiktive Wesen handelt, selbst wenn sie alle Züge eines richtigen Menschen aufweisen oder sogar – wie im sogenannten ‚Schlüsselroman' – als literarisches Porträt einer lebenden oder historischen Person aufzufassen sind. Nur selten finden sich noch die eher irreführenden Bezeichnungen ‚Held', ‚Charakter', ‚Gestalt' oder ‚Person'.

<small>Terminologie</small>

In der Regel begegnen uns im Roman mehrere, unter Umständen sogar viele Dutzend Figuren, deren Verhältnis zueinander als ‚Figurenkonstellation' bezeichnet wird. Gemeint ist damit einerseits das räumliche Zusammentreffen der Figuren, andererseits aber auch das zwischen ihnen herrschende Beziehungsgeflecht, dessen Entwicklung häufig im Mittelpunkt des Interesses der Leser steht. Und dies nicht zu Unrecht, denn in sehr vielen Romanen geht es in der Tat hauptsächlich um die ausführliche Beschreibung von Liebesbeziehungen, Freundschaften, Rivalitäten oder auch direkten Feindschaften. Notiert man in einer Tabelle, welche Figuren in welchen Kapiteln oder Abschnitten aufeinandertreffen und in welcher Beziehung zueinander sie dabei jeweils stehen, so erhält man wichtige Einblicke in die Kompositionsstruktur des Werkes (vgl. Pfister 1988, S. 236–240). Natürlich brauchen dabei nur die Hauptfiguren berücksichtigt zu werden. Sie unterscheiden sich von den im Roman oft sehr zahlreichen Nebenfiguren dadurch, dass sie größeren Anteil an der Figurenkommunikation besitzen, direkter am Handlungsgeschehen beteiligt sind, ausführlicher in ihrer Erscheinung und ihren Lebensumständen dargestellt werden und häufiger an den jeweiligen Schauplätzen des Geschehens erscheinen.

<small>Haupt- und Nebenfiguren</small>

Das Gefälle zwischen Haupt- und Nebenfiguren kann relativ gering sein, wenn der Autor den Ehrgeiz hat, einen sozialen Raum in allen seinen Winkeln auszuleuchten. Der im 19. Jahrhundert entwickelte, später noch ausführlich zu behandelnde Typus des Gesellschaftsromans zielt in diesem Sinne darauf ab, einen Querschnitt durch die Gesellschaft zu liefern und dabei Figuren aus allen sozialen Schichten in ihrer jeweiligen Stellung und Eigenart adäquat darzustellen. Autoren wie Fontane oder Thomas Mann haben sich dementsprechend darum bemüht, ihre Nebenfiguren sorgfältiger darzustellen, als es sonst die Regel ist. So sind einige unvergessliche, äußerst prägnante und markante Kurzporträts entstanden wie z. B. das des Apothekers Gieshübler aus Fontanes *Effi Briest* (1894/95).

<small>Gesellschaftsroman</small>

Bei relativ starkem Gefälle zwischen Haupt- und Nebenfiguren können die Hauptfiguren im Roman eine Tiefe und Plastizität erreichen, wie sie in kaum einer anderen literarischen Gattung zu erzielen ist. Nebenfiguren sind oft stark typisiert (der treue Diener, der gütige Arzt etc.), während die Hauptfiguren meistens als vollgültige Individuen bezeichnet werden können, deren Inneres und Äußeres in aller nur denkbaren Komplexität und Ausführlichkeit dargestellt wird. Freilich gilt dies in vollem Umfang nur für die Romane der Neuzeit und der Gegenwart, denn von der Antike über das Mittelalter bis hin zur Renaissance entwickelte sich erst ganz allmählich die Vorstellung vom einzelnen Menschen als einem einmaligen, schier unergründlichen Individuum (vgl. van Dülmen 2001, S. 2). So nimmt es nicht wunder, dass man in der antiken Rhetorik und Poetik recht genaue, aus heutiger Sicht aber schematisch wirkende Anleitungen zur Figurencharakterisierung findet.

Regeln der Rhetorik

In seiner 84 v. Chr. verfassten Schrift *De inventione* listet so z. B. der römische Politiker, Philosoph und Redner Marcus Tullius Cicero insgesamt neun Aspekte auf, die bei einer Personenbeschreibung zu berücksichtigen sind (vgl. Koch 1991, S. 13–24). Erstens soll der vollständige Name der Person genannt und ggf. erläutert werden, da er wichtige Informationen über ihre Herkunft, über ihre Familie und auch über ihre Charaktereigenschaften (sprechende Namen) enthalten kann. Zweitens sollen Angaben zur *natura* folgen, d. h. über die Volkszugehörigkeit, über den Geburtsort, über Geschlecht, Alter, Familienstand, körperliches Erscheinungsbild und angeborene Charaktereigenschaften. Es schließt sich drittens die Kategorie *victus* mit Hinweisen auf Bildungsgang und berufliche Karriere an. Unter *fortuna* werden dann viertens die gesellschaftliche Stellung und das öffentliche Ansehen beschrieben, worauf fünftens unter dem Stichwort *habitus* eine Auflistung besonderer Tugenden, Fähigkeiten und Kenntnisse der Person folgt. Unter der Rubrik *affectio* werden sechstens besondere Gemütszustände wie etwa Angst oder Jähzorn genannt, die für den Betreffenden charakteristisch sind. Und der Punkt *studia* verzeichnet dann siebtens seine speziellen Interessen und Neigungen auf geistigem Gebiet wie z. B. in der Literatur oder in der Philosophie. Unter der Überschrift *consilium* werden achtens die Projekte des Beschriebenen dargestellt, zu denen etwa große Bauvorhaben oder öffentliche Stiftungen zählen können, bevor neuntens und letztens hervorstechende Einzeltaten und Ereignisse aus dem Leben der charakterisierten Person geschildert werden.

Cicero

Folgt man dieser Anleitung Ciceros, wie sie in ähnlicher Form auch bei Quintilian zu finden ist, so erhält man sehr detaillierte, aber zugleich recht schematische und auf die Erfordernisse der literarischen Figurencharakterisierung nicht ohne weiteres übertragbare Personenbeschreibungen. Es überrascht deshalb nicht, dass die antike Literatur zwar den Vorschriften der Rhetoriker einerseits durchaus gerecht zu werden versucht, dass sie aber andererseits eigene zusätzliche Regeln der dichterischen Figurencharakterisierung entwickelt, die sich zudem als außerordentlich wirkungsmächtig erweisen. Das gilt besonders für die Poetik des Aristoteles und für die des Horaz. Beide wurden vielerorts bis über das 18. Jahrhundert hinaus als maßgebliche und verbindliche Autoritäten aufgefasst.

Aristoteles

Was Aristoteles betrifft, so interessieren an dieser Stelle weniger seine Ausführungen zur lasterhaften Komödienfigur und zum edlen Helden der Tragödie als vielmehr sein Postulat, die Charakterzeichnung der Handlungsdarstellung unterzuordnen und die literarischen Figuren bis zu einem gewissen Grade zu idealisieren, um so die Wirklichkeit zu läutern. Bis in die Romanästhetik des 19. und frühen 20. Jahrhunderts hinein ist wieder und wieder über diese Forderungen gestritten worden, denen natürlich epochen- und schichtenspezifische Vorstellungen von Aufgabe und Nutzen der Kunst zugrunde liegen (vgl. Ludwig 1991, S. 106–125). Gute 300 Jahre nach Aristoteles und seiner berühmten *Poetik* konzentriert sich Horaz in seiner *Ars poetica* aus der Zeit um 18 v. Chr. auf einen Aspekt der Figurenbeschreibung, der bei den Griechen nur am Rande angesprochen worden war. Gemeint ist die von ihm postulierte Kohärenz der Figuren, deren Denken, Empfinden, Handeln und Sprechen sowohl in einem gegebenen Zeitpunkt als auch über den ganzen Ablauf einer Handlung hinweg zueinander passen und miteinander in Einklang stehen sollen (vgl. Koch 1991, S. 32–37). Auch diese Forderung wird bis weit in das 19. Jahrhundert hinein diskutiert werden und zumeist Akzeptanz finden; erst im 20. Jahrhundert werden identitätskritische und -skeptische Gegenkonzepte auf breitere Resonanz stoßen, als die fortschreitende Pluralisierung der Gesellschaft bis in das Innere der Individuen hineinzuwirken beginnt und in Phänomenen wie der psychoanalytischen Instanzenlehre, der Rollensoziologie und dann auch der künstlerischen Montagetechnik einen Widerhall findet.

Horaz

Bei der Beschreibung ihrer Figuren bedienen sich die meisten Romanautoren vielfältiger Charakterisierungstechniken. Dabei spricht man von *direkter* Charakterisierung, wenn sich der Erzähler oder andere Figuren ganz explizit über die zu beschreibende Figur äußern. Oft werden dabei Aspekte genannt, die schon bei Cicero unter Begriffen wie natura, fortuna, habitus oder affectio aufgelistet worden waren (s. o.). Anders als in einer Rede kommt es allerdings in einem Roman mit seinen meistens sehr vielen Figuren oft zur Ausformulierung konkurrierender, vielleicht sogar widersprüchlicher Beschreibungen einer Figur. Was der Erzähler, was die anderen Figuren und was die betreffende Figur selbst sagen, lässt sich u. U. nicht in Einklang bringen, so dass der Leser die verschiedenen Urteile bewerten und hierarchisieren muss, ein Vorgang, der für viele Leser einen hohen Reiz besitzt und einen beträchtlichen Teil des Lesevergnügens ausmacht.

Techniken der direkten Figurencharakterisierung

Während die direkten Charakterisierungstechniken auf expliziten verbalen Äußerungen basieren, die alle konstitutiven Merkmale des Sprechaktes Personenvorstellung oder Personenbeschreibung aufweisen, handelt es sich bei den Techniken der *indirekten* Charakterisierung um en passant mitgelieferte Zusatzinformationen über eine Figur, die vom Erzähler und von den Romanfiguren nicht explizit als solche thematisiert werden. Neben der Kleidung ist es häufig z. B. die Physiognomie oder die Wohnung einer Figur, die ihrer näheren Charakterisierung dient, die aber nicht eigens thematisiert, sondern nur beiläufig erwähnt wird. Der Phantasie des Schriftstellers sind in dieser Hinsicht praktisch keine Grenzen gesetzt, und tatsächlich lassen sich bei Meisterromanciers wie Fontane oder Thomas Mann äußerst subtile, ja geradezu raffinierte Techniken der indirekten Figurencharakterisierung nachweisen, deren Bewusstmachung ein mehrfaches aufmerksames Durchstudieren des Textes erfordert. Obwohl damit für die Gesamtdeutung u. U. noch nicht sehr viel gewonnen ist, kann die vollständige Analyse aller Figurencharakterisierungstechniken in einem Roman deshalb bereits ein außerordentlich aufwändiges und anspruchsvolles Unterfangen sein.

Techniken der indirekten Figurencharakterisierung

Das gilt natürlich in besonderem Maße für jene Romane, die sich ganz auf die detaillierte Beschreibung der Biographie eines (fiktiven) Individuums konzentrieren. In seinen *Aspects of the Novel* (1927) hat Edward Morgan Forster den *round character* vom stärker typisierten *flat character* abgegrenzt, um auf die Plastizität und Komplexität derartiger individueller Figuren hinzuweisen. Die Handlung ist in solchen Romanen oft nur ein zusätzliches Mittel der Figurenbeschreibung, sie dient – wie Henry James in *The Art of Fiction* (1884) ausführte – letzten Endes nur der Illustrierung des Charakters. Umgekehrt gibt es freilich auch genug Romane, in denen die Handlungsdarstellung über die Figurenschilderung dominiert. Das ist natürlich besonders in den trivialeren Spielarten des Räuber-, Abenteuer- oder Kriminalromans zu bemerken, in denen hauptsächlich mit Spannung und Tempo gearbeitet wird. Daneben existiert jedoch auch eine anspruchsvolle Variante einer der *novel of character* gegenübergestellten *novel of action* (Edwin Muir), die der altbekannten Forderung aus der Tragödientheorie des Aristoteles nachkommt, wonach die Handlungsdarstellung Vorrang vor der Charakterbeschreibung habe (vgl. Koch 1991, S. 26–32, 118–124 u. 135–155). Im 20. Jahrhundert hat vor allem der marxistische Literaturtheoretiker Georg Lukács in mehreren Aufsätzen für ein solches Konzept geworben, weil die wichtigsten sozialen Konflikte eines Zeitalters vorrangig durch typische Handlungen und Handlungsentscheidungen der (Haupt-)Figuren und weniger durch die Auslotung ihrer seelischen Tiefen und Untiefen zu veranschaulichen seien.

Analysiert man eine größere Zahl von handlungsbetonten, also nicht auf biographisch-psychologische Vertiefung abzielenden Romanen, so wird man die innere Ähnlichkeit vieler Handlungsabläufe kaum übersehen können. Oft löst sich z. B. die Hauptfigur zu Beginn aus ihrer vertrauten Lebenssphäre, oft hat sie Krisen und Bewährungsproben durchzustehen, oft kehrt sie am Ende – mehr oder minder geläutert – an ihren räumlichen oder geistigen Ausgangspunkt zurück. Beobachtungen dieser Art haben schon früh die strukturalistisch orientierten Literaturwissenschaftler veranlasst, typische Handlungsrollen und Handlungsstrukturen zu ermitteln und zu katalogisieren (dazu Koch 1991, S. 198–205). In seiner *Morphologie des Märchens* (1928) hatte der Volkskundler Vladimir Propp ein solches Vorgehen mit Erfolg am Beispiel von 100 russischen Märchen erprobt, in denen sich eine ganze Reihe immer wiederkehrender Handlungsfolgen nachweisen ließen. Den bekanntesten Versuch zur Ausweitung dieses Modells lieferte 1966 der Semiotiker Algirdas Julien Greimas mit seiner *Sémantique structurale*. Danach kann eine Figur in einem konkreten Handlungsgeschehen als Subjekt oder Objekt, als Adressat oder Adressant sowie als Adjuvant oder Opponent fungieren. Eine konkrete Romanfigur lässt sich dabei meistens nicht durchgängig nur einer dieser sechs Aktanten-Funktionen zuordnen. Vielmehr kann sie z. B. an einem Handlungswendepunkt von der Objekt- in die Subjektrolle schlüpfen oder vom Helfer zum Widersacher werden. Eine tabellarische Zusammenstellung der Aktantenfunktionen, die eine Figur von Kapitel zu Kapitel übernimmt, kann helfen, die Veränderung ihrer Stellung in der Figurenkonstellation zu veranschaulichen. Für manche Literaturwissenschaftler verbindet sich mit einer derartigen Analyse sogar die Hoffnung, tiefenstrukturelle Einsichten in typische Handlungs- und Entscheidungsweisen des Menschen in bestimmten Ländern und Epochen oder sogar im Allgemeinen zu erlangen. Aus der Sicht der meisten Philologen handelt es sich jedoch lediglich um ein Hilfsmittel zur Offenlegung gattungs- und epochentypischer Kompositionsprinzipien, die sich mit bestimmten Positionen der Poetik und der Ästhetik korrelieren lassen.

Neben der Untersuchung von direkten und indirekten Charakterisierungstechniken gehört die Figurensoziologie zu den wichtigsten Aspekten der Analyse von Figurenkonstellationen. Die Figuren eines Romans bilden im Prinzip einen eigenen sozialen Raum, d. h. eine erfundene kleine Gesellschaft mit ihren eigenen Normen und Konventionen des Zusammenlebens. In den allermeisten Fällen ist der fiktive soziale Raum des Romans jedoch ganz ähnlich strukturiert wie der reale soziale Raum, in dem sich Autor und Leser bewegen. Das dürfte damit zusammenhängen, dass es neben der individuellen Psyche der Figuren sehr häufig ihr Sozialverhalten ist, für das sich die Leser in besonders starkem Maße interessieren. Würden in einem Roman keine wirklichkeitsähnlichen Liebesbeziehungen, Freundschaften, Rivalitäten etc. dargestellt, sondern völlig fremdartige, frei erfundene Formen von Sozialbeziehungen, so würde das offenbar aus der Sicht vieler Rezipienten den Lektüreanreiz stark vermindern. Jedenfalls ist es sehr auffällig, dass selbst in Urwelt-, Sciencefiction- oder phantastischen Romanen so gut wie immer Gesellschaftsstrukturen auftauchen, die ein Pendant in den eigenen Erfahrungen oder in den historischen Kenntnissen des Lesers finden: Unter Tieren gibt es dann einen Staat, unter Vorzeitmenschen Familien, unter Außerirdischen ganz menschlich wirkende Rivalitäten oder Freundschaftsbeziehungen usw.

> Figurensoziologie

Die Position des Individuums im sozialen Raum wird durch Faktoren determiniert, die der Kultursoziologe Pierre Bourdieu in seinem Buch *Die feinen Unterschiede* (1987; franz. 1979) unter dem Begriff ‚Kapitalstruktur' subsumiert hat. Danach ist es nicht alleine das Vermögen, die Bildung oder die Herkunft, die über die gesellschaftliche Stellung des Einzelnen entscheidet, sondern die Summe seines materiellen, kulturellen, sozialen, symbolischen und körperlichen Kapitals. Dabei gehören zum *materiellen* Kapital Besitztümer wie z. B. Geld, Immobilien, Wertpapiere und ähnliche Objekte, die sich unmittelbar zu Geld machen und verschenken oder vererben lassen. Das *kulturelle* Kapital existiert in drei Erscheinungsformen. In objektivierter Form umfasst es die vorzeigbaren, anfassbaren Requisiten und Insignien der Kultur wie etwa Bücher, Musikinstrumente oder Gemälde. In institutionalisierter Form besteht es aus staatlich anerkannten Bildungspatenten und -zertifikaten, zu denen Hauptschulabschluss, Meistertitel, Hochschulreife, Ingenieursdiplom, Doktortitel usw. zählen. Und in inkorporierter Form enthält es das, was man als die eigentliche Bildung bezeichnen könnte, also Einsichten und Erfahrungen, Kenntnisse und Kompetenzen, die man sich im Verlauf seines Lebens, sei es innerhalb oder außerhalb von Ausbildungseinrichtungen, angeeignet hat. Zum *sozialen* Kapital einer Person zählen ihre sämtlichen Beziehungen zu anderen Menschen, also z. B. Freundschaften, Liebesbeziehungen, nützliche Kontakte, Familienbande oder kollegiale Beziehungen. Viertens ist dann das *symbolische* Kapital zu nennen, das Ehre, Ansehen, Autorität und gesellschaftliche Geltung umfaßt. Und an fünfter Stelle ist schließlich noch das *körperliche*

> Kapitalstrukturanalyse

Kapital zu erwähnen, zu dem die Schönheit, die Gesundheit, die Geschicklichkeit oder auch z. B. die Kampfes- und Körperkraft einer Person gehören. Diese fünfte Kapitalform wird übrigens in manchen Schriften Bourdieus stiefmütterlich behandelt und nicht zu den eigentlichen Kapitalformen gezählt. Im Hinblick auf die Analyse der Romangattung, in deren populärsten Spielarten strahlende Schönheiten und athletische Muskelhelden bekanntlich stark überrepräsentiert sind, wäre ein Verzicht auf diese Kategorie jedoch unverzeihlich.

Individuen werden mit einer spezifischen Kapitalstruktur geboren, entwickeln aber im Laufe ihres Lebens persönliche Kapitalstrukturideale, die in aller Regel auf die zusätzliche Akkumulation einer oder mehrerer Kapitalsorten sowie auf die Konvertierung überschüssiger Kapitalien der einen Form in fehlende Kapitalien einer anderen Form hinauslaufen. Dabei werden die individuellen Akkumulations- und Konvertierungschancen sowie auch die Kapitalstrukturideale von epochen- und schichtenspezifischen Dispositionen geprägt und überformt. Es bedarf deshalb detaillierter sozialgeschichtlicher Hintergrundkenntnisse, wenn man die gesellschaftliche Stellung einer konkreten Person, die Ausgestaltung ihres Kapitalstrukturideals und ihre Chancen zur Realisierung dieses Ideals beurteilen will. Denn die soziale Mobilität war in früheren Jahrhunderten erheblich schwächer ausgeprägt als in unserer Gegenwart, in der soziale Auf- und Abstiege durchaus an der Tagesordnung sind. Die wunschgemäße Akkumulation und Konvertierung von materiellem, kulturellem, sozialem, symbolischem und auch von körperlichem Kapital war bis ins 19. Jahrhundert das Privileg einer Minderheit, der selbst an der Schwelle zum 20. Jahrhundert noch kaum ein Viertel der Bevölkerung zugerechnet werden konnte.

Historizität von Kapitalstrukturidealen

Die Kenntnis dieser Sachverhalte ist für die Roman-Analyse deshalb von großer Bedeutung, weil das Ringen der (Haupt-)Figuren um die Realisierung ihres zugleich individuellen und epochen- bzw. schichtenspezifischen Kapitalstrukturideals zu den beherrschenden Themen der gesamten Romanliteratur gehört. So beschäftigen sich z. B. viele Abenteuer-, Kriminal-, Kolportage- und Räuberromane mit Problemen der Akkumulation und Konvertierung von materiellem und körperlichem Kapital, während andere Untergattungen wie der Bildungs-, der Entwicklungs-, der Künstler-, der Familien- oder der psychologische Roman ihr Augenmerk auf kulturelles, soziales und symbolisches Kapital richten. Selbst Romane, die uns in die Gesellschaft von Außerirdischen oder phantastischen Fabelwesen entführen, thematisieren fast immer die Möglichkeiten und Grenzen der Akkumulation und Konvertierung einer der fünf Kapitalformen. Auch hier erweist es sich, dass im Roman oft nur die Oberflächenphänomene frei erfunden sind, während die Tiefenstrukturen dermaßen wirklichkeitsnah sind, dass man beinahe am Phantasiereichtum der Autoren zweifeln könnte. Schon hier zeichnet sich ab, dass die so oft gegen den Roman gerichteten Vorwürfe der Realitätsferne und der Beförderung des Eskapismus großenteils vorgeschobene Argumente sind, hinter denen sich ganz andere und anders als volkspädagogisch motivierte Befürchtungen und Absichten verbergen (vgl. Kap. IV.2).

Kapitalakkumulation und -konvertierung als Romanthema

Die Vielfalt der im Roman anzutreffenden Sozialmilieus macht es überdies erforderlich, dass der Literaturwissenschaftler seine eigene soziale

Stellung reflektiert und relativiert. Denn die einzelnen Schichten der Gesellschaft leben nicht in Harmonie und wechselseitigem Verständnis miteinander, sondern grenzen sich durch unsichtbare Mauern voneinander ab. In der Ständegesellschaft des feudalistischen und in der Klassengesellschaft des bürgerlichen Zeitalters war dies offenkundiger als im demokratischen Pluralismus der Gegenwart. Gleichwohl gibt es auch hier eine Vielzahl ‚feiner Unterschiede' (Bourdieu 1987), deren Wahrnehmung allerdings eine besondere Schulung erfordert. Oft wird für eine individuelle Vorliebe gehalten, was sich in der Kultursoziologie als Ausdruck epochen- und schichtenspezifischer Dispositionen erweist. Denn diese Dispositionen prägen den Habitus des Einzelnen, ohne dass er sich selbst u.U. Rechenschaft darüber abzulegen wüsste. Diese Unbewusstheit kann sich aber störend auf die Arbeit des Wissenschaftlers auswirken, der womöglich nach objektiven Gründen forscht, wo die Ursachen in seinen halb subjektiven, halb gesellschaftlich geprägten Dispositionen liegen. Jedenfalls dürfte hierin eine der Hauptursachen für die Entstehung der katastrophalen Defizite in der Erforschung der populären Spielarten des Romans liegen, Defizite, auf die an späterer Stelle einzugehen sein wird. Im Kontext der Figurenanalyse ist vorläufig nur festzuhalten, dass ein Literaturwissenschaftler Romanfiguren aus sämtlichen sozialen Milieus sachlich und vorurteilsfrei analysieren können muss, auch wenn sie im Hinblick auf Habitus, Erscheinungsbild oder Verhalten ‚absolut nicht sein Typ sind'. Das ist zu betonen, weil der Roman lange Zeit als eine niedere Gattung galt, in der auch Figuren dargestellt werden durften, die den Anforderungen der besonders im ernsten Drama befolgten Ständeklausel nicht entsprachen. So war und ist neben der Komödie gerade der Roman das wichtigste literarische Refugium der ehrlosen und unterprivilegierten, der geisteskranken, unzivilisierten, bildungsfernen oder gar ekelerregenden Negativhelden.

Notwendigkeit der Selbstreflexion

Es mag darauf mit zurückzuführen sein, dass man in Romanen besonders gut die Verfahren und Instrumente der Sympathielenkung studieren kann, deren sich die Autoren seit Entstehen der Gattung bedienen. Dabei ist zunächst grundsätzlich zwischen den harten und den weichen Faktoren der Sympathielenkung zu unterscheiden, wobei letztere häufiger unbewusst bleiben und vielleicht gerade deshalb als besonders wirkungsmächtig einzustufen sind (vgl. Schneider 2000, S. 42 f.).

Von harten Faktoren der Sympathielenkung spricht man im Hinblick auf die Darstellung des Verhältnisses einer Figur zu den in der Lebenssphäre der voraussichtlichen Rezipienten ganz allgemein und durchgängig anerkannten Gesellschaftsnormen. Dazu gehören beispielsweise bestimmte ethische Grundsätze, aber auch die Minimalforderungen der gesellschaftlichen Etikette, soweit sie in einem bestimmten Zeitalter generell respektiert werden. Kinderschänder und Folterknechte, aber auch unzivilisierte Grobiane, die z.B. in der Öffentlichkeit ausspucken oder Frauen belästigen, verlieren demgemäß die Sympathie vieler Leser. Ein Blick in die *Geschichte des Rechts* (1997) von Uwe Wesel oder in die Studie *Über den Prozeß der Zivilisation* (1939) von Norbert Elias belehrt uns freilich, dass selbst harte Wertmaßstäbe und Konventionen nicht ewig und natürlich sind, sondern in manchen Schichten, Ländern und/oder Epochen keine Anerkennung finden. Und darüber hinaus gibt es von Dostojewskis morden-

harte Faktoren der Sympathielenkung

dem Raskolnikow aus *Schuld und Sühne* (1866) bis hin zu dem verwahrlosten Georg Bleistein aus *Ein Unding der Liebe* (1981) von Ludwig Fels zahlreiche Negativfiguren, für die der Leser trotz ihrer Verstöße gegen gesellschaftliche Normen Sympathie oder zumindest Verständnis entwickeln kann. In solchen Fällen bedarf es jedoch vieler Hundert Romanseiten voller Erklärungen und Entschuldigungen, um die Effekte der harten Sympathielenkung einigermaßen auszugleichen. In aller Regel ist sie ein einfaches und wirkungsvolles Mittel, um den Leser gegen missliebige Gestalten einzunehmen.

<small>weiche Faktoren der Sympathielenkung</small>

Bedeutend verwickelter liegen die Verhältnisse bei der weichen Sympathielenkung, die sich das von Affinität oder Distinktion geprägte Verhältnis zwischen dem Habitus der literarischen Figuren und demjenigen der wahrscheinlichen Leserschaft zunutze macht. Dass man ‚bestimmte Typen nicht ausstehen kann', ist oft kein Effekt ganz persönlicher, individueller Vorlieben, sondern der Ausdruck epochen- und schichtenspezifischer Dispositionen, die über seinen Habitus in den Einzelnen hineinwirken. Zwischen welchen Gesellschaftsschichten oder -gruppen überwiegend Affinität, Aversion oder auch Gleichgültigkeit herrscht(e), hat die neuere Kultursoziologie im Detail beschrieben. Hier sei nur zusammenfassend vermerkt, dass dabei Bildungs- und Mentalitätsunterschiede im Durchschnitt eine größere Rolle spielen als das Vermögens- und Einkommensgefälle. Davon zeugen etwa die symbolischen Auseinandersetzungen zwischen Honoratioren und Neureichen oder auch die zwischen traditionellem Kleinbürgertum und modernem Mittelstand. Trotz durchaus vergleichbarer Kapitalstruktur ihrer Angehörigen sind diese Schichten durch Wertesystem und Lebensstil deutlich voneinander getrennt, was offenbar zu Rivalität und Konkurrenzverhalten führt. Die Beschreibung derartiger Auseinandersetzungen gehört zu den Hauptthemen der deutschen Romanliteratur. Man denke nur an das nachgerade unerschöpfliche Thema der Mesalliance, also

<small>Beispiel: herkunfts- und habitusbedingte Liebeskonflikte</small>

des herkunfts- bzw. habitusbedingten Liebeskonfliktes! Im Liebes- und Familienroman, unterschwellig aber auch oft im Kriminalroman spielt dieses Sujet eine herausragende Rolle, und zu einer adäquaten Roman-Analyse gehört demgemäß sehr häufig die soziologisch und sozialhistorisch stimmige Beschreibung und Erklärung der schichtenspezifischen Dispositionen, die sich wie eine unsichtbare Mauer zwischen Liebende, Verwandte, Freunde, Kollegen oder Nachbarn schieben. Vom *Werther* über *Effi Briest* bis zu den *Buddenbrooks* gibt es kaum einen Erfolgsroman, in dem dieses Thema nicht wenigstens im Hintergrund eine wichtige Rolle spielt. Und im Hinblick auf den Trivial- und Unterhaltungsroman darf man dieses Sujet ohne Bedenken als Thema Nr. eins bezeichnen. Die Figurensoziologie spielt demgemäß bei der Roman-Analyse eine herausragende Rolle. Soziologisch und sozialgeschichtlich kompetent die Kapitalstruktur und das Kapitalstrukturideal einer Figur zu beschreiben und außerdem ihre Position und ihre Laufbahn im fiktiven sozialen Raum eines Romans darzustellen, kann aufwändige Recherchen erfordern. Und darüber hinaus muss auch in diesem Zusammenhang noch einmal an das Gebot der Selbstreflexion und Selbstrelativierung erinnert werden. Aus gegebenem Anlass sei ausdrücklich betont, dass es für die Zwecke der wissenschaftlichen Figurenanalyse nicht ausreicht, in geschliffener Rede die sympathischen Figuren zu loben und die unsympathischen zu tadeln. Stattdessen müssen die harten und weichen Strategien der Sympathielenkung offengelegt und die wirkungspsychologischen Voraussetzungen ihres Funktionierens aufgezeigt werden. Dabei muss der Untersuchende auch auf den kultursoziologischen Begriff bringen können, welchen Einfluss seine eigene Kapitalstruktur, seine eigene Position im sozialen Raum und sein eigener Habitus auf seine Wahrnehmung von literarischen Strategien der Sympathielenkung ausüben.

Selbstreflexion und Selbstrelativierung erfordert auch die Untersuchung des nächsten hier anzusprechenden und für die Figurenanalyse ebenfalls äußerst bedeutsamen Phänomens. Gemeint ist die so genannte ‚Identifikation' des Lesers mit einer Romanfigur, d.h. das vorübergehende, nicht außer Kontrolle geratende und deshalb im Unterschied zur psychotischen Ichstörung nicht krankhafte Sichhineinversetzen in einen Anderen. Nach Erkenntnissen der neueren Literaturpsychologie ermöglicht eine solche Identifikation das Erinnern und Durcharbeiten verdrängter seelischer Impulse, gegen deren direktere, explizite Thematisierung der betreffende Leser innere Widerstände entwickelt. Die Identifikation kann demnach lösend und befreiend wirken, ja unter Umständen geradezu therapeutische Wirkungen entfalten (vgl. Holland 1975).

Identifikation des Lesers mit einer Romanfigur

Mit welcher literarischen Figur ein Leser sich identifiziert, hängt nicht von äußeren Faktoren wie z. B. Alter, Geschlecht, Hautfarbe oder Beruf ab. Eine junge weiße Leserin kann sich ohne weiteres mit einem alten schwarzen Sklaven identifizieren, sofern ein seelischer Konflikt existiert, den literarische Figur und Leserin miteinander teilen (vgl. Schönau 1991, S. 59). Die Wahrscheinlichkeit für das Vorhandensein gleichartiger Konflikte ist zwar größer, wenn auch die äußeren Faktoren übereinstimmen. Aber entscheidend für das Zustandekommen der Identifikation, die übrigens nicht mit Sympathie, Mitleid oder Empathie verwechselt werden darf, bleibt in jedem Fall der gemeinsame seelische Konflikt. Damit ist auch erklärt, weshalb die Identifikation im Verlauf der Rezeption eines Romans oder auch eines Spielfilms flottieren, d. h. von einer Figur zu einer anderen Figur überspringen kann. Lassen sich z. B. verdrängte aggressive Impulse aufgrund des Handlungsverlaufes nicht mehr länger an einer anfangs dazu benutzten Figur festmachen, so kann der Rezipient, falls der Text ein adäquates Ersatzangebot bereitstellt, kurzerhand das Identifikationsobjekt wechseln. Ein Leser kann sich demnach ohne Schwierigkeiten zuerst mit einem Verbrecher und dann mit dem ihn zur Strecke bringenden Fahnder identifizieren, wenn er z. B. bei der Lektüre eines Kriminalromans auf entsprechende Möglichkeiten stößt, durch die sukzessive Identifikation mit diesen Figuren seine verdrängten Aggressionsimpulse an die Oberfläche zu bringen und durchzuarbeiten. In den Augen der meisten Rezipienten steigert es beträchtlich die Unterhaltsamkeit und damit die Rezeptionschancen eines Romans, wenn er derartige Möglichkeiten zur Arbeit am Verdrängten bietet.

Phänomen der flottierenden Identifikation

Die Undurchschaubarkeit und Unkontrolliertheit des in gefährliche seelische Abgründe hineinführenden Identifikationsprozesses hat lange Zeit die vehemente Abwehr der gebildeteren Leserschichten hervorgerufen. Besonders das Bildungsbürgertum des 19. Jahrhunderts mit seinem Ethos der Disziplin und der Selbstkontrolle hat eine wirkungsmächtige Poetik des anspruchsvollen, gehobenen Romans entwickelt, die man geradezu als eine Poetik der Identifikationsverhinderung bezeichnen könnte. Das Schlüsselwort zum Verständnis dieser Romantheorie lautet ‚Distanzierung' (s. u. Kap. IV.2). Der Leser soll die Figuren und Handlungen aus dem sicheren Abstand des analysierenden Intellektes als Konstruktionen und Simulationen wahrnehmen. Um diesen Effekt zu erzielen, können zwei verschiedene Wege eingeschlagen werden. Auf der einen Seite ist dies das *Zeigen*, d. h. das wissenschaftlich-sachliche, teilnahmslose Widerspiegeln der ‚Realität' in der Form einer kalt sezierenden Objektivation. Auf der anderen Seite steht das *Spielen*, d. h. die Intensivierung und Verstetigung des Fiktivitätsbewusstseins der Leser durch Einsatz von Illusionsbrechungen, Kohärenzstörungen, unzuverlässigen Erzählern, entkonkretisierten Schauplätzen und ähnlichen Stilmitteln eines betont artistischen Erzählens, die den Leser an einer ungestörten Versenkung in die fiktive Welt hindern und das Sichhineinversetzen in die Figuren unterbinden.

Poetik der Identifikationsverhinderung

Zeigen vs. Spielen

Die Distanzierungspoetik hat dem Roman zu einer erheblichen Steigerung des intellektuellen Niveaus und des gesellschaftlichen Ansehens verholfen. Ob eine solche Steigerung nicht auch auf andere Weise zu erzielen gewesen wäre, bleibt jedoch eine offene Frage. Jedenfalls ist der auf identifikatorische Lektüre abzielende Roman keineswegs verschwunden, sondern nur skotomisiert worden, bis die Rezeptionsästhetik und die Literaturpsychologie in den 1960er Jahren eine Rehabilitation der Identifikation einleiteten. Die moderne Romanforschung kann es sich dementsprechend nicht mehr leisten, dieses Phänomen unter dem Einfluss der Distanzierungspoetik einfach zu ignorieren. Zu einer adäquaten Roman-Analyse gehört deshalb auch die Beschreibung der in einem Text erkennbaren Identifikationsangebote bzw. der Strategien zur Identifikationsverhinderung.

Zum Abschluss des Kapitels über die Figurenanalyse sei hier noch auf ein nützliches Hilfsmittel der Forschung hingewiesen, das dem Philologen verschiedene gute Dienste erweisen kann. Gemeint ist das zweibändige *Lexikon literarischer Gestalten* von Annemarie und Wolfgang van Rinsum (1988/90). In alphabetischer Reihenfolge werden darin mehrere Tausend literarische Figuren von Agathon über Kara ben Nemsi bis hin zu Zeitblom und Zerline aufgelistet, den Werken zugeordnet, in denen sie erscheinen, und kurz in ihren wesentlichen Handlungsrollen und Wesenseigenschaften porträtiert. Über seine Funktion als Nachschlagewerk hinaus bietet dieses Lexikon allen, die an der literarischen Menschendarstellung besonders interessiert sind, gute Möglichkeiten zu inspirierendem Schmökern, Vergleichen und Rubrizieren. Zudem kann es dem Studienanfänger als Vorbild bei der Einübung in die Kunst der prägnanten Figurencharakterisierung dienen.

Figurenlexika

2. Inhaltsanalyse

Neben den Figuren sind es im Allgemeinen die Inhalte, die zuerst das Interesse der Romanleser erregen. In der Literaturwissenschaft werden sie unter vier verschiedenen Aspekten analysiert, nämlich thematologisch, stoffgeschichtlich, motivgeschichtlich und im Hinblick auf den Plot. Dazu treten noch Untersuchungen zur Raum- und Zeitgestaltung sowie zur Kompositionsstruktur, die den Übergang zur Formanalyse (Stilistik, Narrativik) bilden. Die Philologie hält ein reiches Begriffsinstrumentarium bereit, mit dessen Hilfe der Inhalt eines Textes unter allen diesen Gesichtspunkten analysiert werden kann (vgl. Schneider 2000, S. 46–56).

Was zuerst die *Thematologie* betrifft, so beschäftigt sie sich mit der Frage, welche Themen ein Text aufgreift, in welcher Weise er sie behandelt und in welchen intertextuellen Bezügen zu anderen Werken er dadurch steht. Dabei kann der Blick über die Grenzen der Gattung hinausreichen. Thematologie

Bei der Unterscheidung zwischen Haupt- und Nebenthemen spielt eine Rolle, wie oft ein Sujet im Text angesprochen wird, ob es vom Erzähler, von den Hauptfiguren oder nur von den Nebenfiguren aufgegriffen wird, ob es an Schlüsselstellen wie z. B. zu Textbeginn behandelt wird und ob es der Sache nach ernst und schwergewichtig ist. Haupt- und Nebenthema

Die Nennung von Themen kann auf zwei Abstraktionsstufen erfolgen. In der konkreteren Fassung werden Ort, Zeit der Handlung sowie die gesellschaftliche bzw. berufliche Stellung der Hauptfigur(en) genannt, in der abstrakteren hingegen nur der allgemeine Begriff, auf den sich das Sujet bringen lässt. Das (bzw. ein) Thema von Thomas Manns *Buddenbrooks* wäre in dieser abstrakteren Variante, wie es schon im Untertitel des Romans heißt, der ‚Verfall einer Familie'. In der konkreteren Formulierung wäre es der ‚Niedergang einer Lübecker Kaufmannsfamilie im mittleren 19. Jahrhundert'. Anders als in der Plotwiedergabe (s. u.) tauchen in der – nur wenige Wörter umfassenden – Themenangabe meistens keine finiten Verbformen auf.

Das Spektrum der in Romanen behandelten und behandelbaren Themen hat keine Grenzen. Das lässt sich nicht von vielen Gattungen behaupten, denn von Ode und Elegie über Tragödie und Komödie bis hin zu Autobiographie, Tagebuch, Sage, Märchen oder Anekdote gibt es eine Vielzahl literarischer Gattungen, die nicht nur durch ihre äußere Form, sondern auch durch ihre Inhalte definiert werden. Vom Roman kann man dagegen mit Fug und Recht behaupten, dass es wohl kein Thema in der Welt gibt, das nicht schon einmal zum Gegenstand eines Romans gemacht worden wäre. Daran kann auch die Tatsache nichts ändern, dass Romankritiker und -theoretiker immer und immer wieder Versuche unternommen haben, diesem thematischen Wildwuchs Einhalt zu gebieten (vgl. Kap. IV.2). Bei ihren Definitionen handelt es sich jedoch fast nie um wissenschaftliche Beschreibungen, sondern um normative Reglementierungsversuche, die einer bestimmten Ästhetik oder Weltanschauung zum Durchbruch verhelfen und zu diesem Zweck Qualitätskriterien für den anspruchsvollen, kanontauglichen Erwachsenenroman festlegen wollten. Die Gattungsgeschichte ist darüber letzten Endes stillschweigend hinweggeschritten, so dass man insgesamt keine thematischen Grenzen erkennen kann, an die sich der Roman tatsächlich zu halten hatte oder gehalten hat.

Damit ist freilich nicht gesagt, dass alle Themen im Roman gleich häufig vorkommen. Vielmehr schlagen sich die Bildungsvoraussetzungen und Lektüreerwartungen des Publikums in entsprechenden thematischen Schwerpunkten nieder. Da der Roman seit dem 19. Jahrhundert zu den populärsten literarischen Gattungen gehört, wenn er nicht sogar schlechthin Themenschwerpunkte die populärste ist, spielen in der Geschichte dieser Gattung die populären Themen eine Hauptrolle. An erster Stelle stehen dabei jene außeralltäglichen zwischenmenschlichen Beziehungen, die in ihrer positiven Variante von Liebesverlangen und in ihrer negativen Erscheinungsform von Machtstreben geprägt sind. Von drastischen Sex- und Gewaltdarstellungen bis hin zu subtilen psychologischen Studien über platonische Liebe und seelische Grausamkeit gibt es ein breites, die Bedürfnisse der verschiedensten Bildungsschichten berücksichtigendes Spektrum an Romanthemen, die um solche Sozialbeziehungen kreisen. Darüber hinaus können die Lebenswege von Individuen und die Position des Einzelnen in der Gesellschaft als bevorzugte Themenkreise der Gattung bezeichnet werden. Besonders erfolgreiche Unterarten des Romans wie etwa der Kriminalroman, der Liebesroman, der Räuberroman oder der Reiseroman pflegen zwei oder drei dieser populären Themen zu kombinieren. Natürlich gibt es daneben aber auch besonders anspruchsvolle Romansujets, deren Behandlung im Rahmen der noch aus Schillers Sicht inferioren Gattung zu einer beträchtlichen Verbesserung ihres Ansehens verhalf. Philosophische, pädagogische und historische Themen stehen dabei im Vordergrund wie z. B. im Zeitroman, im Künstlerroman, im Bildungsroman oder im so genannten ‚Professorenroman', der auf anschauliche Weise das Leben in fernen Kulturen und Epochen darzustellen versucht. Anders als die auch in Volksstück oder Spielfilm zu findenden Sujets des populären scheinen die Themen des anspruchsvollen Romans gattungsspezifischer zu sein, d. h. durchschnittlich seltener auch in anderen literarischen Gattungen behandelt zu werden. Rezipienten mit gehobenen ästhetischen Ansprüchen können hieraus ein Qualitätskriterium ableiten. Dagegen interessierte und interessiert sich das Massenpublikum weniger für romanhafte als vielmehr für unterhaltsame, die genannten populären Themen behandelnde Werke. Romanautoren, die aus volkspädagogischen oder ökonomischen Gründen nicht nur die gebildeten Schichten erreichen wollen, sind deshalb bis heute dazu gezwungen, ihre Schilderungen mit Liebes- oder Grusel- und Gewaltszenen anzureichern.

Stoffanalyse

Um ein bestimmtes Thema literarisch zu gestalten, kann ein Autor im Prinzip seine Figuren und Handlungen völlig frei erfinden. Tatsächlich greifen jedoch viele Schriftsteller zu diesem Zweck auf überlieferte komplexe Handlungsgefüge, so genannte ‚Stoffe', zurück, die schon einen gewissen Bekanntheitsgrad besitzen und die deshalb bestimmte Publikumserwartungen auslösen. Als Beispiele seien hier etwa der Faust-Stoff, der Don-Juan-Stoff oder der Melusinen-Stoff genannt. Wie diese Beispiele zeigen, enthalten Stoffbezeichnungen häufig Personennamen, wobei es in der Regel Fürsten, Künstler, biblische und mythische Personen oder ähnlich prominente Gestalten sind, um deren Taten sich das Geschehnisgefüge rankt, das den Stoff konstituiert.

Aus literaturwissenschaftlicher Perspektive ist es häufig recht aufschlussreich, Werke aus verschiedenen Epochen oder auch aus verschiedenen Ländern und Kulturen zu vergleichen, wenn sie denselben Stoff behandeln. Wird, so ließe sich z. B. fragen, der Napoleon-Stoff in der deutschen Literatur anders dargestellt als in der französischen Literatur? Und gibt es Unterschiede zwischen dem Napoleonbild des 19. und des 20. Jahrhunderts?

Die Beantwortung derartiger Fragen verschafft tiefen Einblick in die nationalen Mentalitätsgeschichten, zumal wenn eine populäre Gattung wie der Roman in die Untersuchung mit einbezogen wird. Auch literatursoziologische Fragestellungen lassen sich durch einen Vergleich stoffidentischer Werke gut bearbeiten. Jedenfalls gibt es beträchtliche Unterschiede zwischen der Napoleondarstellung in den Kolportageromanen eines Paul Lippert oder Moritz von Krasselt einerseits und dem Napoleonbild in den Werken Heines, Grabbes oder Arnold Zweigs andererseits. Spezielle Nachschlagewerke, so genannte ‚Stofflexika', informieren darüber, welcher Stoff von welchen Autoren wann behandelt wurde.

Neben den Philologen profitieren davon auch die Schriftsteller. Denn es wäre einigermaßen seltsam, wenn ein Autor einen Don-Juan-Roman oder ein Don-Juan-Drama verfassen wollte, ohne sich mit den einschlägigen Stoffbearbeitungen von Tirso de Molina, Molière, Da Ponte, E. T. A. Hoffmann und Musset bis hin zu Frisch und Camus auseinandergesetzt zu haben. Jedenfalls weisen Werke, die solche traditionsschwangeren Stoffe aufgreifen, normalerweise ein gesteigertes Maß an intertextuellen Bezügen auf, d. h. sie enthalten eine Vielzahl inhaltlicher und stilistischer Zitate und Anspielungen auf ihre stoffgeschichtlichen Vorgängertexte. Zu einer adäquaten Roman-Analyse gehört deshalb immer auch die Aufdeckung derartiger Bezüge und die Einordnung des Textes in die Stofftradition. Anfänger sind hierbei auf die Benutzung eines Stofflexikons angewiesen. Aber auch gestandene Philologen mit profunder literarischer Bildung werden gerne in einem Nachschlagewerk wie Elisabeth Frenzels *Stoffe der Weltliteratur* (zuerst 1961; zahlreiche Neuauflagen) blättern, um sich alle Facetten und Dimensionen eines Stoffes vor Augen führen zu lassen.

Nicht anders als für die literarischen Themen gilt auch für die Stoffe, dass der Romanautor im Prinzip von ihnen allen Gebrauch machen kann. Briefwechsel und Tagebücher von Schriftstellern enthalten jedoch immer wieder Passagen, in denen von der Suche nach einem geeigneten Romanstoff die Rede ist. Denn ähnlich wie die Bühnenwirksamkeit eines Dramas wird in den Augen vieler Rezipienten die Attraktivität eines Romans wesentlich gesteigert, wenn sein Thema anhand von interessanten Figurenkonstellationen und Handlungsverläufen veranschaulicht wird. Entgegen den relativ liberalen Bestimmungen vieler Romantheorien findet man deshalb in der tatsächlich geschriebenen, gedruckten und gelesenen Romanliteratur ein Übergewicht figuren- und handlungsreicher Texte, während Romane mit wenigen, mehr reflektierenden als handelnden Figuren in der Minderheit bleiben. Zwar gibt es prominente Ausnahmen wie z. B. Samuel Becketts *Watt* (1953), aber die meisten Romanautoren bevorzugen ganz offenkundig ‚geeignete', publikumswirksamere Figurenkonstellationen und Handlungsstrukturen. Jedenfalls nimmt es nicht wunder, dass z. B. Manns *Buddenbrooks* erheblich größeren Publikumserfolg erzielten als sein *Zauberberg* oder sein *Doktor Faustus*. Für die Stoffwahl im engeren Sinne bedeutet dies, dass Abenteurer, Eroberer, Unternehmer und ähnliche Tatmenschen in der (breitenwirksamen) Romanliteratur durchschnittlich mehr Beachtung finden als in Elegie und Sonett, in Anekdote, Hörspiel oder Essay. Banaler- und profanerweise müssen für diesen Umstand nicht zuletzt ökonomische Ursachen verantwortlich gemacht werden. Denn die

Marginalien: Stofflexika; ökonomische Zwänge

Abfassung eines Romans dauert mehrere Monate, oft auch mehrere Jahre. Will der Autor für diesen Zeitraum seinen Lebensunterhalt sichern, muss er mehr für sein Manuskript erlösen als für eine Kurzgeschichte oder ein Gedichtbändchen. Er muss also höhere Verkaufszahlen anvisieren und sich folgerichtig mehr dem Populärgeschmack annähern, wenn er nicht bereits ganz etabliert ist, die Kritik auf seiner Seite weiß oder asketische Neigungen bzw. ein ererbtes Vermögen besitzt. Unter diesen Bedingungen stellt es bis heute selbst für anerkannte Berufsschriftsteller ein schwer kalkulierbares unternehmerisches Risiko dar, wenn sie sich entschließen, einen Roman zu verfassen.

Motivanalyse Nah verwandt mit den Stoffen sind die Motive, deren genauere Beschreibung ebenfalls zu den unverzichtbaren Elementen jeder Roman-Analyse gehört. Auch bei ihnen handelt es sich um komplexe Handlungsgefüge, die aufgrund ihrer Bekanntheit und Traditionsschwere bestimmte Vorerwartungen beim Rezipienten erwecken. Im Unterschied zu den Stoffen prägen sie jedoch nicht unbedingt den gesamten Handlungsverlauf eines Textes, und vor allem sind sie nicht fest mit einem bestimmten Namen wie Faust oder Don Juan verknüpft. Beispiele wären etwa das Motiv der unstandesgemäßen Heirat, des edlen Wilden, der Blutrache, der Freierprobe, des Gottesurteils, der Höllenfahrt, des Menschenfeindes, des Teufelspaktes oder des Tyrannenmordes. Dass ein und derselbe Text mehrere Stoffe aufgreift und verarbeitet, kommt sehr selten vor. Die Kombination mehrerer Motive in einem Werk ist hingegen eher die Regel als die Ausnahme. In Fontanes *Effi Briest* findet man beispielsweise sowohl das Motiv der verletzten Gattenehre als auch das Duellmotiv und das Motiv des Sonderlings (Figur des Apothekers Gieshübler). *Motivlexika* Ein Blick in ein Motivlexikon wie etwa Elisabeth Frenzels Standardwerk *Motive der Weltliteratur* (zuerst 1976; mehrere Neuauflagen) führt uns dann schnell vor Augen, dass alle diese Motive eine eigene lange Tradition besitzen, deren genaue Kenntnis für die Interpretation des Werkes hilfreich, ja unter Umständen sogar unverzichtbar ist. Dass zum Beispiel das Motiv der verletzten Gattenehre in der Literatur des späten 19. Jahrhunderts besonders häufig auftritt, ist nicht nur von literarhistorischem, sondern auch von gesellschafts- und mentalitätsgeschichtlichem Belang. Wie bei den Stoffen so lassen sich auch bei den Motiven aufschlussreiche Vergleichsstudien zwischen Texten aus verschiedenen Kulturen, Ländern, Epochen und Gattungen anstellen. Und auch unter literatursoziologischen Gesichtspunkten kann eine vergleichbare Motivstudie von Interesse sein, wenn etwa die Darstellung des Ehebruchs im anspruchsvollen Gesellschaftsroman der Behandlung des gleichen Motivs im Kolportageroman gegenübergestellt wird.

Haupt- und Nebenmotive Wie das erwähnte Fontane-Beispiel erkennen lässt, sind normalerweise nicht alle Motive in einem Text gleichrangig. So würde man im Falle *Effi Briest* die ‚verletzte Gattenehre' (Frenzel) gewiss als Hauptmotiv bezeichnen, während die Sonderlingsexistenz Gieshüblers trotz aller Prägnanz in der Charakterisierung dieser Figur ein bloßes Nebenmotiv bleibt. Selbstverständlich verzeichnet die Literaturgeschichte aber auch viele Werke, in denen umgekehrt die verletzte Gattenehre als bloßes Nebenmotiv bzw. die Sonderlingsexistenz – z. B. bei Wilhelm Raabe – als Hauptmotiv fungiert. Motive sind in dieser Hinsicht dehnbarer als die meistens recht schwergewichtigen Stoffe, die einen Text dominieren, wenn sie denn aufgegriffen werden.

Kein Motiv im eigentlichen Sinne ist übrigens das Leitmotiv, dessen in der Literaturwissenschaft irreführend klingende Bezeichnung aus der Musikwissenschaft stammt. Anders als beim traditionsbildenden, also auf *Inter*textualität basierenden Motiv stößt man beim Leitmotiv auf die *intra*textuelle Wiederholung oder Wiederaufnahme bestimmter Formulierungen oder Sachverhalte. Wenn also z. B. eine Figur innerhalb eines Textes immer wieder einen bestimmten Satz äußert oder stets mit einem bestimmten Requisit auf dem Schauplatz des Geschehens erscheint, so handelt es sich um ein Leitmotiv, das wie ein Erkennungszeichen fungiert und das u. U. auch eine textgliedernde Funktion besitzen kann. Ist das Leitmotiv zu (einzeltext-)spezifisch, so ist umgekehrt der so genannte ‚Topos' übrigens zu unspezifisch, um als Motiv im literaturwissenschaftlichen Sinne bezeichnet werden zu können. Topoi sind klischeehafte Denk- und Sprachbilder wie z. B. die Vorstellung vom ‚Buch der Natur', die Redeweise von der ‚Welt als Bühne' oder die Idee des ‚goldenen Zeitalters'. Mit ihnen verbindet sich nicht die Vorstellung von bestimmten Geschehnisabfolgen oder Figurenkonstellationen, und außerdem begegnen sie uns häufig auch in nichtliterarischer Rede. Freilich gibt es eine Übergangszone zwischen Motiv und Topos, was uns etwa die ‚verkehrte Welt' veranschaulicht, die man mit guten Gründen der einen wie auch der anderen Kategorie zuordnen könnte.

<small>Leitmotiv</small>

<small>Topos</small>

Als Zwischenergebnis können wir festhalten, dass die Themen-, Stoff- und Motivanalyse zu den Kerngebieten der wissenschaftlichen Roman-Analyse gehört und in vielen Fällen ein sehr aufwändiges Unternehmen darstellt. Die meisten Angaben zu Stoff, Motiv und Thema lassen auf ausgedehnte, weit verzweigte intertextuelle Bezüge schließen, deren Beschreibung umfangreiche Bibliotheksrecherchen erfordert.

Die nächste Kategorie, mit der wir uns im Rahmen der Inhaltsanalyse zu beschäftigen haben, ist der Plot. Das Wort ‚plot' stammt aus dem Englischen und hat im Deutschen keine direkte Entsprechung, weshalb es mittlerweile als eingedeutschtes Fremdwort behandelt und groß geschrieben wird. Man bezeichnet mit diesem Ausdruck den konkreten Handlungsverlauf in einem einzelnen Text bzw. die zusammenfassende Beschreibung eines derartigen Handlungsverlaufs. Angaben zum Plot eines Werkes werden uns allen immer wieder in alltäglichen Situationen abverlangt. Soll man Freunden einen spannenden Roman beschreiben, den man im Urlaub gelesen hat, so muss man zuerst den Plot liefern, bevor man – wenn es dazu noch kommt – Stil und Form des Textes anspricht. Das ist in mehrerlei Hinsicht bemerkenswert.

<small>Plot</small>

<small>Plotwiedergabe im Alltag</small>

Erstens ist ein ‚guter' Plot in den Augen der meisten Rezipienten offenbar das entscheidende Qualitätsmerkmal, das über Kauf oder Nichtkauf, Lektüre oder Nichtlektüre entscheidet. Viele potentielle Leser entwickeln dabei die erstaunliche Fähigkeit, beim Anhören einer Plotwiedergabe augenblicklich festzustellen, ob etwas interessant klingt oder nicht, d. h. zum Beispiel adäquate Identifikationsangebote bereitstellt oder nicht bereitstellt. Dieses Phänomen verdiente genauere Untersuchung nicht nur von Seiten des Literaturmarketing, sondern auch der Literaturpsychologie. Zweitens bezeugt die Frage nach dem Plot, dass dem Romanleser im Allgemeinen der Inhalt wichtiger als die Form ist. Anders als z. B. bei Essays von Karl Kraus, Gedichten von Nelly Sachs oder Aphorismen von Schnitzler will der potentielle Käufer und Leser bei einer Romanempfehlung zuerst und vor allem wissen, worum es darin geht, während etwa die Frage der Erzählsituation oder der Satzstilistik nachrangig ist, wenn sie nicht überhaupt stillschweigend übergangen wird. Viele Leser können sogar unmittelbar nach der Lektüre keine zuverlässigen Angaben zu solchen Formmerkmalen eines Textes machen, selbst wenn sie von der Lektüre begeistert sind und den Plot (Figurenkonstellation und Handlungsverlauf) detailliert wiederzugeben vermögen. Drittens schließlich scheint das Sprechen über den Plot für viele Rezipienten ein besonderes Vergnügen darzustellen. Die Plotwiedergabe und -kommentierung steht gleichsam im Rang einer eigenen Kunstform, die nicht nur eine via regia in das besprochene Werk eröffnet, sondern im Sinne einer paraphilologischen Textanalyse die nachträgliche Durcharbeitung ermöglicht, den Illusionseffekt prolongiert und die Lektürewirkung verstärkt. Darin unterscheidet sich diese – unwissenschaftliche, aber sehr verbreitete – Form des Kunstgesprächs von der Untersuchungsarbeit des Literarhistorikers, die oft sogar ganz im Gegenteil als distanzschaffend, illusionsstörend und wirkungshemmend kritisiert wird. Es ist bis heute eine offene, von der Literaturwissenschaft selbst in der Regel ausgeblendete Frage, ob es auch in der Roman-Analyse zielführend ist, dem Rezipienten jene ‚ästhetische Einstellung' (Bourdieu 1987, S. 57–81) und jenes ‚interesselose Wohlgefallen' (Kant) abzuverlangen oder zu unterstellen, die bei den Lesern von Epen, Aphorismen oder Essays heute tatsächlich vorauszusetzen sein mögen. Zumindest dürfte hier ein weiterer Grund dafür zu suchen sein, weshalb die offizielle Gattungsgeschichte bisher auch im Falle des Romans oft unbekümmert an der Realität der literarischen Kommunikation vorbeigeschrieben hat.

wissenschaftliche Plotwiedergabe

Den unterschiedlichen Rezeptionsweisen entsprechen übrigens auch unterschiedliche Formen der Plotwiedergabe, was sich besonders an der Präferenz für verschiedene Tempora festmachen lässt. Eine wissenschaftlich korrekte Plotbeschreibung ist durchgängig im Präsens formuliert, wobei nur zur Markierung der Vorzeitigkeit das einfache Perfekt benutzt wird:

Effi Briest handelt von einer jungen Frau, die einen wesentlich älteren Mann heiratet, den sie betrügt, weil sie sich in ihrer Ehe langweilt. Aber der Mann entdeckt ihre Untreue, erschießt ihren Liebhaber und lässt sich von ihr scheiden, obwohl sie die Affäre schon von sich aus beendet hat. Am Schluss zieht Effi wieder in das Haus ihrer Eltern und stirbt kurz darauf.

In der außerwissenschaftlichen Plotwiedergabe wird demgegenüber in der Regel das einfache Perfekt in Kombination mit dem Plusquamperfekt benutzt, was ungefähr zu folgendem Resultat führt:

Es geht in dem Roman um eine junge Frau, die einen wesentlich älteren Mann geheiratet hat. Den hat sie betrogen, weil sie sich in ihrer Ehe gelangweilt hat. Aber der Mann ist dahinter gekommen, hat ihren Liebhaber erschossen und sich von ihr scheiden lassen, obwohl sie die ganze Affäre schon längst beendet hatte. Am Schluss ist die Heldin wieder zu ihren Eltern gezogen und kurz danach gestorben.

synoptisches Präsens

Der Tempusunterschied markiert nicht nur eine (in den Beispielen künstlich verringerte) allgemeine soziolektale Differenz, sondern indiziert hauptsächlich verschiedene Grade des Fiktivitätsbewusstseins. Die nichtwissenschaftliche Variante klingt, als gehe es um eine reale Person, die in der Welt, in der wir leben, existiert hat. Die wissenschaftliche Fassung ist demgegenüber darum bemüht, durch Verwendung des synoptischen Präsens keinen Moment lang Zweifel daran aufkommen zu lassen, dass man es bei Effi mit einer erfundenen Figur zu tun hat, die in einer fiktiven Welt agiert. Schon auf der Ebene der bloßen Inhaltswiedergabe distanziert sich damit der wissenschaftlich an die Sache herangehende Leser von den literarischen Figuren. Das synoptische Präsens als atemporales Tempus konstruiert jene unsichtbare Mauer zwischen Realität und Fiktion, die von der identifikatorischen Lektüre ignoriert wird und die gerade deshalb aus der Sicht einer traditionellen Literaturwissenschaft eine Voraussetzung dafür bietet, dass der Text mit ästhetischer Einstellung und interesselosem Wohlgefallen rein als künstlerisches Artefakt wahrgenommen werden kann. Mag diese Wahrnehmung auch aus der Sicht einer modernen, sich ihrer verdeckten Prämissen nach und nach bewusst werdenden Literaturwissenschaft alles andere als unproblematisch sein, so bleibt es doch für den Anfänger eine unverzichtbare Übung, sich in der Kunst der korrekten Plotwiedergabe zu üben. Werklexika wie z. B. *Kindlers Neues Literaturlexikon* oder *Reclams Romanlexikon* mit ihren Hunderten von Inhaltswiedergaben können dabei mit Gewinn als Vorbilder und Anschauungsmaterial herangezogen werden.

Eine korrekte wissenschaftliche Plotbeschreibung enthält stets auch Angaben zu Ort und Zeit des Geschehens. Da solche Angaben nicht immer leicht zu ermitteln sind, muss man sich im Zusammenhang mit der Inhaltsanalyse auch kurz mit dem Problem der Raum- und der Zeitstruktur im Roman beschäftigen.

Was zunächst die Raumkonzeption eines Textes betrifft, so können die Schauplätze phantastisch oder realistisch gezeichnet sein, wobei es natürlich vom Sciencefictionroman bis hin zum naturalistischen Großstadtroman eine beträchtliche Spannbreite der Darstellungsmöglichkeiten gibt. Dabei muss aus literaturwissenschaftlicher Sicht darauf hingewiesen werden, dass die Dichotomie ‚phantastisch-realistisch' nicht mit dem Begriffspaar ‚fiktiv-real' kongruiert. Denn sowohl die phantastisch als auch die realistisch dargestellten Schauplätze der Handlung sind aus philologischer Perspektive fiktiv. Allerdings ist einzuräumen und anzuerkennen, dass sich wohl auf keinem anderen Feld der Literaturanalyse die Unterschiede zwischen wissenschaftlicher und vorwissenschaftlicher Rezeptionshaltung derart drastisch bemerkbar machen wie im Bereich der Wahrnehmung, Beschreibung und Untersuchung von Schauplätzen. Dass Figuren und Zeitabschnitte im Roman anders dargestellt werden als in der Geschichtswissenschaft, ist für viele noch einsehbar, aber dass auch die Schauplätze realistischer Texte nicht real sein sollen, lässt sich wesentlich schwerer vermitteln. Tatsächlich kann man auf den Spuren Fontanes durch Berlin, auf den Spuren Thomas Manns durch Lübeck und auf den Spuren Uwe Johnsons durch New York spazieren. Ja, es gibt spezielle Reiseführer, die anstelle eigener Beschreibungen vornehmlich Auszüge aus Romanen (und anderen literarischen Werken mit einem erhöhten Anteil an Deskriptionssequenzen) miteinander kombinieren. Und einige Reiseveranstalter bieten sogar literari-

Raumkonzeptionsanalyse

sche Exkursionen an, auf denen die Schauplätze literarischer Werke besichtigt werden können.

Frage der Fiktivität von Schauplätzen

Was wird aber eigentlich auf solchen Reisen besichtigt? Aus der Sicht des zur identifikatorischen Lektüre Neigenden der reale Teil der aus Realem und Imaginärem additiv zusammengesetzten Fiktion. Aus der Sicht des in der ästhetischen Einstellung Verharrenden hingegen ein Reales, das von der literarischen Fiktion als einer unauflöslichen Synthese von Realem und Imaginärem stets kategorial unterschieden bleibt. Die Fiktion wird also im ersten Fall als ein in seine Bestandteile zerlegbares Nebeneinander, im zweiten Fall als ein unzertrennliches Ineinander von Wirklichem und Erfundenem wahrgenommen. Dabei lassen sich solche Wahrnehmungen nicht in richtige und falsche aufteilen; kultursoziologisch sind sie als Ausdruck bildungsschichtenspezifischer Dispositionen darzustellen und zu erklären. In solchen Darstellungen und Erklärungen liegt auch die Aufgabe des Literaturwissenschaftlers und nicht in der ihrer eigenen Bedingtheit nicht bewussten Verabsolutierung der ästhetischen Einstellung, die sich über die banausische Verwechslung von Realem und Fiktivem weit erhaben dünkt.

Neben der Dichotomie ‚phantastisch-realistisch' ist es vor allem die Begriffsopposition ‚konkret-abstrakt', die bei der Schauplatzanalyse gute Dienste leistet. Wie manche Theaterstücke ohne Kulissen und Requisiten auskommen, so gibt es auch Romane, in denen sich keine oder nur sehr spärliche Beschreibungen der Schauplätze finden. Nicht anders als in seinen Bühnenwerken findet man z. B. auch in den Romanen und Erzählungen Samuel Becketts viele abstrakte, entkonkretisierte Schauplätze. Sie veranschaulichen in durchaus sinnfälliger Manier die Geworfenheit, Heimatlosigkeit, Unbehaustheit des modernen Menschen in der Welt und können insofern keineswegs als defizitär gegenüber konkreteren Handlungsorten bezeichnet werden. Gerade der Roman mit seinen Möglichkeiten zur Integration ausführlicher Deskriptionssequenzen schwelgt jedoch häufig geradezu in detaillierten und detailliertesten Schauplatzbeschreibungen, die das gesellschaftliche Milieu und den Bildungshintergrund der (Haupt-)Figuren illustrieren sollen. Daneben gibt es den so genannten sympathetischen Hintergrund, das sind Schauplätze, die z. B. besonders freundlich oder besonders bedrohlich wirken und die auf diese Weise natura und affectio, Charakterzüge und Stimmungen der Protagonisten, in Szene setzen. Auch die Frequenz der Schauplatzwechsel kann ein wichtiges Indiz bei der Interpretation eines Romanes sein, wenn sie etwa die Isolation oder auch umgekehrt die Zerfahrenheit einer Figur verdeutlicht. Schauplatzwechsel fallen oft mit den Grenzen von Kapiteln oder Sinnabschnitten zusammen, können also darüber hinaus auch eine kompositorische, text- und lektüregliedernde Funktion haben.

entkonkretisierte Schauplätze

sympathetischer Hintergrund

Zeitkonzeptionsanalyse

chronologisch

Was die Zeitkonzeption von Romanen betrifft, so muss man zunächst drei verschiedene Darstellungsformen grundsätzlich voneinander unterscheiden: die chronologische, die anachronische und die achronische. Bei der chronologischen Zeitkonzeption werden die einzelnen Abschnitte des Handlungsgeschehens in ihrer natürlichen zeitlichen Abfolge wiedergegeben. Im Falle eines Entwicklungsromanes würde also zuerst die Geburt beschrieben, danach die Kindheit, danach die Jugend, danach die Zeit der

Berufstätigkeit usw. Chronologische Zeitkonzeptionen wirken im Allgemeinen besonders übersichtlich, können jedoch durchaus Desorientierung hervorrufen, wenn die Zeitangaben nicht explizit, sondern nur implizit erfolgen und deshalb mühsame Rekonstruktionsarbeiten des Lesers erfordern. Dies ist etwa der Fall, wenn sich nur aus dem Fortschreiten der Jahreszeit oder nur aus dem Altern von Gebäuden Hinweise auf die Zeitspannen entnehmen lassen, in denen sich das Handlungsgeschehen vollzieht. Nicht prinzipiell unübersichtlicher als die chronologische ist deshalb die anachronische Zeitkonzeption, bei der die Geschehnisse nicht in ihrer natürlichen, sondern in vertauschter Reihenfolge präsentiert werden. Solche Umstellungen können zur Verrätselung beitragen und Spannung erzeugen, was z. B. im Kriminalroman von ausschlaggebender Bedeutung ist, in dem die eigentlich vorausliegende Mordtat in den allermeisten Fällen erst bei der Auflösung am Ende des Romanes geschildert wird. Nicht selten findet man aber auch den umgekehrten Fall, dass mit Hilfe von Vorwegnahmen oder punktuellen Vorausdeutungen Erwartungsspannungen geweckt werden, die das Leseinteresse verstärken. Am Beispiel der Textenden von Episoden eines Fortsetzungsromanes lässt sich dieses Phänomen besonders anschaulich demonstrieren. Sofern die Vertauschungen – je häufiger sie erscheinen, desto expliziter – markiert werden und nicht überhand nehmen, erzeugt die Anachronie nicht das Gefühl der Verwirrung und der Desorientierung. Das verhält sich anders bei der achronischen Zeitkonzeption, bei der überhaupt keine natürliche Geschehnisabfolge erkennbar oder rekonstruierbar ist. Insofern diese Konzeption, die erst im 20. Jahrhundert größere Verbreitung fand, nicht ausschließlich ästhetischen Prinzipien gehorcht, lässt sie sich in der Regel auf philosophische oder psychologische Einsichten in die Relativität der Zeit zurückführen. Bereits Kant postulierte ja die transzendentale Idealität der Zeit, die nicht dem Ding an sich, sondern nur unseren Vorstellungen anhaftet. Und schon in der Wahrnehmungspsychologie des 19. Jahrhunderts wurden Experimente angestellt, um die Differenz zwischen physikalischer und subjektiver Zeitempfindung in jenen Fällen auszumessen, in denen die Zeit wie im Fluge vergeht oder umgekehrt jede Minute wie eine Stunde erscheint. Die Vorstellung von einer natürlichen zeitlichen Abfolge von Geschehnissen wirkt vor dem Hintergrund derartiger Überlegungen wie eine naive Illusion. Moderne Montageromane lösen deshalb die Zeitstruktur manchmal so radikal auf, dass von einer Abfolge keine Rede mehr sein kann. Aus der Sicht der meisten Rezipienten wird die Lektüre allerdings dadurch zu einem anstrengenden Unternehmen. Wer als Romanautor auf die Auflagenhöhe schielt, ist deshalb nach wie vor gut beraten, sich mit der chronologischen oder der anachronischen Darstellungsweise zu begnügen.

anachronisch

achronisch

Unter das Thema Zeitkonzeption fällt auch die Analyse der textspezifischen Gestaltung des Verhältnisses zwischen Erzählzeit und erzählter Zeit (dazu Müller 1953, S. 285 f.; Jahn 1998, S. 33). Denn natürlich macht es einen Unterschied, ob ein Roman auf 800 Seiten die Geschehnisse eines Abends oder auf 300 Seiten die Geschichte einer Familie von den Großeltern bis zu den Enkeln erzählt. Nicht wissenschaftlich geklärt ist allerdings die Frage, ob die Erzählzeit in Lektürezeit oder in Textmengeneinheiten abgemessen werden sollte. Denn ein Roman wird normalerweise nicht

Erzählzeit und erzählte Zeit

in einem Zug, sondern in mehreren Etappen gelesen, zwischen denen das Gelesene unterschwellig präsent bleibt und geistig-seelisch bearbeitet wird. Die effektive Rezeptionszeit kann deshalb nur individuell festgestellt und nicht schematisch in Seiten- oder Zeichenmengen abgemessen werden. Will man nur den Grad der Handlungsraffung oder -dehnung bestimmen, kann man auf den Begriff ‚Erzählzeit' ganz verzichten und (ggf. abschnittsweise) einfach den textspezifischen Quotienten aus der Länge der erzählten Zeitspanne und der Textmenge in Seiten oder Zeichen ermitteln. Werkinterne Variationen des Dehnungs- oder Raffungsgrades werden häufig durch Tempuswechsel indiziert, die aber oft auch bei einer Intensivierung der Darstellung (dramatisches Präsens), bei einem Wechsel der Darstellungsinstanz (z. B. generalisierende Rede eines stärker hervortretenden Erzählers) oder bei direkten Leseranreden auftreten können und die in jedem Fall zu registrieren und hinsichtlich ihrer Funktion zu untersuchen sind.

Tempo Die letzte hier zu behandelnde Dimension der Zeitstrukturanalyse betrifft das Tempo. Bezeichnet man als Handlungsgeschehen generell jede Art von Situationsveränderung, so zeichnen einen temporeichen Text besonders viele und tiefgreifende Situationsveränderungen aus. Bleibt die Lebenssituation der (Haupt-)Figuren hingegen weitgehend konstant, so erweckt dies den Eindruck von Ruhe und Langsamkeit. Tempo kann durch äußere Faktoren wie häufige Schauplatzwechsel oder ständige Variation der Figurenkonstellation veranschaulicht, aber nicht erzeugt werden. Hektische Handlungsfülle ohne tiefgreifende Situationsveränderung erzeugt kein Tempo, sondern leere Betriebsamkeit, die u.U. sogar langweilig werden kann, weil im Grunde nichts geschieht. Abschließend sei zum Thema Plot noch vermerkt, dass die wissenschaftliche Plotbeschreibung eine nicht zu unterschätzende Kunst ist, die sorgfältig eingeübt werden muss. Wer in vier oder fünf Sätzen den Handlungsverlauf, die Raumkonzeption und die Zeitstruktur eines umfangreichen Romans (im korrekten Präsens) wiederzugeben versteht, stellt damit unter Beweis, dass er den Text souverän überblickt (und sammelt in Seminar- und Prüfungssituationen wichtige erste Pluspunkte).

Kompositions- Der zuletzt hier anzusprechende Aspekt der Inhaltsanalyse betrifft die
strukturanalyse Komposition. Dabei lassen sich vier Ebenen unterscheiden, auf denen der Autor seinen Roman durchstrukturieren kann. Auf einer ersten Ebene geht es um die Verteilung von Aktions-, Deskriptions-, Dialog- und Reflexionssequenzen in einem Text. Es versteht sich, dass z. B. ein Abenteuerroman erheblich mehr Aktionssequenzen aufweist als ein Bildungs- oder ein Zeitroman, in dem sich normalerweise ein Übergewicht an Reflexions- und Deskriptionssequenzen feststellen lässt. Über solche Proportionsunterschiede hinaus besitzt jeder Roman sein eigenes Profil, was die Verteilung der vier Sequenztypen angeht. Da Aktionssequenzen leichter und direkter in laufende Bilder zu übertragen sind als Gespräche und (Erzähler- oder Figuren-)Reflexionen, sind Romane mit einem Übergewicht an solchen Darstellungselementen übrigens leichter bzw. mit mehr Aussicht auf kommerziellen Erfolg in die heute gängigen Spielfilmformate zu übertragen.

Haupt- und Eine Frage der Komposition ist auch die Positionierung und Proportionie-
Nebenhandlung rung von Haupt- und Nebenhandlungen, wobei letztere die Haupthand-

lung meistens widerspiegeln oder aber kontrapunktisch ergänzen. Eine Fokusverlagerung von der Haupt- auf die Nebenhandlung dient in vielen Fällen der Aufrechterhaltung, Prolongierung und Intensivierung von Erwartungsspannungen. Es gibt jedoch auch den umgekehrten Fall, dass eine solche Verlagerung lösend und entspannend wirkt, etwa bei humoristischen Einlagen lustiger Figuren, die eine traurige Haupthandlung auflockern. Die besondere Länge von Romanen kann dazu verführen, den Text mit allerlei Nebeneinfällen vollzustopfen, weshalb die Literaturkritik oft mit Argusaugen darüber wacht, dass Nebenhandlungen ausreichend motiviert sind, d.h. eine Funktion für das Verständnis der Haupthandlung besitzen, und dass sie außerdem und vor allem durchgeplant und durchgehalten sind, also nicht einfach irgendwann aus dem Blickfeld geraten oder im Sande verlaufen.

Auf einer dritten Ebene der Kompositionsanalyse beschäftigen wir uns mit der Struktur des Handlungsverlaufs, wobei in der Hauptsache zwischen dramatischer, episodischer und isotroper Handlungsstruktur zu unterscheiden ist. Von dramatischer Romankomposition sprechen wir, wenn sich die Hauptfigur(en) nach erfolgter Exposition einem Problem, einer Aufgabe oder einem Konflikt gegenübergestellt sieht (sehen) und wenn es am Ende zu einer – sei es guten, sei es schlechten – Lösung kommt. Kriminalroman und Liebesroman sind Beispiele für die Unterarten des Genres, die sehr häufig diesem Bauprinzip folgen. Bei der episodischen Kompositionsstruktur werden dagegen mehrere Geschehnisse aus dem Leben der Hauptfigur(en) aneinandergereiht, wobei die meisten dieser nebeneinander gestellten Episoden in sich dramatisch strukturiert sind. Viele Beispiele für solche Ketten von Minidramen finden sich im Schelmenroman und im Reiseroman. Bleibt noch der isotrope Kompositionstypus, bei dem die Handlung gleichbleibend und gleichförmig vorausschreitet, ohne dass dramatische Höhen und Tiefen zu verzeichnen wären. Als Musterbeispiel für diesen Bautyp gilt der moderne Bewusstseinsroman, der von *Finnegans Wake* (Joyce) bis zum *Mann ohne Eigenschaften* (Musil) einen kontinuierlichen Strom von Reflexionen und Deskriptionen vor dem Auge des Lesers abrollen lässt, während Aktionssequenzen eine seltene Ausnahme bilden und Dialogsequenzen zu philosophischen Diskursen mit relativ seltenen Sprecherwechseln ausgeweitet werden.

dramatische Kompositionsstruktur

episodische Kompositionsstruktur

isotrope Kompositionsstruktur

Die vierte und letzte Ebene der Textstrukturierung, die im Rahmen einer Kompositionsanalyse zu berücksichtigen bleibt, ist die Ebene der Segmentierung, wobei zwischen äußerer und innerer Segmentierung zu unterscheiden ist. Bei der äußeren Segmentierung handelt es sich um die optisch erkennbare Untergliederung des Textes durch Absätze, Leerzeilen und Buch- oder Kapitelüberschriften, durch die der Text in kleinere und größere Leseportionen untergliedert wird. Üblicherweise markieren solche äußeren, optischen Segmentierungssignale die Grenzen von Sinnabschnitten, wobei es nach Leerzeilen und an Kapitelgrenzen oft zu einem Wechsel der Figurenkonstellation, des Schauplatzes und/oder des zeitlichen Fokus kommt. Zu den Erkennungsmerkmalen eines betont artistischen, anti-identifikatorischen Erzählstils kann es freilich gehören, solche Konventionen – wie z.B. schon im 18. und 19. Kapitel des letzten Buches von Laurence Sternes *Tristram Shandy* (1767) – auf überraschende Weise zu verletzen.

äußere Segmentierung

innere Segmentierung

Die äußere kongruiert in solchen Fällen nicht mit der inneren Segmentierung, d. h. mit der Einteilung des Textes in thematisch-inhaltliche Sinnabschnitte. Gerade im modernen Roman wird die Geschichte häufig nicht in einem Stück heruntererzählt, sondern bewusst und gezielt auf irritierende Weise in nicht geschlossene Segmente zerlegt, deren Abfolge freien künstlerischen Prinzipien der Montage oder Collage und nicht dem natürlichen thematischen Zusammenhang folgt. In den einfacheren Fällen entstehen hierdurch reversible Kohärenzstörungen, die durch sorgfältiges Lesen und Rekonstruieren zu durchschauen sind. In den komplizierteren Fällen kommt es hingegen zu echtem, irreversiblem Kohärenzverlust, so dass – oft zum Zwecke der Veranschaulichung biographischer Diskontinuitäten und Kontingenzen – regelrechte Sinnlücken entstehen. Selbst wenn es nur um einen einzigen Roman geht, kann die akkurate Analyse aller Formen und Funktionen der Sequenztypverteilung, der Verflechtung von Haupt- und Nebenhandlung, der Handlungsstruktur sowie der inneren und äußeren Segmentierung ein anspruchsvolles, souveräne Übersicht über den Text erforderndes Unterfangen sein. Für die Interpretation des Werkes ist damit in der Regel aber auch viel gewonnen, weil eine solche Analyse tiefe Einblicke in Anspruchsniveau und Wirkungsabsichten des Textes vermittelt.

Kohärenzstörungen

3. Stilistische Analyse

Menschen können Regeln befolgen, ohne sie bewusst zu erlernen. Kinder sprechen vor ihrem ersten Grammatikunterricht. Und Erwachsene verbessern Kinder, ohne u. U. linguistische Termini zu beherrschen. So erklärt es sich, dass Stilbrüche und Stileigentümlichkeiten von Texten durchaus wahrgenommen und stillschweigend beurteilt werden, selbst wenn der Rezipient keine einzige Stilnorm explizit zu formulieren wüsste.

Diese Hinweise sind wichtig, weil die Rezeptions- und Lesepsychologie immer wieder mit dem Befund konfrontiert wird, dass die sprachliche Form von Texten nach der Lektüre schnell dem Vergessen anheim fällt, während der Inhalt, sofern er für relevant und interessant gehalten wird, lange im Gedächtnis haften bleibt. Von diesem Normalfall der literarischen Kommunikation unterscheidet sich die gelehrte Textrezeption freilich dadurch, dass dem Wie der Aussage größere Bedeutung beigemessen wird.

Schon vor der Entwicklung der Individualdichtung im späten 18. Jahrhundert trat dies zutage. Die Gesellschaftsdichtung von der Antike bis ins mittlere 18. Jahrhundert war eine an feststehenden Regeln orientierte Kunstübung, bei der die originelle individuelle Abweichung nicht gefragt war und die deshalb bei heutigen Rezipienten leicht den Eindruck hinterlässt, mehr Kunstgewerbe als Kunst zu sein. Doch literatur- und geistesgeschichtlich wäre es verfehlt, von einem Zeitalter Individualität zu fordern, das den heute gebräuchlichen, positiven bis überschwänglichen Kult der unverwechselbaren Handschrift noch nicht kannte und kennen konnte. Literatur vor 1760/1770 muss deshalb an anderen stilistischen Maßstäben gemessen und mit anderen stilistischen Kategorien analysiert werden als die nach diesem Zeitpunkt entstandenen Werke (vgl. Sowinski 1991).

Genauer gesagt handelt es sich um Maßstäbe und Kategorien, die der antiken Rhetorik entnommen sind und deren Anwendung eine gewisse Übung erfordert. Eine Formulierung galt als passend und geeignet, wenn sie vier verschiedenen Anforderungen entsprach (vgl. Schneider 2000, S. 60 ff.). Erstens wurde besonderer Wert auf die Angemessenheit (aptum) hinsichtlich des Anlasses, der Rezipienten und des Rezeptionskontextes gelegt. Das konnte z. B. für den höfischen Roman des feudalistischen Zeitalters bedeuten, dass die Wortwahl den Regeln der bei Hof gültigen Etikette folgen musste. Zweitens war die sprachliche Korrektheit (puritas) zu gewährleisten, also die Übereinstimmung mit den geltenden grammatischen Regeln. Zwar gab es erst im späten 18. Jahrhundert eine Entwicklung zur Normierung dieser Regeln auf nationaler Ebene, aber das heißt keineswegs, dass die zuvor in bestimmten Regionen innerhalb bestimmter Bildungs- und Gesellschaftsschichten gültigen Sprachnormen ohne weiteres hätten ignoriert werden dürfen. Drittens war nach den Lehren der Rhetorik die perspicuitas sicherzustellen, d. h. die Verständlichkeit und Deutlichkeit des Textes. Natürlich bedeutet dies nicht, dass spannungssteigernde literarische Verrätselungstechniken unstatthaft gewesen wären; die geschickte Dosierung und Zurückhaltung von Informationen darf nicht mit der durch verunglückte Formulierungen entstandenen Undeutlichkeit verwechselt werden. Viertens und letztens war dann unter den drei möglichen Stilarten (genera dicendi) die sachangemessene auszuwählen. Dabei blieb der gehobene, pathetisch-emotionale Stil (genus grande) den würdevollen Gegenständen und feierlichen Anlässen vorbehalten, während der schmuckarme niedere Stil (genus humile) in didaktischen Zusammenhängen für angemessen erachtet wurde. Dazwischen war der mittlere Stil (genus medium) angesiedelt, der in unterhaltenden Texten vorwalten sollte. Zur Ausdifferenzierung und konkreten sprachlichen Realisierung der drei genera griff man auf Elemente des Redeschmucks (ornatus) zurück, zu denen Techniken der Klanggestaltung, der Wortwahl und des Satzbaus gehören, die nachfolgend genauer beschrieben werden. Zuvor sei hier aber noch einmal ausdrücklich hervorgehoben, dass die Befolgung der vier genannten Regeln bis weit ins 18. Jahrhundert nicht ins Belieben des einzelnen Schriftstellers gestellt war, sondern zu den gesellschaftlich respektierten Konventionen gehörte, deren Verletzung gravierende Folgen nach sich ziehen konnte. Autoren waren damals keine selbstständigen Textproduzenten, sondern fast durchgängig Auftragskünstler, die auf das Wohlwollen und die finanzielle Unterstützung ihrer aus Adel, Klerus oder Patriziat stammenden Auftraggeber angewiesen waren. Der Spielraum für ästhetische Innovationen war unter diesen Rahmenbedingungen gering.

Nachfolgend sollen im Detail die einzelnen stilistischen Techniken behandelt werden, und zwar in aufsteigender Folge von der Laut- über die Wort- bis zur Satz-, Text-, Individual- und Zeitstilistik. Was zunächst die Lautstilistik betrifft, so könnte man bei erstem Hinsehen glauben, dass sie nur für Verstexte von Belang und deshalb für den Roman irrelevant sei. Dies ist jedoch nicht der Fall. Von dem französischen Meisterromancier Gustave Flaubert ist beispielsweise bekannt, dass er bei der Ausformulierung seiner Romane das jeweils gerade Geschriebene laut deklamierte, um es auf seinen Klang hin zu überprüfen. Das scheint sinnlos bei einer Gat-

Marginalien: antike Rhetorik; aptum; puritas; perspicuitas; genera dicendi; ornatus; Lautstilistik

Subvokalisation tung, die in aller Regel still gelesen und nur im Ausnahmefall laut vorgetragen wird. Doch der Schein trügt. Denn die Leseforschung hat festgestellt, dass bei der stillen Lektüre eine so genannte Subvokalisation mit ganz leichten Kehlkopf-, Lippen- und Zungenbewegungen auftritt. Das stille Lesen ist also gewissermaßen auch ein lautes Lesen – nur ganz, ganz leise. Für die Romanprosa ist es deshalb nicht ohne Belang, ob sie glatt und geschmeidig dahinfließt oder ständig stolpert und hakt. Eine geschmeidige und ‚musikalische' Prosa entsteht durch gemäßigte, nicht die Grenze zur Verskunst überschreitende Homogenisierung der Betonungsverteilung und durch zurückhaltende, nicht bis zum eigentlichen Reim gehende Klangwiederholung. Der Unterschied sei durch Transformationen eines Textauszugs aus Buschs *Max und Moritz* veranschaulicht:

a) Originaltext (Reimpaar aus trochäischen Vierhebern)
   „Wer soll nun die Kinder lehren
   Und die Wissenschaft vermehren?"

b) Transformation in geschmeidige Prosa
   „Wer soll jetzt Kinder unterrichten und die Wissenschaft vermehren?"

c) Transformation in ungeschmeidige Prosa
   „Wer soll die Kinder nun instruieren und die Wissenschaften vermehren?"

Übrigens soll nicht suggeriert werden, dass die Geschmeidigkeit der Prosa ein immer und überall gültiges Stilideal darstellt. Ja, es wäre sogar nicht unproblematisch, Amoklauf oder Folterszene in wohlklingenden, harmonisch dahinfließenden Satzgefügen darzustellen, sofern das betreffende Werk nicht einer Ästhetik des Schocks folgt, die mit gezielten Form-Inhalt-Kontrasten arbeitet. Lautstilistische Textbeobachtungen sollen und dürfen nicht unmittelbar in literaturkritische Werturteile einmünden, sondern bedürfen der Einbettung in eine Gesamtinterpretation des Werkes unter Berücksichtigung seiner poetologischen Prämissen.

Wortstilistik Das Vokabular des Erzählers und der Figuren ist Gegenstand der wortstilistischen Analyse, wobei literarische Figuren aus unterschiedlichen Bildungsschichten, Epochen oder Lebenssphären natürlich in der Regel – und zwar nicht erst seit dem Realismus des 19. Jahrhunderts, sondern im Prinzip bereits seit Horaz und den diesbezüglichen Forderungen in seiner *Ars poetica* – über einen unterschiedlichen Wortschatz verfügen (sollen). Festzustellen ist dabei zunächst, ob die Figuren oder der Erzähler nur geläufiges Vokabular verwenden oder ob sie auch seltene Wörter (Rara) gebrauchen, die auf einen erweiterten Wortschatz und damit auf einen höheren Bildungsstand schließen lassen. Dabei spielen natürlich auch Fremdwörter und u. U. sogar regelrechte Fachtermini eine Rolle, wie dies z. B. im *Zauberberg* oder im *Doktor Faustus* der Fall ist. Neologismen, also neu erfundene, in keinem Lexikon verzeichnete Wörter, treten im Roman eher seltener auf als in der Lyrik oder im Essay, aber von Fischart über Jean Paul bis hin zu Arno Schmidt gibt es natürlich in der deutschen Romanliteratur eine Traditionslinie des betont artistischen, bei Schmidt sogar direkt experimentellen Erzählens, für die der Einsatz von Wortneuschöpfungen durchaus charakteristisch ist. Neologismen sind teilweise als Produkte des lustvollen Spiels einer sich befreienden Phantasie, teilweise aber auch als Indiz für eine psychologisch oder philosophisch fundierte Sprachskepsis aufzufassen.

3. Stilistische Analyse

Ein sehr weites Betätigungsfeld für den Romanforscher bietet die soziolinguistische Analyse der Erzähler- und Figurenäußerungen. Aufgrund der gattungstypischen Textlänge und Figurenfülle enthalten Romane fast immer eine Vielzahl sehr unterschiedlicher Stimmen, deren genaue Verortung im fiktiven sozialen Raum des Textes detaillierte Untersuchungen erfordert. Jedenfalls bietet die deutsche Romanliteratur nur relativ wenige Beispiele für Werke, die in der Art von Goethes *Wahlverwandtschaften* (1809) oder Stifters *Nachsommer* (1857) das Gefälle zwischen den Soziolekten der Redenden gering halten. Vielmehr ziehen viele Romane ihren Reiz zu einem Gutteil aus dem Aufeinanderprallen sehr unterschiedlicher Äußerungsstile, die von der gehobenen ‚Dichtersprache' und Hochsprache über die alltägliche Standardsprache bis hin zur Umgangssprache oder zum Gassenjargon reichen können. Bei der Stilanalyse ist es nicht mit der pauschalen Charakterisierung eines Soziolekts als ‚niedrig' oder ‚gehoben' getan; vielmehr sind, was die Wortstilistik betrifft, genauere Angaben zu Art und Umfang des Wortschatzes einer Figur erforderlich, Angaben, deren Ermittlung und Ausformulierung sprachgeschichtliche und soziolinguistische Kenntnisse erfordern. Es versteht sich, dass hierbei außerdem Universal- und Fachwörterbücher heranzuziehen sind, und zwar in den zur Entstehungszeit des untersuchten Werkes gültigen Ausgaben und Auflagen.

An der Grenze von der Wort- zur Satzstilistik bewegen sich die verschiedenen Spielarten des bildlichen Sprechens, die zwar im Roman durchschnittlich von geringerer Bedeutung sein mögen als z. B. im Gedicht oder im Märchen, deren Untersuchung aber dennoch zu den unverzichtbaren Elementen jeder Roman-Analyse gehört. Bildhaftes Sprechen begegnet uns am häufigsten in der Form direkter Vergleiche, deren Komprimierung Metaphern hervorbringt:

> An der See esse ich wie ein Wolf.
> An der See werde ich beim Essen zum Wolf.

Es kann aufschlussreich sein, welche Bildfelder ein Autor zur Erzeugung von Metaphern heranzieht und ob er überwiegend auf konventionelle und abgegriffene Metaphern zurückgreift oder beim Umgang mit diesem Stilmittel, das meistens der Veranschaulichung, manchmal aber auch der Verrätselung dient, ein außergewöhnliches Innovationstalent an den Tag legt.

Als besonders bildkräftig gilt das dialektale Sprechen, das in Romanen häufig als ein Mittel der Figurencharakterisierung verwendet, seltener dagegen den Erzählerfiguren zugeordnet wird. Die Entscheidung zugunsten des Dialektes kann sprachpolitischen Erwägungen geschuldet sein, lässt sich jedoch meistens auf ein dem Realismus verpflichtetes Dichtungskonzept zurückführen. Die experimentelle Prosa (z. B. Arno Schmidt, Friederike Mayröcker) benutzt den Dialekt dagegen als ein Instrument der Verfremdung oder versteht ihn unter Hintanstellung aller politischen und mimetisch-realistischen Ambitionen als Gestaltungsmittel zur Erweiterung der künstlerischen Ausdrucksmöglichkeiten. Er kann dann jene soziolektale Qualität ablegen, die ihn im Rahmen realistischer Romankonzepte oft zu einem zusätzlichen Mittel bei der Charakterisierung ungebildeter oder sozial niedrig stehender Figuren werden lässt. Bei der wortstilistischen Analyse derartiger Werke ist allerdings Vorsicht geboten, weil z. B. die Bauern,

Marginalia: Soziolekte · Metaphorik · Dialekte

Handwerker oder Dienstboten im Roman des Realismus aus sprachgeschichtlicher Sicht in aller Regel keinen authentischen Dialekt sprechen, sondern ein idealisiert-originelles Kunstidiom, das den durch humanistischen oder bildungsbürgerlichen Geist gefilterten Blick des Intellektuellen auf die ‚Volkssprache' widerspiegelt.

Satzstilistik — Auf dem Gebiet der Satzstilistik geht es zunächst um die Satzlänge, die gerade im Roman als einer besonders umfangreichen Gattung nahezu beliebig variiert werden kann. Bei Autoren wie Heinrich von Kleist und Thomas Bernhard findet man immer wieder Bandwurmsätze, die weit, sehr weit über die für die geschriebene Sprache ermittelte durchschnittliche Satzlänge von 15 bis 20 Wörtern hinausreichen. Es entspricht u.U. durchaus künstlerischer Absicht, wenn hierdurch das Gefühl der Unübersichtlichkeit bzw. der Eindruck eines sich verselbständigenden, nicht mehr kontrollierbaren Sprechautomatismus erzeugt wird. Innerhalb direkter Rede können überlange Sätze z.B. dazu dienen, die sprechende Figur als besonders gebildet und/oder als besonders umständlich und langweilig zu charakterisieren.

Neben der schieren Länge ist es natürlich die Komplexität der Satzgefüge, die im Rahmen einer Stilanalyse stärkeres Interesse auf sich zieht. Dabei ist zu beachten, dass der Wechsel von der Gesellschaftsdichtung des feudalistischen Zeitalters zur Individualdichtung der bürgerlichen Epoche mit einer Veränderung, ja geradezu mit einer Umkehrung des syntaktischen Stilideals einherging. Unter Berufung auf das Vorbild der antiken Rhetorik wurde besonders im Barock ein kunstvoller, komplizierter Satzbau erstrebt, während in der Zeit danach zur Vermeidung unübersichtlicher Schachtelsätze geraten wurde. Beide Ideale sind aus stil- und poetikgeschichtlicher Perspektive zu relativieren, weshalb es sinnlos wäre, den Satzbau barocker Romane grundsätzlich als zu verzwickt oder umgekehrt denjenigen moderner Romane als zu kunstlos abzuqualifizieren. Typisch für den im Durchschnitt relativ simplen, klaren Satzbau des modernen Romans ist der weitgehende Verzicht auf Aposiopesen (unvermittelte Satzabbrüche), Appositionen, Parenthesen, ungewöhnliche Satzgliedstellungen und Satzklammern, bei denen durch die im Deutschen mögliche Hintanstellung von Partizipien, Infinitiven, Prädikativen, Adverbien und Verbzusätzen äußerst unübersichtliche Sätze konstruiert werden können, die nicht unbedingt lang sein müssen:

> Sie hat sich wieder, wie aus ihrem Brief, den ich gestern erhielt, erhellt, erholt.

Das Vergnügen an derartigen syntaktischen Spielchen ist im späten 18. Jahrhundert fast völlig abhanden gekommen bzw. ausgetrieben worden. Aber dennoch gibt es natürlich von Autor zu Autor und von Werk zu Werk Unterschiede in der Komplexität des Satzbaus, die im Rahmen einer Stilanalyse zu beschreiben und bei der Gesamtdeutung eines Textes zu berücksichtigen sind.

Syntax als arme Verwandte der Semantik — Wie die Lesepsychologie herausgefunden hat, werden syntaktische Strukturen im Normalfall routinemäßig verarbeitet und nach der Lektüre sehr schnell wieder vergessen, während semantische Inhalte gespeichert bleiben. Hans Hörmann hat die Syntax deshalb als die ‚arme Verwandte der Semantik' bezeichnet, die von der Bewusstseinsbühne gestoßen wird, sobald sie ihre Hilfsaufgabe für das Textverstehen erledigt hat (vgl. Christmann/Groeben 1999, S. 156). Offenkundig ist der Rezipient bei der Lektüre von Sätzen darum bemüht, Sinnzusammenhänge herzustellen. Ist dies gelungen, wird der Syntax keine weitere Beachtung geschenkt. Wie aber, wenn dies nicht (sofort) gelingt? Interessanterweise verfügt der Mensch, wie die Lesepsychologie ebenfalls ermitteln konnte, über einen zweiten Verarbeitungsmodus, der in solchen Fällen aktiviert wird. Setzt die Syntax dem routinemäßigen ‚Herunterlesen' Widerstände entgegen, so schaltet der Rezipient in diesen Reservemodus um, in dem eine genauere (vorbegrifflich-)grammatische Analyse durchgeführt wird. Die Syntax gewinnt dann an Bedeutung, wird also bewusster wahrgenommen. Das ist für die Literaturwissenschaft insofern interessant, als literarische Texte überdurchschnittlich viele Sonderfälle enthalten dürften, in denen der Reservemodus aktiviert werden muss, weil eine routinemäßige Satzverarbeitung auf Widerstände stößt. Das Verarbeitungsziel bleibt jedoch auch dann die Herstellung von Sinnzusammenhängen. Die Aktivierung des Ersatzmodus wird als lästige Zusatzarbeit empfunden und diese u. U. sogar dem Verfasser als Umständlichkeit oder Schwerverständlichkeit angekreidet. Der Leser bricht die Lektüre ab, wenn das so erzeugte Unlustempfinden nicht durch spezielle Gratifikationen ausgeglichen wird, d. h. wenn er nicht besonderes Interesse am Textinhalt oder ein Sekundärinteresse an dem mit der Lektüre ggf. einhergehenden Distinktionsgewinn besitzt. Der Literaturpädagoge hat vier Möglichkeiten, seine Schüler vom vorzeitigen Abbruch der Lektüre satzstilistisch anspruchsvoller, eine Rezeption im Reservemodus erfordernder Texte abzuhalten. Erstens kann er die intrinsische Lesemotivation steigern, indem er die besondere Bedeutung und Wichtigkeit der Textinhalte hervorhebt und glaubhaft veranschaulicht (Erkenntnisgewinn). Zweitens kann er eine extrinsische Lesemotivation erzeugen, indem er die Absolvierung der Lektüre als sehr beträchtlichen Zugewinn an kulturellem oder symbolischem Kapital erscheinen lässt (Distinktionsgewinn). Drittens kann er die grammatische Kompetenz der Schüler steigern, damit die Aktivierung des Reservemodus geringere Unlustgefühle erzeugt. Und viertens kann er schließlich Lektüretexte auswählen, die trotz hoher satzstilistischer Komplexität einen großen Unterhaltungswert besitzen (Humor, Spannung, Erotik, hohes Identifikationspotential).

literaturpädagogische Konsequenzen

Das Wissen um diese Erkenntnisse der neueren Lesepsychologie ist für die Roman-Analyse von großer Bedeutung. Denn wir müssen uns immer wieder vor Augen halten, dass vier Fünftel der Deutschen bis ins frühe 19. Jahrhundert von der Teilhabe an schriftlicher Kommunikation weitestgehend abgeschnitten waren. Dass irgendwann einmal zwei Drittel der Bevölkerung genügend Zeit, Geld, Bildung und Interesse besitzen würden, um freiwillig gedruckte Texte von 300 oder 400 Seiten Umfang zu lesen, wäre noch einem Lessing wie ein wunderbares Märchen erschienen. Arbeitszeitverkürzung, Einkommenssteigerung und Alphabetisierung schufen die äußeren Voraussetzungen für ein solches Wunder. Aber es musste auch ein literarisches Format, eine literarische Gattung, gefunden werden, die den ökonomisch abgesicherten, ausreichend schriftkundigen Durchschnittsmenschen des bürgerlichen und des nachfolgenden demokrati-

Nutzen der Lesepsychologie

schen Zeitalters dazu bringen konnte, in seiner ‚Freizeit' – das Wort war noch im 18. Jahrhundert unbekannt – freiwillig längere literarische Texte zu lesen. Diese Gattung ist der Roman. Nur er scheint dem breiteren Lesepublikum jene Gratifikationen vermitteln zu können, die, wie oben beschrieben, erforderlich sind, wenn es nicht schon aufgrund künstlerischer Variationen der Syntax und des mit ihnen einhergehenden intellektuellen Mehraufwandes bei der Rezeption zum vorzeitigen Lektüreabbruch kommen soll.

Maximiert ein Text diesen Mehraufwand, muss er höchste Erkenntnis- und Distinktionsgewinne verheißen, eine besonders sprachkompetente Leserschaft erreichen und nach Möglichkeit auch spannend, erotisch oder komisch sein. Den besten Beleg hierfür bietet der *Ulysses* von James Joyce, ein Buch, das mit der Technik des Bewusstseinsstroms arbeitet und deshalb eine satzstilistische, teilweise schon in den Bereich der Textstilistik hinüberspielende Besonderheit aufweist, die hier noch kurz vorzustellen ist. Gemeint ist die erzählerische Technik der Kohärenzstörung, also die bewusste Unterbrechung oder Zerstörung des inneren Sinnzusammenhangs der Darstellung. Auch bei aufmerksamer, wiederholter Lektüre im Reservemodus ergeben dann die im Text hintereinander gestellten Wörter keinen Sinn. Anstelle geordneter Satzgefüge bekommt der Leser nur einen krausen ‚Wortsalat' entgegengeschleudert, der sich u. U. bis zum ‚Silben-' oder ‚Buchstabensalat' steigern kann und der den mit dieser Technik unvertrauten Leser irritiert bzw. förmlich zum Lektüreabbruch zwingt, weil die ihm vertraute Art des sinnorientierten Lesens keinen Zugang zu dem Werk eröffnet. Wie schon im Falle der Achronie und des abstrakten Schauplatzes (s. o.) handelt es sich aber natürlich nicht um eine Schreibstrategie zur Abschreckung potentieller Leser, sondern um ein Gestaltungsverfahren, das bestimmten Einsichten der modernen Sprachpsychologie und Sprachphilosophie gerecht zu werden versucht. Die glatte Syntax eines grammatisch wohl geformten Textes soll hierbei als trügerischer Schein entlarvt werden; die Inkohärenz der Darstellung soll das Zerrissene, Fragmentarische, Unfertige der Bewusstseinsinhalte widerspiegeln. An die Stelle des gewohnten Lesevorgangs hat bei der Rezeption derartiger Werke die Isotopieanalyse zu treten, bei der semantisch verwandte Wörter oder Wortfolgen identifiziert und nebeneinander gestellt oder tabellarisch aufgelistet werden. Oft ergibt sich dabei, dass ein anfangs völlig chaotisch wirkender Zeichensalat aus einer überschaubaren Anzahl von Ingredienzen zusammengerührt wurde, deren gedanklicher Zusammenhang letzten Endes rekonstruierbar ist. So ist es durchaus nachvollziehbar, wenn jemandem beim Rasieren in bunter Folge Splitter von Erinnerungen an den letzten Abend, Plänen für den kommenden Tag, aktuellen Schmerz- oder Hungergefühlen sowie von Klang- und Geruchsempfindungen durch den Kopf schießen. Freilich ist und bleibt die Isotopieanalyse ein außerordentlich aufwändiges Rezeptionsverfahren. Innerhalb von Romanen wird das Gestaltungsmittel der Kohärenzstörung deshalb meistens nur in geringen Dosierungen verwendet.

Zur Hälfte bewegen wir uns mit dem Thema Inkohärenz schon im Bereich der Textstilistik, die sich unter anderem mit der Problematik der Textverständlichkeit sowie mit dem Unterschied zwischen Skripturalität und Kolloquialität beschäftigt. Um zunächst auf das Problem der Verständlichkeit einzugehen, so findet man in der modernen Lesepsychologie (Christmann/Groeben 1999) eine grundlegende Unterscheidung in vier Dimensionen der Textverständlichkeit. Erstens handelt es sich hierbei um die sprachliche Einfachheit. Texte werden als verständlich empfunden, wenn die in ihnen enthaltenen Wörter kurz, geläufig und konkret sind, wenn keine überlangen oder stark verschachtelten Sätze benutzt und wenn Nominalisierungen vermieden werden. Zweitens spielt die so genannte Redundanz eine bedeutende Rolle, d. h. die relative Informationsdichte, die einen mittleren Wert nicht über-, aber auch nicht unterschreiten sollte. Sowohl informationsüberladene, superkompakte Texte als auch informationsarme, allzu weitschweifige Texte reduzieren die Verstehensleistung. Drittens ist die inhaltliche Gliederung von großer Bedeutung. Man erreicht sie durch Vorstrukturierung, durch klare hierarchische Untergliederung, Beispiele, Analogien, Textauszeichnungen und ähnliche Instrumente der Leserorientierung. Viertens und letztens ist noch die motivationale Stimulanz anzuführen. Zu den wichtigsten Ergebnissen der diesbezüglichen Untersuchungen der Lesepsychologie gehört die Feststellung, dass die Häufung interessanter Nebensächlichkeiten das Behalten der Hauptinhalte und -informationen beeinträchtigen kann. Die unmittelbare Interessantheit einer Passage für den Leser rangiert also bei der Lektüre anscheinend vor ihrer strukturellen Wichtigkeit für das Verständnis des Handlungsverlaufs bzw. den Fortgang der Argumentation. Das erklärt, weshalb sich manche Leser nach einiger Zeit u. U. noch an einzelne Figuren und Episoden, aber nicht mehr an den Gesamtverlauf einer Handlung erinnern können. Ein umfangreicher Roman mit seinen vielen Nebenschauplätzen, -handlungen und -figuren kann also Beifall finden, selbst wenn dem Leser sein eigentliches Hauptthema gleichgültig ist. Romane, die ein anspruchsvolles Thema unterhaltsam verpacken wollen, werden demnach ihr Ziel verfehlen, wenn die interessanteren, unterhaltsameren Passagen nicht mit diesem Thema verknüpft, sondern in eigens zu diesem Zweck angestückelte Nebenhandlungen ausgelagert werden. Demgemäß ist es auch ein Akt der Selbsttäuschung oder der gezielten Irreführung, wenn ein Verfasser handlungs-, sex- oder gewaltbetonter Unterhaltungsromane seine Werke dadurch ‚aufzuwerten' versucht, dass er ihnen eine ehrenwerte, volkspädagogische Intentionen atmende Haupthandlung verleiht: Der Durchschnittsleser, auf den die Verlagswerbung zielt, sammelt die für ihn interessanten Szenen ein und übergeht diese Intentionen.

Dimensionen der Textverständlichkeit

Ein zweiter Aspekt der Textstilistik betrifft die Unterscheidung zwischen Skripturalität und Kolloquialität, d. h. zwischen stilistisch schriftlicher und stilistisch mündlicher geschriebener Sprache. Reden Erzähler und Figuren, ‚wie ihnen der Schnabel gewachsen ist', so orientiert sich der Autor am Stilideal der Kolloquialität. Reden sie hingegen ‚wie gedruckt', so visiert er offenbar das Ideal der Skripturalität an. Typisch für Kolloquialität ist die Verwendung kürzerer und einfacherer Sätze, das häufigere Vorkommen von Ellipsen, Satzabbrüchen, fehlerhaften Satzkonstruktionen, Abtönungspartikeln (doch, wohl usw.), Deiktika, Satznachträgen und direkten Anreden. Dazu kommen Zusammenziehungen und Verschleifungen sowie dialektale und soziolektale Eigenarten der Aussprache und des Formulierens. Kolloquiale Rede wirkt einfacher, authentischer und natürlicher, gleichzei-

Kolloquialität und Skripturalität

tig aber auch kunstloser, ungeschliffener und ungebildeter als skripturale Rede. Kolloquialität findet sich häufiger und literarhistorisch früher in Figuren- als in Erzählerrede. Ästhetische Innovationen und Revolutionen gehen oft mit ostentativen Kolloquialisierungs- oder Skripturalisierungsschüben einher. Zur Roman-Analyse gehört demgemäß auch die sprachhistorisch korrekte Beschreibung etwaiger Kolloquialisierungstendenzen in der Erzähler- und in der Figurenrede, ihrer Funktion und ihres ästhetikgeschichtlichen Hintergrundes.

Individualstilistik

Nächster Punkt auf unserer Agenda ist die Analyse des Individualstils, also der autorspezifischen Diktion. Dabei muss man sich zunächst noch einmal vor Augen führen, dass sich unsere Vorstellungen vom Individuum und von der Individualität in den letzten Jahrhunderten zweimal ganz grundsätzlich verändert haben. Im feudalistischen Zeitalter, also bis weit ins 18. Jahrhundert hinein, wurde der Mensch nicht primär als Individuum, sondern als Gesellschaftswesen wahrgenommen. Die Ständeordnung wies ihm einen Platz in der sozialen Hierarchie zu, und die Gesellschaft war es zufrieden, wenn er die damit verbundenen Rollen normgerecht ausfüllte. Im bürgerlichen Zeitalter (,langes 19. Jahrhundert') änderte sich dies grundlegend. Der Mensch wurde nun als eigenständige Persönlichkeit aufgefasst, und die gesellschaftlichen Institutionen sollten der Idee nach jedermann die Möglichkeit schaffen, seine Individualität zu entdecken und zu verwirklichen. Um 1900 verlor diese Individualitätsauffassung jedoch schon wieder an Geltung und Verbreitung. Der Einzelne erschien nun mehr und mehr als ein multiples, in sich gespaltenes und zerrissenes Wesen, das die verschiedenen, teilweise widersprüchlichen Facetten seiner Existenz nicht zu einer stabilen, abgerundeten Persönlichkeit zusammenfügen kann.

Individualitätskonzepte und Stilideale

In der Literatur haben diese großräumigen geschichtlichen Veränderungen ganz deutlich ihren Niederschlag gefunden. Das feudalistische Zeitalter ist die Ära der Gesellschaftsdichtung, die nach feststehenden rhetorisch-poetischen Regeln konzipiert und ausformuliert werden sollte. Das bürgerliche Zeitalter verehrt die einzigartige Künstlerpersönlichkeit, deren individuelles Genie für stilistische und inhaltliche Originalität bürgt. Und das gegenwärtige, demokratisch-pluralistische Zeitalter fordert von seinen Autoren, den Identitätsverlust des modernen Menschen wahrzunehmen und in formal wie inhaltlich adäquater Weise darzustellen. Einem Schriftsteller zu attestieren, dass er seinen eigenen, unverwechselbaren Stil besitze, ist deshalb eigentlich nur im langen 19. Jahrhundert ein klares Kompliment, was uns zeigt, dass die Analyse der Individualstilistik nicht in literaturkritische Werturteile einmünden soll und darf. Vielmehr dient sie der Textinterpretation, der autor- und kreativitätspsychologischen Forschung sowie der literatursoziologischen Analyse. Im Buchhandel erheben die stilistischen Markenzeichen eines Schriftstellers seine Werke überhaupt erst zu einem Markenprodukt, mit dem sich bei entsprechendem Werbeaufwand eine hohe Kundenbindung erzielen lässt. Die Existenz von Literaturquizsendungen und Literaturparodien stellt unter Beweis, dass Rezipienten ein sehr feines Gespür für autorspezifische Stilmerkmale entwickeln können. Dabei können Klang-, Wort- und/oder Satzstilistik den Ausschlag geben; Rilke kann man am Klang, Fontane an der Wortwahl, Kleist am Satzbau erkennen. Und auch zwischen Opitz und Gryphius bzw. zwischen Grass und Bernhard läßt sich mit etwas Übung unterscheiden. Die epochenspezifische Bewertung von Individualität schlägt also nicht derart heftig bis auf die Ebene der konkreten Diktion durch, dass der Individualstil völlig verloren geht. Die Größe des für eine zuverlässige Erkennung erforderlichen Aufwands kann allerdings beträchtlich variieren. In Extremfällen wie z. B. bei der Identifikation anonym publizierter Werke wird dabei auf rechnergestützte Verfahren zurückgegriffen, die mathematisierbare Stilparameter wie Satzlänge, Interpunktionsdichte oder Kapitelumfänge berücksichtigen.

In den erwähnten Literaturquizsendungen werden die zu bestimmenden Texte oft zuerst zeitlich eingeordnet. Kennern gelingt hierbei nicht selten eine bis auf wenige Jahrzehnte oder sogar Jahre genaue Datierung. Das hängt damit zusammen, dass sich das Sprachsystem und das Repertoire der Sprachstile fortlaufend verändern und dabei sehr sensibel auf gesellschafts- und mentalitätsgeschichtliche Entwicklungen reagieren. Auf der obersten, abstraktesten Ebene der Stilanalyse kann man deshalb von charakteristischen Epochenstilen sprechen, die allerdings jeweils ein spezifisches Bündel verschiedenartiger, u. U. sogar stark divergierender Individualstile umfassen. Trotz aller Detailunterschiede zwischen Tieck und Brentano bzw. zwischen Fontane und Stifter wird man aber z. B. einen Roman der Romantik schwerlich mit einem Roman des Realismus verwechseln können. Von der Konfiguration über die typischen Themen und Motive bis hin zu den klang-, wort- und satzstilistischen Einzelheiten gibt es epochenspezifische Vorlieben und Eigenarten, die eine recht präzise Datierung ermöglichen. Freilich sind dazu möglichst differenzierte Geschichtskenntnisse, eine umfassende literarische Bildung und Erfahrungen in der Stilanalyse erforderlich. Misslingen Datierungen, liegt es jedenfalls nie an den literarischen Texten, die ab einer gewissen Länge und Komplexität ganz unausweichlich so viele Kennzeichen ihrer Epoche aufweisen, dass eine Feststellung ihrer Entstehungszeit für Experten unproblematisch ist. Der interpretatorische Nutzen einer epochenstilistischen Analyse besteht hauptsächlich in der Möglichkeit, eine genauere Unterscheidung zwischen Epochen- und Individualstil vornehmen zu können. Andernfalls besteht die Gefahr, dass der Interpret etwas für eine individuelle Neuerung hält, was in Wirklichkeit zu den Merkmalen der ganzen Epoche gehört. Stilanalysen setzen demnach eine gewisse Belesenheit voraus; wer nur einen oder zwei Romane aus einer bestimmten Epoche durchstudiert hat, sollte demgemäß von einer Beschreibung des Individualstils zunächst Abstand nehmen oder zumindest sehr zurückhaltend in seinen Urteilen und Bewertungen sein.

Epochenstilistik

Die Abweichung des Individualstils vom Epochenstil gehört zu den Lieblingsgegenständen jener Stilentstehungslehren, die im Sinne einer Deviationsästhetik davon ausgehen, dass der Dichter kraft Talent, Genie oder Autorität in das Sprachsystem eingreifen und dessen Regeln und Normen zumindest bis zu einem gewissen Grad nach seinen persönlichen Vorstellungen verletzen oder sogar umformen kann. Ihnen stehen jene Schulen gegenüber, die auf der Basis einer Selektionsästhetik behaupten, dass selbst der produktivste Schriftsteller keine wirkliche sprachliche Innovation hervorbringt, sondern nur unter den vom Sprachsystem bereitgestellten Möglichkeiten der Wort- und Buchstabenkombination solche aussucht, die

Deviationsästhetik

Selektionsästhetik

noch kein anderer ausgesucht hat und die deshalb origineller und neuartiger wirken, als sie es im Grunde sind. Hinter der Auseinandersetzung zwischen diesen Lagern stehen ästhetisch-methodologische Konflikte tieferer Art (vgl. Sowinski 1991, S. 34–40). Grundlage der Deviationsästhetik ist eine aus der Geniezeit stammende Individualitätskonzeption, die ihr Korrelat in einer hermeneutischen, auf die Herausarbeitung des je und je Originellen abzielenden Interpretationsmethodik findet (Dilthey, Gadamer, Staiger). Die Selektionsästhetik beruht demgegenüber auf einer strukturalistischen Individualitätsauffassung, die ihren Niederschlag in entsprechenden, vergleichsweise defensiven Methoden der Interpretation und der Stilanalyse fanden (Jakobson, Enkvist, Riffaterre). Beide Ansätze sind demnach zeitgebunden und dürfen nicht einseitig bevorzugt oder gar dogmatisch verabsolutiert werden, zumal es in der konkreten Praxis der wissenschaftlichen Stilanalyse niemals gelingt und auch niemals ernsthaft angestrebt wird, den Stil eines Autors ausschließlich auf seine geniale Persönlichkeit zurückzuführen oder umgekehrt als reinen Struktur- und Kombinationseffekt zu entlarven. Die persönliche Handschrift eines Autors ist ein ‚individuelles Allgemeines' (Frank 1977), dessen dialektische Grundstruktur keine solchen Vereinseitigungen zulässt.

Notwendigkeit der Selbstreflexion

Mindestens genauso deutlich wie bei der Figuren- und der Inhaltsanalyse tritt bei der Stilanalyse das Erfordernis der Selbstreflexion und der Selbstrelativierung zutage. Es ist Aufgabe der literarischen Wertung und damit des Literaturkritikers, nicht aber der Literaturwissenschaft und des Literaturwissenschaftlers, über das Für und Wider von Stilqualitäten zu richten. Vielmehr steht die wissenschaftliche Stilanalyse im Dienst einer allgemeinen Textanalyse, die einer möglichst wertfreien Beschreibung jener Spielarten der literarischen Kommunikation zuarbeitet, in denen der betreffende Text eine Rolle spielte. Die Stilanalyse fragt also nicht, ob dieser oder jener Roman z.B. kitschig ist oder nicht. Stattdessen steuert sie Textbeobachtungen bei, die mit erklären können, weshalb das Werk zu bestimmten Zeiten in bestimmten Leserschichten als kitschig abgelehnt wurde, während es in anderen diese oder jene Funktion innerhalb der epochen- und schichtenspezifischen Formen der literarischen Kommunikation besaß. Dieser eigentlich banale Hinweis ist wichtig, weil die Stilanalyse selbst in Standardwerken der Literaturgeschichtsschreibung mit Vorliebe dazu benutzt bzw. missbraucht wird, um auf philologischen Nebenschauplätzen augenzwinkernd jenes Einverständnis herzustellen, das die Literaturgeschichte von einer Geschichte der *gelesenen* Literatur zur chronologisch sortierten Abfolge von Interpretationen der *zu lesenden* Literatur werden lässt. Bei per definitionem anspruchsvollen Gattungen wie Hymne, Epos oder Essay entsteht dadurch kein bedeutender Schaden, weil sich Gelesenes und zu Lesendes weitgehend decken. Der Roman ist hingegen seit 200 Jahren die literarische Gattung mit der größten sozialen Reichweite und der größten Diversität des Anspruchsniveaus. Die Ausklammerung der für

Gefahr der Geschichtsschönung

gebildete Leser ‚peinlichen' Traditionsstränge führt deshalb zu einer eklatanten Schönung der deutschen Kulturgeschichte, an der einem wissenschaftlich denkenden Menschen nicht gelegen sein kann. Übrigens soll mit diesen Hinweisen nicht der Eindruck erweckt werden, als könne der Philologe eine völlig neutrale, objektive Position einnehmen und sich jeder persönlichen Stellungnahme enthalten. Aber wie vor dem Auge des Biologen alle Lebewesen gleich sind, so muss auch der Philologe eine sachliche innere Einstellung finden, die es ihm ermöglicht, spannende und langweilige, progressive und reaktionäre, experimentelle und konventionelle, pornographische und intellektualistische Romane mit der gleichen Unvoreingenommenheit zu analysieren. Die Lösung dieser Aufgabe, an der vielleicht nicht weniger Studienabbrecher scheitern als an der gedanklichen Durchdringung des Stoffes, setzt die Wahrnehmung, Bewusstmachung und geschichtlich-sozialpsychologische Relativierung der eigenen Geschmacksdispositionen voraus.

Zum Abschluss der Ausführungen zum Thema Stilanalyse muss hier noch ein Aspekt angesprochen werden, der in der Romanliteratur seit jeher eine bedeutende Rolle spielt: Der Roman ist eine besonders internationale Gattung. Bei vielen Romanbestsellern handelt es sich um Übersetzungen. Das gilt übrigens nicht nur für das 20. Jahrhundert mit seinem professionalisierten Lizenzhandel, sondern auch schon für das 19. Jahrhundert, in dem die unterhaltsamen Romane von Scott, Cooper, Dumas und Sue im Kleinbürgertum und allmählich auch in der Arbeiterschaft auf große Resonanz stießen und deshalb schon kurz nach ihrem Erscheinen ins Deutsche übersetzt wurden. Um 1850 soll fast die Hälfte der deutschen Romanproduktion aus Übersetzungen bestanden haben (vgl. Martino 1990, S. 674). Und daran hat sich wenig geändert. Verdeutschte Romane spielen in unseren Bestsellerlisten bis heute eine herausragende Rolle.

Übersetzungswesen

Die Ursachen hierfür sind einerseits kommerzieller Natur. Aber andererseits ist sicherlich auch von Bedeutung, dass die meisten Romane einer Übersetzung in stilistischer Hinsicht relativ wenig Widerstände entgegensetzen, verglichen etwa mit einem Gedicht, einem Essay oder einem Aphorismus. Schon die schiere Länge des Textes bietet dem Übersetzer viele Möglichkeiten, um Erklärungen und Umschreibungen unterzubringen, wenn keine direkte Entsprechung zu einer originalsprachlichen Formulierung existiert. Und darüber hinaus bleibt die Sprache des Romanes im Durchschnitt vergleichsweise alltagsnah, so dass viele der Schwierigkeiten gar nicht erst auftauchen, die sich bei der Verdeutschung hermetischer Gedichte oder artistisch-sprachvirtuoser Essays regelmäßig einstellen. Überdies wissen die Verfasser internationaler Bestseller nach ihrem zweiten oder dritten Bucherfolg, dass ihre nächsten Werke international vermarktet werden, und stellen sich darauf ein. Oft bestehen Kontakte zwischen Autor und Übersetzer, so dass manches Übersetzungsproblem schon im Vorfeld ausgeräumt wird. Im Sinne einer Professionalisierung der Romanproduktion mag dies zu begrüßen sein, aber ob es der stilistischen Qualität dient, ist eine andere Frage. Es kann den Leser verstimmen, wenn er einem Buch anmerkt, dass sein Autor auf eine internationale Vermarktung schielte und deshalb jedes stilistische Experiment vermied. Kulturanthropologisch orientierte Stil- und Übersetzungsforscher interessiert es freilich, was noch übrig bleibt, wenn Text und Sprache auf diese Weise internationalisiert werden.

4. Narrativik

Die Narrativik beschäftigt sich mit der systematischen Analyse der Art und Weise, in der ein Autor epischer Werke die Relation zwischen fiktivem Erzähler, Figuren und fiktivem Leser künstlerisch gestaltet. Sie kann als Teilgebiet der allgemeinen Stilistik aufgefasst werden, ist jedoch inzwischen zu einem derart umfangreichen Arbeitsgebiet herangewachsen, dass ihr in diesem Buch ein eigenes Kapitel gewidmet wird.

Spiegel allgemeiner Kontroversen

Die Konjunktur der Narrativik lässt sich im wesentlichen auf zwei Ursachen zurückführen. Erstens leisten sich Stanzel, Genette, Petersen und die übrigen Vertreter dieser Forschungsdisziplin besonders lebhafte Auseinandersetzungen, die ihre – in der Philologie sonst oft unausgesprochen bleibenden – literaturtheoretischen und methodologischen Prämissen widerspiegeln. Die Narrativik bietet deshalb eine gute Möglichkeit, sich anhand eines konkreten Problems und seiner wissenschaftlichen Bearbeitung mit den wissenschaftstheoretischen Grundlagen der Philologie im Allgemeinen auseinander zu setzen. Zweitens und vor allem ist der Boom der Narrativik dadurch zu erklären, dass die Bewusstmachung von Erzählsituationen zu den wirksamsten Instrumenten der Identifikationsvermeidung gerechnet werden darf. Denn die Analyse der Erzählsituation lässt das Künstliche und Künstlerische, das Gemachte und Artifizielle eines Erzähltextes deutlich hervortreten und erschwert damit die naive Versenkung in die Welt der Fiktion. Wer mit reflektiert-distanzierter ästhetischer Einstellung an einen Roman herantritt, wird die Lektüre nicht mehr als Fortsetzung des Lebens mit anderen Mitteln, sondern als Kunstübung auffassen, die auf einer Metaebene etwas zu Erkenntnis und Verständnis dieses Lebens beiträgt. Geradezu naiv ist es allerdings, wenn die sich der ästhetischen Einstellung verdankenden Wahrnehmungsmuster ontologisiert werden, wenn also in der Narrativik so getan wird, als sei die bewusste Registrierung von Erzählsituationen die einzig normale, einzig natürliche, einzig mögliche Form der Rezeption von Erzähltexten. In der Narrativik ist dies immer der Fall, wenn die ‚nicht-bewusste', identifikatorische Lektüre grundsätzlich als defizitär, banausisch oder falsch abqualifiziert wird. Denn zwar ist die intellektuelle Tiefendimension vieler (kanonischer) Meisterwerke der Romankunst ohne gezielte narrativische Analyse überhaupt nicht zu erschließen. Aber die klare Mehrheit aller Romane erfordert kein gesteigertes Fiktivitätsbewusstsein des Rezipienten, wie es durch Erzählsituationsanalysen zu erzielen ist und wie es den gehobenen Ansprüchen der gebildeten Leserschaft entspricht (vgl. Weber 1998, S. 93–96). Vielmehr ermöglichen diese Texte, wie im Kapitel über die Figurenanalyse näher erläutert wurde, die unbewusste Durcharbeitung seelischer Konflikte, was ihnen eine Stabilisierungs- und Entlastungsfunktion verleiht. Übrigens hat die Narrativik es bisher versäumt, nach den *unbewussten* Wirkungen von Erzählsituationsgestaltungen und Erzählsituationsveränderungen zu fragen. Darin liegt ein schweres Versäumnis, denn auch jemand, der z. B. den Terminus ‚erlebte Rede' nicht kennt, wird zweifellos von der Wirkung dieses Stilmittels in irgendeiner Art und Weise erfasst. Von der modernen Rezeptionspsychologie und der Textwirkungsforschung hat sich die Narrativik jedoch bisher so weit entfernt gehalten, dass genauere Angaben über solche und ähnliche

Instrument der Identifikationsvermeidung

Frage der unbewussten Wirkung

Rezeptionseffekte nicht zu machen sind. Die Narrativik hat dadurch ihre normativen Züge bisher nicht ablegen können: Sie will bis heute nicht die Wirklichkeit der literarischen Kommunikation analysieren, sondern oft nur für die der ästhetischen Einstellung des gebildeten Publikums angemessene Bewusstmachung der Erzählsituationsgestaltung werben und damit das Fiktivitätsbewusstsein steigern bzw. die ‚naiv-banausische' identifikatorische Lektüre verhindern. Sie tut dies unter Bezugnahme auf solche literarischen Werke, die – von Schlegels *Lucinde* bis zu Frischs *Mein Name sei Gantenbein* – offenkundig an das gebildete Publikum adressiert sind, da sie sich einer identifikatorischen Versenkung in die Fiktion verweigern.

Das ist schon deshalb bedauerlich, weil die Verwendung raffinierter narrativer Techniken keineswegs ein Privileg der anspruchsvollen Höhenkammliteratur ist. Eine neuere Forschungsrichtung der Narrativik, die sich mit der Analyse so genannter ‚Alltagserzählungen' beschäftigt, hat jedenfalls herausgefunden, dass manche nur mäßig interessante Urlaubsanekdote oder Klatschgeschichte mit erstaunlicher Virtuosität erzähltechnisch ausgeschmückt und aufgewertet wird (vgl. Schülein/Stückrath 1995). Tatsächlich kann jedem an der Narrativik Interessierten nur empfohlen werden, jene banalen Alltagserzählungen, die bei Kaffeekränzchen oder Grillabenden zum Besten gegeben werden, einmal narrativisch zu analysieren. Vom effektvollen Tempuswechsel über die erlebte Rede bis hin zur Variation der Erzählsituation lässt sich dabei manches registrieren, was in der Narrativik als Zeichen gesteigerter künstlerischer Ambitionen gilt. Womöglich sind es also nicht die erzähltechnischen Gestaltungsmittel, sondern die unterschiedlichen Formen ihrer Wahrnehmung, die den Unterschied zwischen ‚legitimer' E- und ‚illegitimer' U-Narration ausmachen. Ohne genauere rezeptions- und wirkungspsychologische Forschungen wird die Narrativik nicht ermitteln können, ob die von ihr unterstellten Erkenntnisleistungen der Hochliteratur in der Praxis der literarischen Kommunikation tatsächlich realisiert werden und ob sie sich ggf. der anspruchsvollen Gestaltung und/oder der virtuosen Variation von Erzählsituationen verdanken.

Alltagserzählungen

Das lässt sich auch an der Debatte über das so genannte ‚epische Präteritum' zeigen, dem vielleicht wirkungsmächtigsten Versuch der neueren Narrativik, eine der ästhetischen Einstellung geschuldete Rezeptionshaltung zu ontologisieren. Die Diskussion nahm ihren Ausgang von Käte Hamburgers einflussreichem Buch *Die Logik der Dichtung* (1957), worin sie die Behauptung aufstellte, dass das Präteritum in Romanen und Erzählungen ein Fiktionalitätsindikator sei und nicht auf Vergangenes verweise. Als Beleg für diese These führte sie an, dass nur in fiktionalen Texten das Präteritum mit deiktischen Zeitadverbien (gestern, heute, morgen usw.) kombiniert werden könne. Ein Satz wie „Morgen war Weihnachten" aus Alice Berends *Die Bräutigame der Babette Bomberling* verdeutliche deshalb dem Leser unausweichlich, dass die Geschehnisse in diesem Text erfunden seien. Fiktionale Texte enthielten demnach objektive grammatische Fiktionalitätsindikatoren. Eine Lektüre, die diese Indikatoren missachtete, wäre folgerichtig falsch.

episches Präteritum

Zwei Einwände lassen sich gegen diese These erheben. Erstens ist natürlich anzumerken, dass es sehr wohl nichtfiktionale Texte geben kann, in denen Berends Satz vorkommt. Man denke nur an einen Anwalt, der seinen Mandanten wegen eines vorweihnachtlichen Schmuckraubes vor Gericht verteidigt:

Meine Damen und Herren, versetzen Sie sich doch in die Lage des Angeklagten! Seine Frau hatte gedroht, ihn zu verlassen. Im Schaufenster des Juweliers lag noch immer das Collier, das sie sich so sehr gewünscht hatte. Aber seine Taschen waren leer. Und morgen war Weihnachten. Was sollte er tun?

Wir können auch an ungrammatische, kommunikativ jedoch akzeptable alltagssprachliche Dialoge wie die folgenden denken, um Hamburgers Argument zu relativieren:

Und? Kann er morgen?
Nein, morgen war er schon verplant, aber übermorgen geht noch!

Hast Du für morgen noch Karten bekommen?
Nein, morgen war ausgebucht, aber am nächsten Samstag ist noch was frei!

Fiktionalität und Identifikation

Das zweite und erheblich wichtigere Argument gegen Hamburgers These vom epischen Präteritum besagt, dass die Bereitschaft und die Fähigkeit des Lesers, sich der Fiktionalität einer epischen Darstellung permanent bewusst zu bleiben, nicht primär von grammatischen Strukturen, sondern von seinen (bildungs-)schichtenspezifischen Dispositionen abhängt. Noch so ausdrückliche Hinweise darauf, dass es sich um einen fiktionalen Roman handelt, werden deshalb einen an identifikatorischer Lektüre interessierten Leser nicht davon abhalten können, die seine aktuellen seelischen Konflikte tangierenden Geschehnisse zu einer subjektiven Wirklichkeit werden zu lassen. Und dieses wissende Nichtwissen ist das eigentliche Faszinosum der epischen Kommunikation, das genauere Analyse verdiente. Die Narrativik ist vor einer solchen Ausweitung ihres Gegenstandsbereiches jedoch bisher zurückgewichen und hat sich stattdessen um eine immer genauere und plausiblere Ausdifferenzierung der Wahrnehmungs- und Äußerungsinstanzen bemüht, die das interne Kommunikationssystem epischer Texte konstituieren und deren säuberliche Abtrennung voneinander bestimmte Tiefendimensionen der Analyse erschließen soll und in der Tat erschließen kann. Denn wie die identifikatorische so ist auch die distanzierte Lektüre nicht eigentlich falsch oder richtig, sondern nur eine andere, für andere Rezipienten andersartige Leistungen erbringende Rezeptionsform. Es wäre deshalb sinnlos, wollte man im Sinne einer vermeintlichen Rehabilitation der Identifikation – etwa aus literaturpsychologischer oder diskursanalytischer Perspektive – die moderne Narrativik als bloßes Instrument zur Disziplinierung des bildungsfernen, d.h. nicht die für Gebildete typische Kapitalstruktur besitzenden Lesers diskreditieren. Bei aller Vertiefung in die Feinheiten der Erzählsituationsanalyse sollte allerdings umgekehrt auch nicht vergessen werden, dass man die Narrativik wohl mit Fug und Recht als die zweite ‚arme Verwandte der Semantik' neben der Syntax bezeichnen darf (vgl. o. Kap. III.3). Der identifikatorisch Lesende ‚vergisst' die Erzählsituation und behält dafür jene Figurenkonstellationen und Handlungsepisoden im Gedächtnis, die für ihn eine unmittelbare emotionale Evidenz besitzen, weil sie seine aktuellen seelischen Konflikte zu erinnern und durchzuarbeiten erlauben. Ob diese Episoden in der ersten, zweiten oder dritten Person geschildert werden, ist dann nachrangig. Was

Narrativik als zweite ‚arme Verwandte der Semantik'

zählt und interessiert, ist das semantische Substrat, die Figur oder die Handlung als solche.

Die Narrativik richtet ihr Augenmerk demgegenüber mehr auf das Wie als auf das Was. Durch die Brille der distanzierenden ästhetischen Einstellung macht es z. B. einen gewaltigen Unterschied, ob ein Geschehen in der ersten, zweiten oder dritten Person dargestellt wird, und zwar speziell im Hinblick auf die Möglichkeiten der Informationsvergabe. Offensichtlich kann ja etwa ein allwissender Erzähler mehr über das Innenleben einer Figur wissen und aussagen als ein außen stehender, nur beobachtender Er-Erzähler. Gerade in Romanen mit ihren oftmals sehr vielen Figuren kommt es häufig vor, dass unterschiedliche Meinungen und Auffassungen von einem Sachverhalt präsentiert werden. So könnte z. B. eine Figur ihr Verhalten in einer bestimmten Situation anders erklären als ihre Mitfiguren. Und der Erzähler kann sich mit eigenen Kommentaren einschalten und eine weitere Erklärungsversion liefern. Wer ist dann im Recht? Wem soll man glauben? Hat grundsätzlich der Erzähler den Vorrang? Oder bleibt die Wahrheit in solchen Fällen unerkennbar?

Zu den elementaren Strategien und Techniken der Distanzierung gehört es, zur Beantwortung derartiger Fragen sowohl auf den werkinternen als auch auf den werkexternen Kommunikationsebenen sorgfältig zwischen den verschiedenen Wahrnehmungs- und Äußerungsinstanzen zu unterscheiden, die am Prozess der literarischen Kommunikation beteiligt sind (vgl. Nünning 1997, S. 323f.; Schneider 2000, S. 152–156). Das betrifft zum einen die Differenzierung zwischen empirischem Autor, idealem Autor und fiktivem Erzähler. Zum anderen werden feste Grenzen zwischen empirischem Leser, idealem Leser und fiktivem Leser gezogen. Mit Hilfe von Beispielsätzen wollen wir uns die Unterschiede zwischen diesen Instanzen veranschaulichen, wobei zunächst die Autor- und dann die Leserseite behandelt wird.

Wahrnehmungs- und Äußerungsinstanzen

(1) Empirischer Autor
Fontane absolvierte eine Apothekerlehre.
Thomas Mann starb am 12. August 1955.

(2) Idealer Autor
Bei Fontane herrscht ein jovialer Plauderton vor.
Mann spielt hier auf Goethe an.

(3) Fiktiver Erzähler
Zu Beginn von *Effi Briest* attestiert der Erzähler seiner Titelfigur ‚Lebenslust und Herzensgüte'.
Im vorletzten Kapitel der *Buddenbrooks* tritt der Erzähler plötzlich stark in den Vordergrund.

Bei dem empirischen Autor handelt es sich um den konkreten Menschen aus Fleisch und Blut, dessen äußere Biographie uns z. B. in Schriftstellerlexika geschildert wird. Schon etwas abstrakter ist die Instanz des idealen Autors, bei der es sich um jenes Schöpfersubjekt handelt, dem wir die Herrschaft über seine Werke zusprechen, auch wenn wir nicht wissen, ob es sie tatsächlich ausübte. Ob also z. B. Mann an einer bestimmten Stelle bewusst und absichtlich auf Goethe anspielt, kann man oft nicht ermitteln. Es ist deshalb in Sätzen wie den unter (2) genannten möglich und im Grunde sogar redlicher, den leicht mit dem empirischen Autor zu verwechselnden Autornamen durch die Formulierung ‚Werk(e) von ...' zu ersetzen: ‚In Fontanes Werken herrscht ein jovialer Plauderton vor'; ‚Manns Werk spielt auf Goethe an'. Noch abstrakter ist die Instanz des Erzählers, der besonders dann gerne mit dem empirischen Autor verwechselt wird, wenn er die Position eines allwissenden Beobachters einnimmt und in generalisierender Rede (oft im Präsens) allgemein gültige Lebensweisheiten ausspricht. Auch in Ich-Erzählungen kann dies zum Problem werden, weil hierin die Hauptfigur und die Erzählinstanz (meistens) ein und dieselbe Person sind und beide mit dem Personalpronomen ‚ich' bezeichnet werden. Tatsächlich muss jedoch hierbei aus der Sicht der Narrativik zwischen Ich-Erzähler und Ich-Figur unterschieden werden. In dem Satz ‚Ich weiß noch, wie ich mich damals fühlte' bezeichnet das erste Personalpronomen den Erzähler, das zweite die Figur. Dass dies keine Haarspalterei ist, belegt die Geschichte der staatlichen und kirchlichen Zensur. Ob z. B. terroristisches oder fundamentalistisches Gedankengut einem empirischen Autor, einem idealen Autor, einem fiktiven Erzähler oder einer fiktiven Figur zuzuordnen ist, spielt in den Anklage- und Verteidigungsschriften bei Zensurprozessen oft eine herausragende Rolle. Die heute garantierte Freiheit der Kunst ist zu einem guten Teil nichts anderes als das Recht, auf der ästhetischen Einstellung und der von ihr geforderten Ausdifferenzierung der Äußerungsinstanzen beharren zu dürfen. Wer diese Einstellung nicht einnehmen will oder kann, muss reichlich Gefängnisse bauen, sofern er die Macht besitzt. Die ästhetische Einstellung war und ist, wie man hier sieht, nicht nur ein Werkzeug der Disziplinierung und der Distinktion, sondern auch ein Mittel der Subversion und der indirekten Kritik an Konventionen und Institutionen.

Ich-Erzähler vs. Ich-Figur

drei Leserinstanzen

Auch auf der Rezipientenseite lassen sich drei verschiedene Instanzen voneinander abgrenzen, was wiederum anhand von Beispielsätzen verdeutlicht werden soll:

(4) Empirischer Leser
Sie liest gerade ein Buch von Stefan Zweig.
Er interessiert sich für Schnitzler.

(5) Idealer Leser
Immer wieder stolpert der Leser über versteckte Anspielungen.
Dieser Kunstgriff kann seine Wirkung auf den Leser nicht verfehlen.

(6) Fiktiver Leser
Ja, liebe Leserin, damit hast Du nicht gerechnet!
Lieber Leser, wie gerne würde auch ich jetzt in einem bequemen Sessel sitzen und ein gutes Buch lesen!

Wie der empirische Autor ist auch der empirische Leser ein konkretes menschliches Wesen aus Fleisch und Blut. Der ideale Leser ist demgegenüber ein Gedankenkonstrukt, nämlich jener ‚optimale' Leser, der sämtliche Anspielungen erkennt, alle Motivtraditionen beherrscht, keine Figuren oder Schauplätze verwechselt usw. Als fiktiven Leser bezeichnet man schließlich den Adressaten jener direkten Leseranreden, die vor allem in der deutschen Romantik (Hoffmann, Brentano) häufig zu finden sind und die provozierend oder humoristisch wirken, wenn der Angesprochene z. B. beschimpft oder bei kleinen Sünden ertappt wird (na, lieber Leser, nicht sofort wieder unterstreichen, – wie soll das Buch denn am Ende aussehen!?). Natürlich dienen solche Späße nicht nur der Unterhaltung, sondern der Entlarvung erkenntnistheoretisch und kognitionspsychologisch naiver Wirklichkeitskonzepte.

Die dargestellte Ausdifferenzierung zwischen den drei Autor- und den drei Leserinstanzen lässt uns genauer verstehen, was schon zu Beginn des Kapitels als Hauptgegenstand der Narrativik bezeichnet worden ist, nämlich die künstlerische Gestaltung der Relation zwischen fiktivem Erzähler, Figuren und fiktivem Leser. Dabei sind der erzählerischen Phantasie im Prinzip keinerlei Grenzen gesteckt, so dass auch widersinnige, alogische Konstellationen auftauchen können. Das ist z. B. der Fall beim so genannten ‚unzuverlässigen Erzähler', der sich selbst widerspricht, was allerdings manchmal auch an Nachlässigkeiten des (empirischen) Autors liegen kann. Berühmtestes Beispiel für letzteres ist wohl der Protagonist aus Kleists Erzählung *Die Verlobung in St. Domingo* (1811), deren Hauptfigur Gustav an mehreren Stellen des Textes vom Erzähler ‚August' genannt wird. Die meisten Herausgeber haben darin ein Versehen erkannt und den ‚falschen' Namen stillschweigend korrigiert, was in der neueren Kleist-Forschung manchmal als unstatthaft angesehen wird. Jedenfalls kann die Logik der erzählerischen Phantasie bei der Ausgestaltung von Erzählsituationen keine Grenze setzen, und das gleiche gilt auch für die Frage der Quantität. Die meisten Romane kommen mit *einem* fiktiven Erzähler aus, der nur *eine* fiktive Welt stiftet und, wenn überhaupt, *einen* fiktiven Leser anspricht. Selbstverständlich können alle diese Instanzen aber auch vervielfacht werden, wie dies etwa bei Rahmenerzählungen der Fall ist. Dabei präsentieren uns die Erzähler Figuren, die ihrerseits als Erzähler auftreten und in deren Erzählungen sich u. U. weitere Erzähler zu Wort melden usw. Wie schon in der Syntax so wird auch in diesem Fall eine zu starke Verschachtelung nur von Lesern mit überdurchschnittlich hoher Lektüremotivation toleriert. Es nimmt deshalb nicht wunder, dass das unzuverlässige Erzählen und die Verschachtelung fiktionaler Welten epische Gestaltungstechniken sind, von denen in der Praxis nur vergleichsweise selten bzw. in verträglicher Dosierung Gebrauch gemacht wird.

Das gilt auch ganz allgemein für die Ausgestaltung von Erzählsituationen, unter denen drei herausragen, die offenbar den größten Teil der tatsächlichen Romanproduktion abdecken. Dabei handelt es sich erstens um die Ich-Erzählung, in der ein fiktives Ich, ganz oder in Teilen, retrospektiv seine Lebensgeschichte darstellt (Typ *Felix Krull*). Zweitens begegnet uns häufig die auktoriale Erzählung, worin ein allwissender, spielerisch mit dem Stoff verfahrender Erzähler aus souveräner Distanz die Geschehnisse in einer von ihm gestifteten fiktionalen Welt präsentiert (Typus *Wilhelm Meisters Wanderjahre*). Und drittens stößt man – verstärkt im 20. Jahrhundert – auf die personale Erzählung, die sich durch ein Zurücktreten oder ‚Unsichtbarwerden' der Erzählinstanz auszeichnet (Typus *Das Schloß*). Um die Unterschiede zwischen diesen drei Erzählsituationen zu veranschaulichen, deren Benennung und Beschreibung wir dem Anglisten Franz K. Stanzel verdanken (*Die typischen Erzählsituationen im Roman*; 1955), wird hier in Tabelle 1 ein erfundener Beispieltext in allen drei Variationen präsentiert.

Tabelle 1: Beispiele für Stanzels drei ‚Erzählsituationen'

Ich-Erzählsituation	Auktoriale Erzählsituation	Personale Erzählsituation
An der Haltestelle standen zwei Halbstarke, die mich finster anstarrten und mit ihren überschwappenden Bierdosen herumfuchtelten. Ich beobachtete sie aus sicherer Distanz und war froh, als die Bahn endlich einfuhr. Die Rowdys, die ich vorsichtshalber nicht aus den Augen ließ, lümmelten sich ungeniert auf ihren Bänken herum, als plötzlich ein unscheinbarer Herr aufstand und ihre Fahrausweise verlangte. Ich triumphierte! Mir war klar, dass solche primitiven Flegel garantiert schwarzfuhren. Doch ich hatte mich zu früh gefreut. Beide präsentierten feixend ihre Monatskarten. Das hätte ich nicht gedacht! Und auch der Kontrolleur, der jetzt kopfschüttelnd zu mir herüberkam, schien überrascht. Ich nickte ihm verständnisvoll zu, als es mir plötzlich siedend heiß durch die Glieder fuhr. Vor lauter Wachsamkeit hatte ich vergessen, meine Karte zu entwerten!	An der Haltestelle, die im nächsten Kapitel noch eine wichtige Rolle spielen wird, standen zwei Halbstarke, die ihn finster anstarrten und mit ihren überschwappenden Bierdosen herumfuchtelten. Er beobachtete sie aus sicherer Distanz und war – nicht ahnend, was dieser Tag ihm noch bringen sollte – froh, als die Bahn einfuhr. Die Rowdys, die er vorsichtshalber nicht aus den Augen ließ, lümmelten sich ungeniert auf ihren Bänken herum, als plötzlich ein unscheinbar wirkender Herr aufstand und die Fahrausweise verlangte. Er triumphierte! „Solche primitiven Flegel fahren garantiert schwarz", sagte er sich. Doch er hatte sich zu früh gefreut. Beide präsentierten feixend ihre Monatskarten. Das hatte er nicht gedacht! Und auch der Kontrolleur, der jetzt kopfschüttelnd zu ihm herüberkam, war ehrlich überrascht. Er nickte ihm verständnisvoll zu, als es ihm plötzlich siedend heiß durch die Glieder fuhr. Vor lauter Wachsamkeit hatte er vergessen, seine Karte zu entwerten! Und das war noch die harmloseste der vielen Pleiten, die er an diesem Tag erleben sollte!	An der Haltestelle standen nur zwei Halbstarke. Sie starrten finster herüber und fuchtelten mit ihren überschwappenden Bierdosen herum. Er beobachtete sie aus sicherer Distanz und war froh, als die Bahn endlich einfuhr. Die Rowdys, die er vorsichtshalber nicht aus den Augen ließ, lümmelten sich ungeniert auf ihren Bänken herum, als plötzlich ein unscheinbarer Herr aufstand und ihre Fahrausweise verlangte. Triumph! Diese primitiven Flegel fuhren doch garantiert schwarz! Aber zu früh gefreut. Beide präsentierten feixend ihre Monatskarten. Wer hätte das gedacht? Auch der Kontrolleur, der jetzt kopfschüttelnd zu ihm herüberkam, wirkte überrascht. Er nickte ihm verständnisvoll zu, als es ihm plötzlich siedend heiß durch die Glieder fuhr. So ein Mist! Vor lauter Wachsamkeit hatte er doch glatt vergessen, seine Karte zu entwerten!

Natürlich kann es sich bei diesen in Tabelle 1 zu findenden drei Varianten ein und derselben Geschichte nur um Beispieltexte handeln. Im Prinzip gibt es unendlich viele Möglichkeiten, um den Plot in einer der drei Erzählsituationen zu präsentieren, ganz zu schweigen von den zahlreichen Misch- und Übergangsformen. Gerade in der modernen Erzählliteratur kommt es nicht selten innerhalb eines Textes zu starken Veränderungen der Erzählsituation. Manchmal vollziehen diese sich ganz allmählich und unmerklich. Aber manchmal kommt es auch zu sehr abrupten, den ungeschulten Leser stark irritierenden Übergängen, wie z. B. im Falle des unver-

Ich-/Er-Wechsel   mittelten Ich-/Er-Wechsels, wie man ihn in Max Frischs Roman *Mein*

Name sei Gantenbein immer wieder findet. Über ein und dieselbe Person wird in Texten dieses Typs mal in der ersten und mal, teilweise innerhalb desselben Satzes, in der dritten Person gesprochen. Die meisten Autoren verbinden damit die Intention, formal-gestalterisch dem Umstand Rechnung zu tragen, dass sich der Pluralismus der modernen Gesellschaften auch im Inneren der Menschen niederschlägt und zu einer Aufspaltung ihres Ichs führt. Selbst der prima facie recht exotisch und anspruchsvoll anmutende Ich-/Er-Wechsel hat jedoch ein Pendant in der banalen Alltagskommunikation, in der wir unter bestimmten Umständen von uns selbst in der dritten Person zu sprechen pflegen:

– „Soll Oma [= ich] dir noch ein Plätzchen bringen? Ich habe noch welche in der Küche."
– „So, jetzt noch die eine Schraube, dann bin ich fertig. Und? Wie hat Euer Schwiegersohn [= habe ich] das wieder hingekriegt!?"

Dass Kinder und Erwachsene auf Satzfolgen dieses Typs nicht mit Unverständnis oder gar Entsetzen reagieren, illustriert den ursprünglichen Vorrang der Semantik vor der Narrativik. Referenz schlägt Perspektive, solange es um pragmatische Kommunikationsakte geht, in denen es zwar nicht einerlei, aber auch nicht ausschlaggebend für das Verständnis ist, ob eine Bezeichnung die Perspektive des Sprechenden oder – im Sinne der Selbstdistanzierung oder der Einfühlung – die Perspektive des Angesprochenen widerspiegelt. In literarischer Kommunikation kann demgegenüber der Fall auftreten, dass die Perspektive über die Referenz dominiert, dass also die Unterschiedlichkeit der Sichtweisen auf ein Phänomen selbst zum Gegenstand und zum zentralen Inhalt der Darstellung erhoben wird. Ich-/Er-Wechsel können dann gehäuft auftreten und zudem in ihrer Wirkung verschärft werden, wenn ihre Motivation rätselhaft bleibt, weil sich auf der Erzähler- und/oder auf der Figurenebene keine klar konturierte Bewusstseinsinstanz identifizieren lässt, der die alternative Perspektive auf die mal in der ersten und mal in der dritten Person erscheinende Figur zuzuordnen wäre. Am Rande sei erwähnt, dass ein solcher ‚verschärfter' Ich-/Er-Wechsel nicht nur als gestalterisches Äquivalent eines modernen bewusstseinsphilosophischen, identitätspsychologischen oder rollensoziologischen Problembewusstseins, sondern auch als hochwirksames Instrument der Rezeptionssteuerung gelten kann. Jedenfalls dürfte es kaum ein effizienteres Mittel zur Identifikationsvereitelung geben als die permanente Entkonturierung jener Figuren, mit denen sich der Leser potenziell identifizieren könnte. Welche Erzählsituation vorliegt, kann im Prozess der Identifikation zwar – wie oben dargestellt – irrelevant sein, aber eine relative Beständigkeit dieser Situation scheint unverzichtbar zu sein. Der Leser kann sich mit den unterschiedlichsten Personen identifizieren, solange sie wirkliche Personen und als solche zu erkennen sind. Mit einem narrativischen Proteus vermag sich aber offenbar auch der – selbst proteusartige – Leser der Moderne interessanter Weise nicht zu identifizieren. In der Unterhaltungs- und Trivialliteratur spielt die Technik des Ich-/Er-Wechsels deshalb keine Rolle. Sie setzt eine distanzierte Form der Lektüre voraus, wie sie für die ästhetische Einstellung gebildeter Rezipientenschichten charakteristisch ist.

Anders verhält es sich mit zwei Darstellungstechniken, die wie der Ich-/

Identifikationsverhinderung

Erlebte Rede Er-Wechsel als Übergangsformen zwischen den drei Erzählsituationen aufzufassen sind. Gemeint ist die ‚Erlebte Rede', die zwischen der personalen und der auktorialen Erzählsituation rangiert, sowie der ‚Innere Monolog', der im Übergang von der personalen zur Ich-Erzählsituation angesiedelt ist. Beide Darstellungstechniken treten zwar in der anspruchsvollen (Gegenwarts-)Literatur gehäuft auf, aber auch in der Unterhaltungs- und in der Trivialliteratur, ja sogar im populären Sachbuch und in der Alltagserzählung sind sie nicht unbekannt, da sie einer identifikatorischen Rezeption im Prinzip keine Widerstände entgegensetzen.

Bei der Erlebten Rede handelt es sich um eine Form der Bewusstseins- oder Innenweltdarstellung, bei der ein Erzähler die aktuellen Gedanken und Empfindungen einer selbst nicht sprechenden Figur verbalisiert. In der Regel geschieht dies in der dritten Person (und im Präteritum sowie überwiegend im Indikativ), aber es gibt auch – jedenfalls in den Augen vieler Erzählforscher – Erlebte Rede in der ersten Person. Als Beispiele für Erlebte Rede können die auf Fragezeichen oder Ausrufezeichen endenden Sätze aus der Spalte ‚Personale Erzählsituation' in der oben zu findenden Gegenüberstellung der drei Erzählsituationen dienen. Der Erzähler scheint in diesen Passagen ganz in den Hintergrund zu treten bzw. aus dem Inneren der Figur heraus zu reden. Er spricht gewissermaßen nur aus, was die Figur denkt oder empfindet, und verzichtet auf Distanz markierende Inquit-Formeln (‚dachte er', ‚sagte er zu sich selbst', ‚fragte er sich' etc.). So entsteht der Eindruck gesteigerter Unmittelbarkeit. Der Leser gewinnt Einblicke in das Innere einer Figur, kann gleichsam ihre Gedanken lesen, ohne auf die Dienste eines allwissenden auktorialen Erzählers angewiesen zu sein. Tatsächlich kann die personale Erzählsituation als eine reduzierte auktoriale Erzählsituation gedeutet werden, in der die Anwesenheit einer allwissenden Vermittlungsinstanz im Prinzip noch vorausgesetzt werden muss, in der sich diese Instanz aber derart konsequent in den Hintergrund zurückzieht, dass ihre stumme Gegenwart kaum noch wahrzunehmen ist.

Innerer Monolog Der Innere Monolog ist ein ähnlich kompliziertes Misch- bzw. Übergangsphänomen. Aufgrund seines charakteristischen, durch Häufung von Gedankenstrichen und Fortführungspünktchen sehr zerrissen wirkenden Schriftbildes kann er jedoch in der Regel leichter identifiziert werden als die Erlebte Rede. Der Innere Monolog will die Gedanken, Empfindungen und Wahrnehmungen einer Figur oder eines Erzählers in statu nascendi einfangen und dokumentieren. Dabei wird von der – nicht unumstrittenen – Voraussetzung ausgegangen, dass derartige Bewusstseinsinhalte nicht sofort zu grammatisch korrekten, stummen Sätzen und Texten verarbeitet werden, sondern wie abgerissene Gedankensplitter chaotisch im Kopf durcheinander schwirren. Der Innere Monolog steht folgerichtig in der ersten Person, bevorzugt das Präsens und ist durch unvollständige bzw. agrammatische Sätze sowie oft auch durch ein unzensiertes, die Spontaneität der Empfindungen reflektierendes Vokabular gekennzeichnet. Der Anfang der oben geschilderten Haltestellenszene könnte im Inneren Monolog ungefähr folgendermaßen aussehen:

Da, endlich die Haltestelle ... was sind das für Typen ... Halbstarke – guckt nicht so... bleibe besser hier... unverschämt ... und auch noch kalt hier ... wann kommt denn – na endlich, wieder verspätet ... wenigstens geheizt ...

Wir können aus heutiger Sicht konstatieren, dass der Innere Monolog keine Eins-zu-eins-Abbildung dessen liefert, was im Kopf eines Menschen bei der Verfertigung von Gedanken und Empfindungen tatsächlich vor sich geht. Vielmehr handelt es sich um eine Stilkonvention, die es uns erlauben soll, hinter die Kulisse der korrekt versprachlichten und inhaltlich zensierten Äußerungen einer Figur zu schauen und ganz unmittelbar ihre ‚wahren', ungeschminkten Bewusstseinsinhalte zu studieren. Es liegt auf der Hand, dass das Interesse an einer solchen Darstellungstechnik mit der Etablierung des modernen Menschenbildes einhergeht; das Ich ist nach dieser Vorstellung – mit Freud zu reden – nur selten Herr im eigenen Haus. Vielmehr wird es von den Ansprüchen seiner Umwelt und von seinen eigenen Triebimpulsen fortwährend bedrängt, so dass hinter der Fassade des gesellschaftsfähigen Individuums ein zerrissenes Geschöpf erkennbar wird, das über keine stabile psychische bzw. personale Identität verfügt. Es nimmt nicht wunder, dass der eifrige Freud-Leser Arthur Schnitzler der erste deutschsprachige Autor war, der in größerem Umfang Gebrauch von der Darstellungstechnik des Inneren Monologes machte.

Um derartige Phänomene systematischer beschreiben zu können, hat die neuere Erzählforschung eine Reihe von Theorien hervorgebracht, die es ermöglichen sollen, die unübersichtliche Fülle der überhaupt möglichen Erzählformen zu überblicken und zu strukturieren. Dabei geht es immer um die Grundfrage, wie ein Verfasser episch-literarischer Texte die Relation zwischen fiktivem Erzähler, fiktiven Figuren und fiktivem Leser gestalten kann. Unter Bezugnahme auf Boris Uspenskijs *Poetik der Komposition* (1970; dt. 1975) kann man zunächst ganz grundsätzlich feststellen, dass es sechs verschiedene Gesichtspunkte gibt, unter denen die Distanz zwischen diesen drei Instanzen des epischen Kommunikationssystems analysiert werden kann, nämlich unter zeitlichen, räumlichen, ontologischen, psychologischen, stilistischen und unter weltanschaulichen Aspekten (vgl. Schneider 2000, S. 165–170). Wir wollen diese sechs Punkte kurz durchgehen, um eine Vorstellung von der schier unendlichen Fülle an Gestaltungsmöglichkeiten zu gewinnen, die einem Verfasser von Romanen oder Erzählungen zu Gebote stehen. Uspenskij

Bei der (1) zeitlichen Distanzierung geht es um die Frage des zeitlichen Abstandes zwischen den Momenten, in denen der fiktive Erzähler erzählt, die fiktiven Figuren handeln und der fiktive Leser den Text rezipiert. Dabei ist Aufmerksamkeit geboten, weil diese Momente nur in den seltensten Fällen bis auf Tag und Stunde konkret bestimmt werden. Häufig hat man es mit indirekten, versteckten Hinweisen zu tun, wie sie sich beispielsweise dem Altern von Menschen, dem Wechsel der Jahreszeiten, dem Verfall von Gebäuden etc. entnehmen lassen. Alle drei Zeitpunkte können im Extremfall identisch sein, wodurch der Eindruck einer Live-Reportage entsteht: ‚Achtung, lieber Leser, stell' die Tasse ab, denn da sehe ich gerade unseren Helden um die Ecke biegen, – jetzt müssen wir dran bleiben!' Im Normalfall liegt jedoch eine gewisse zeitliche Distanz zwischen diesen Momenten, was vor allem dem Erzähler zugute kommt, der mehr Luft hat, um das Geschehen in Ruhe zu analysieren und zu bewerten. zeitliche Distanzierung

Für die (2) räumliche Distanzierung gilt Ähnliches. Auch hier macht es einen großen Unterschied, ob der Erzähler das Handlungsgeschehen und räumliche Distanzierung die fiktive Leserschaft auf fernen Planeten oder gleichsam im Nebenzimmer ansiedelt. Und wie die zeitliche so kann auch die räumliche Positionierung sehr konkret, aber auch sehr abstrakt sein. Manchmal erfordert es detektivischen Spürsinn, um alle direkten und indirekten Hinweise in einem Text zusammenzutragen, die es uns erlauben, den Standort des fiktiven Erzählers, den Schauplatz des von den fiktiven Figuren getragenen Handlungsgeschehens und den Aufenthaltsort des fiktiven Lesers, falls ein solcher auftaucht, wenigstens ungefähr zu bestimmen. Bestimmte Unterarten des Romans wie der Großstadtroman oder der Regionalkrimi (,Köln-Krimi' etc.) leben demgegenüber davon, dass der empirische Leser die jeweiligen Orte (d.h. ihre Pendants in der nicht-fiktiven Welt) auf dem Stadtplan wiederfinden kann.

ontische Distanzierung

Die (3) ontische Distanzierung kann in gewissem Sinne als Extremfall der raumzeitlichen Distanzierung bezeichnet werden. Das ist auch bei Uspenskij der Fall, dessen Modell demnach streng genommen nicht sechs, sondern nur fünf Dimensionen der Distanzierung unterscheidet. Besonders im Hinblick auf die Beschreibung der auktorialen Erzählsituation scheint es jedoch sinnvoll zu sein, eine grundsätzliche Unterscheidung zwischen raumzeitlicher und ontischer Distanzierung vorzunehmen. Von letzterer ist dann zu reden, wenn Erzähler, Figuren und fiktiver Leser nicht nur durch Epochen oder Kontinente, sondern förmlich durch Welten voneinander getrennt sind. Speziell der allwissende Erzähler lebt nicht in der Welt seiner Figuren, sondern in einer ganz anderen, jenseitigen, transzendenten Seinssphäre, von der aus er wie mit göttlicher Allmacht in die geschilderte fiktive Welt hineinschaut oder sogar eingreift. Der Abstand zwischen seiner Welt und der Welt der Figuren lässt sich nicht in Jahren oder Kilometern vermessen. Er ist grundsätzlicher Art und wird auch dadurch nicht beseitigt, dass der allwissende Erzähler, wie es manchmal geschieht, von seiner Wolke herabsteigen und für eine Weile unter seinen Figuren wandeln kann. Ein ganz ähnlicher Fall liegt übrigens vor, wenn wie in der Rahmenerzählung die vom Erzähler beschriebenen Figuren ihrerseits als Erzähler auftreten. Der fiktiven Welt ersten Grades ist dann eine fiktive Welt zweiten Grades, ja dieser u.U. eine weitere Welt dritten Grades etc. implementiert. Zur Infragestellung eines naiven Wirklichkeitsverständnisses, aber auch zur Erzeugung humoristischer Effekte dient es in vielen Erzähltexten der Moderne, wenn die streng genommen unüberwindlichen Grenzen zwischen fiktiven Welten scheinbar durchbrochen werden. Das ist zum Beispiel in E. T. A. Hoffmanns *Der goldene Topf* der Fall, worin der allwissende Erzähler gegen Ende einen Brief erhält, in dem eine seiner Figuren ihn um einen Besuch bittet. Hoffmann wäre nicht Hoffmann, wenn er seinen Erzähler diese Einladung ausschlagen ließe …

psychologische Distanzierung

Bei der (4) psychologischen Distanzierung geht es um die Frage, ob und in welchem Ausmaß der fiktive Erzähler, die fiktiven Figuren und der fiktive Leser einander Einblick in ihre Gedanken, Empfindungen und Wahrnehmungen gewähren. Im Extremfall hat man es hierbei mit völlig transparenten, gläsernen Bewusstseinsinstanzen zu tun, über deren Innenleben man vollständig und rückhaltlos informiert wird. Dabei erstreckt sich von der explizit-direkten bis zur implizit-indirekten Innenweltdarstellung ein sehr breites Spektrum von Darstellungstechniken, die einer Veranschaulichung und Verbalisierung des Seelenlebens von Erzähler, Figuren und fiktivem Leser dienen. Zu den direkten Techniken wären z. B. die wörtliche Rede, der Gedankenbericht, die Erlebte Rede und der Innere Monolog zu zählen. Von indirekter Innenweltdarstellung spricht man demgegenüber bei der Beschreibung vielsagender Äußerlichkeiten, zu denen etwa Mimik, Gestik, Verhaltensweisen oder Requisiten gehören können (er lächelte, er winkte ab, er knallte die Tür zu, er trug wieder den schwarzen Mantel etc.). Die meisten Romane enthalten eine Fülle expliziter und impliziter Informationen über die Bewusstseinszustände des Erzählers, der Figuren und des fiktiven Lesers. Es gibt jedoch auch psychologisch enthaltsame Romane wie z. B. den *nouveau roman* (Alain Robbe-Grillet u. a.) und allgemein den Dingroman, in dem oft nicht der Mensch, sondern die stummen Objekte, das Nichtbelebte, im Zentrum des Darstellungsinteresses stehen. Es scheint das Identifikationspotential einer Bewusstseinsinstanz zu verringern, wenn man wenig oder gar nichts über ihr Innenleben erfährt.

Die Analyse der (5) stilistischen Distanz ist im Unterschied zur Untersuchung der psychologischen Abstände ein vergleichsweise unaufwändiges Unterfangen. Benutzen Erzähler, Figuren und der (oft allerdings stumm bleibende) fiktive Leser verschiedene Soziolekte oder Dialekte, so vergrößert dies natürlich die Entfernung zwischen ihnen. Zu einer Annäherung kann es beispielsweise kommen, wenn der Erzähler vorübergehend die Ausdrucksweise einer Figur imitiert und sich damit bis zu einem gewissen Grad auch ihre Sichtweise zu eigen macht. Bei Autoren mit sehr ausgeprägtem Individualstil bzw. bei Vorhandensein sehr strenger Stilkonventionen kann es dazu kommen, dass alle Äußerungsinstanzen in einem Roman die gleiche Sprache sprechen. Zur Analyse der stilistischen Distanz können alle Kategorien herangezogen werden, die oben im Kapitel über Stilanalyse vorgestellt wurden.

stilistische Distanzierung

Zuletzt ist noch die (6) weltanschauliche Distanz in den Blick zu nehmen, deren Analyse oftmals detaillierte geistes- und gesellschaftsgeschichtliche Vorkenntnisse erfordert. Dass Naphta und Settembrini in Thomas Manns *Zauberberg* meistens nicht einer Meinung sind, wird auch der unerfahrene Leser schnell bemerken. Welche Weltanschauungen genau in Gestalt der beiden Figuren zusammenprallen und wie sich dies bis in die Feinheiten der Figurencharakterisierung hinein nachzeichnen lässt, bedarf jedoch aufwändiger Untersuchungen. Und auch bei Alltagskonflikten, wie sie z. B. in Trivial- und Unterhaltungsromanen thematisiert werden, ist nicht selten genaue Lektüre gefordert, wenn die Positionen der Konfliktparteien adäquat beschrieben werden sollen. Im Vordergrund des Interesses steht dabei meistens die Frage, ob der Erzähler – womöglich von einer ontisch übergeordneten Warte aus – Stellung zu derartigen Konflikten bezieht und das Verhalten der einen oder anderen Partei bewertet.

weltanschauliche Distanzierung

Wenn man vereinfachend bei allen sechs Dimensionen der Distanzierung zwischen starkem, geringem und mittlerem Abstand zwischen Erzähler, Figuren und fiktivem Leser unterscheidet, so ergibt das rechnerisch bereits viele Hundert mögliche Konstellationen. Das scheint mehr zu sein, als die häufig nur mit Bleistift und Papier arbeitende Philologie verkraften kann und will. Jedenfalls kommen die prominentesten Theorien der Narrativik, diejenigen von Stanzel und von Genette, mit gerade einmal 8 bzw.

12 Erzählformen aus, von denen einige sogar noch wegen praktischer Irrelevanz ausgeklammert werden. Diese extreme Reduktion kommt dadurch zustande, dass beide Forscher aus der Fülle der zur Analyse der sechs Distanzierungsdimensionen eigentlich erforderlichen Untersuchungen jeweils drei Detailfragen herauspicken, die nach ihrem Dafürhalten von besonderer Wichtigkeit sind. Eine hieb- und stichfeste Begründung für diese Auswahl sucht man bei beiden Autoren letztlich vergebens. Und doch muss man einräumen, dass die Erklärungskraft ihrer Modelle erstaunlich groß ist. Die mehr als 2000 möglichen Konstellationen scheinen sich unter Romanciers sehr unterschiedlicher Beliebtheit zu erfreuen. Wer geschickt selektiert, kann deshalb schon mit unzulänglichen Analysekategorien den Kernbestand der praktisch relevanten literarischen Phänomene erfassen und abdecken.

Stanzel

Etwas ausführlicher muss im Folgenden Stanzel vorgestellt werden. Sein Buch über *Die typischen Erzählsituationen im Roman* von 1955 kann als die Gründungsakte der modernen Narrativik bezeichnet werden. Es beruht auf der induktiv-intuitiv gewonnenen Unterscheidung zwischen auktorialer, personaler und Ich-Erzählsituation, wobei der Verfasser erstmals auch die bis dahin in der Philologie kaum bekannte und anerkannte Erzählkunst von Gegenwartsautoren wie Joyce und Dos Passos in sein Kalkül einbezog. Schon damals machte Stanzel deutlich, dass viele literarische Werke nicht dem Idealtyp einer dieser drei Situationen entsprechen, sondern als Mischformen aufzufassen sind, ohne dass mit dieser Kennzeichnung eine Wertung zu verbinden wäre. Dieser Grundgedanke einer Dynamisierung der Erzählsituationen dominiert auch in Stanzels *Theorie des Erzählens* von 1979, die freilich von vielen Erzählforschern als eine Verschlimmbesserung seiner ursprünglichen Konzeption aufgefasst wurde. Die Verbesserung ergibt sich aus der Fülle an scharfsinnigen Detailbeobachtungen, die dieses Werk bis heute zu einem unentbehrlichen Standardwerk machen. Die gesamte neuere Narrativik darf als eine Auseinandersetzung mit diesem Buch bezeichnet werden, dessen gründliches Studium jedem angehenden Philologen nur dringend empfohlen werden kann. Die entscheidende Verschlechterung gegenüber der Studie von 1955 ergibt sich aus dem Versuch, von der Induktion zur Deduktion überzugehen, d. h. die drei Erzählsituationen nicht als historisch gewachsene Gegebenheiten, sondern als logisch ableitbare Notwendigkeiten darzustellen. Stanzels Theorie will „als Programm der denkbaren Möglichkeiten erzählenden Gestaltens verstanden werden, das durch die historische Entwicklung von Roman, Novelle und Kurzgeschichte allmählich realisiert wird" (Stanzel 1995, S. 241). Das ist zu schön gedacht, um wahr zu sein. Wie schon der Weltgeist über Hegel so dürfte der Geist der Erzählung über Stanzel schmunzelnd hinwegschreiten, ohne sich um die von ihm aufgestellten Richtungspfeile zu kümmern.

Davon abgesehen ist es jedoch durchaus der Mühe wert, einmal jene drei Fragen zu rekapitulieren, mit denen Stanzel an einen Erzähltext herantritt:
– Frage nach der ‚Person': Sind die Seinsbereiche des Erzählers und der Figuren identisch oder nichtidentisch? Lebt also der Erzähler in der Welt der Figuren oder in einer ganz anderen Sphäre?
– Frage nach der ‚Perspektive': Ist der Erzähler am Geschehen beteiligt und nimmt er dieses Geschehen deshalb aus einer begrenzten Innenperspek-

tive wahr (limited point of view)? Oder steht er außerhalb des Geschehens und nimmt dieses Geschehen aus einer – u. U. sogar gottartigen – Außenperspektive wahr?
- Frage nach dem ‚Modus': Nimmt der Erzähler bewußt die Haltung eines Vermittlers ein, der einem Gegenüber seine subjektive Sicht des Geschehens präsentiert? Oder bleibt er auf die Rolle eines neutralen Reflektors beschränkt, der sich nicht der Tatsache bewußt ist, daß er erzählt, der also gleichsam wie im Selbstgespräch vor sich hin redet und das Geschehen kommentarlos widerspiegelt?

Wie sich Tabelle 2 entnehmen läßt, ist das Vorliegen einer bestimmten Erzählsituation nach Stanzel an die Erfüllung bestimmter Bedingungen gebunden. Eine genuine auktoriale Erzählsituation liegt vor, wenn der Erzähler nicht im Seinsbereich der Charaktere lebt, allwissend ist und als eigenständige Bewußtseinsinstanz identifiziert werden kann. Um eine genuine Ich-Erzählsituation handelt es sich, wenn der Erzähler aus der begrenzten Perspektive eines Handlungsbeteiligten spricht, im Seinsbereich der Figuren lebt und als eigenständige Bewußtseinsinstanz zu identifizieren ist. Von einer genuinen personalen Erzählsituation spricht Stanzel in den Fällen, in denen der Erzähler bloßer Reflektor bleibt, an die begrenzte (Wahrnehmungs-)Perspektive eines Handlungsbeteiligten gebunden bleibt und – freilich nur in seiner Eigenschaft als Sprechender – nicht im Seinsbereich der Figuren zu verorten ist.

Da sich diese drei Bedingungen nicht gegenseitig ausschließen, kann es – wie die Tabelle zeigt – zu Überschneidungen kommen. Und außerdem gibt es zwei Sonderfälle, in denen sich alle drei Erzählsituationen vermischen (Identität + Außenperspektive + Reflektor) bzw. keine der drei Erzählsituationen vorliegt (Nichtidentität + Innenperspektive + Erzähler). Stanzel geht auf diese beiden Fälle nicht näher ein, hält sie also wohl für unrealisierbar. Darüber ließe sich streiten. Dennoch lässt sich trotz aller Einwände gegen Stanzels Methodik und Terminologie einräumen, dass kaum ein Roman erschienen ist, dessen einzelne Abschnitte sich nicht in eines der acht Felder dieser Tabelle einordnen ließen.

Sonderfälle bei Stanzel

Freilich liefert Stanzel keine solche Tabelle. Vielmehr eliminiert er die zwei oben beschriebenen Sonderfälle aus seinem Modell und ordnet die verbleibenden sechs Konstellationen so auf einem Typenkreis an, daß die Misch- bzw. Übergangszonen zwischen den drei Erzählsituationen sichtbar werden. Selbst wenn darin nur ein Visualisierungsversuch zu erblicken wäre, müsste man dieses Vorgehen eindeutig als missglückt bezeichnen. Denn die drei Kategorien Person, Perspektive und Modus sind drei gleichrangige Parameter, denen bei einer solchen Visualisierung in jedem Fall eine jeweils eigene Raumdimension zugeordnet werden muss. Hätte Stanzel also anstelle seines zweidimensionalen Typen*kreises* eine dreidimensionale Typen*kugel* geliefert, hätte er sich viel Kritik ersparen können, vor allem solche Kritik, die auf sein Kategoriensystem ausgreift, obwohl sie sich eigentlich nur auf die missglückte Visualisierung bezieht (vgl. Jahn 1998, S. 40f.). Stanzels drei Grundfragen sind aber jedenfalls sinnvoll und berechtigt, seine Definitionen der drei Erzählsituationen in praxi durchaus nachvollziehbar. Seinen Rang als Begründer der wissenschaftlichen Narrativik wird man ihm nicht so leicht streitig machen können.

missglückte Visualisierung

Tabelle 2: Typologie möglicher Erzählformen nach Stanzel

	IDENTITÄT DER SEINSBEREICHE VON ERZÄHLER UND FIGUREN	NICHTIDENTITÄT DER SEINSBEREICHE VON ERZÄHLER UND FIGUREN	
INNEN-PERSPEKTIVE (LIMITED POINT OF VIEW)	Der Erzähler lebt im Seinsbereich der Figuren, spricht aus der begrenzten Perspektive des selbst am Geschehen Beteiligten und ist als eigenständige Bewußtseinsinstanz identifizierbar. [Ich-Erzählsituation]	Der Erzähler lebt nicht im Seinsbereich der Figuren, spricht aus der begrenzten Perspektive des selbst am Geschehen Beteiligten und ist als eigenständige Bewußtseinsinstanz identifizierbar. [nicht realisierbar?]	KOMMEN-TIERENDER ERZÄHLER
	Der Erzähler lebt im Seinsbereich der Figuren, spricht aus der begrenzten Perspektive des selbst am Geschehen Beteiligten und ist nicht als eigenständige Bewußtseinsinstanz identifizierbar. [Ich-Erzählsituation ↔ personale Erzählsituation]	Der Erzähler lebt nicht im Seinsbereich der Figuren, spricht aus der begrenzten Perspektive des selbst am Geschehen Beteiligten und ist nicht als eigenständige Bewußtseinsinstanz identifizierbar. [personale Erzählsituation]	NEUTRALER REFLEKTOR
AUSSEN-PERSPEKTIVE (OMNI-SCIENCE)	Der Erzähler lebt im Seinsbereich der Figuren, spricht aus der ‚göttlichen' Perspektive eines über dem Geschehen Schwebenden und ist als eigenständige Bewußtseinsinstanz identifizierbar. [Ich-Erzählsituation ↔ auktoriale Erzählsituation]	Der Erzähler lebt nicht im Seinsbereich der Figuren, spricht aus der ‚göttlichen' Perspektive eines über dem Geschehen Schwebenden und ist als eigenständige Bewußtseinsinstanz identifizierbar. [auktoriale Erzählsituation]	KOMMEN-TIERENDER ERZÄHLER
	Der Erzähler lebt im Seinsbereich der Figuren, spricht aus der ‚göttlichen' Perspektive eines über dem Geschehen Schwebenden und ist nicht als eigenständige Bewußtseinsinstanz identifizierbar. [nicht realisierbar?]	Der Erzähler lebt nicht im Seinsbereich der Figuren, spricht aus der ‚göttlichen' Perspektive eines über dem Geschehen Schwebenden und ist nicht als eigenständige Bewußtseinsinstanz identifizierbar. [personale Erzählsituation ↔ auktoriale Erzählsituation]	NEUTRALER REFLEKTOR

Wichtigster Opponent Stanzels ist Gérard Genette, dessen Erzähltheorie nicht nur andere Antworten gibt, sondern auch etwas andere Fragen stellt als die von Stanzel. Genettes drei zentrale Fragen an einen Erzähltext lauten folgendermaßen (Genette 1994, v. a. S. 134f., 162f., 178):

Genette

– Frage der ‚narrativen Ebene': Handelt es sich um einen ‚extradiegetischen' Erzähler (Erzähler der Erzählung n-ten Grades) oder um einen ‚intradiegetischen' Erzähler (Erzähler der Erzählung n+1-ten Grades)? [Bei einer simplen, nur zwei fiktionale Welten ineinander verschachtelnden Rahmenerzählung ist der Erzähler der Rahmenhandlung der extradiegetische Erzähler der Erzählung ersten Grades und der Erzähler der Binnenhandlung der intradiegetische Erzähler der Erzählung zweiten Grades.]
– Frage der ‚Fokalisierung': Wie eng oder weit ist der Wahrnehmungshorizont des Erzählers im Hinblick auf das Innenleben der Figuren zugeschnitten? Handelt es sich um eine Erzählung mit ‚Nullfokalisierung', deren allwissender Erzähler mehr weiß und sagt, als eine der Figuren wissen und sagen könnte? Oder liegt ein Fall von ‚interner Fokalisierung' vor, bei dem sich der Bewusstseinshorizont des Erzählers mit dem der (Haupt-)Figur deckt? Oder haben wir es mit ‚externer Fokalisierung' zu tun, bei der der Erzähler weniger weiß und sagt als die (Haupt-)Figur, d. h. auf Innenweltdarstellung weitgehend verzichtet und lediglich äußere Sinneswahrnehmungen schildert?
– Frage der Handlungsbeteiligung des Erzählers: Handelt es sich um einen ‚homodiegetischen' Erzähler, der in der Welt seiner Figuren selbst vorkommt? Oder haben wir es mit einem ‚heterodiegetischen' Erzähler zu tun, der nicht selbst in der Welt der Figuren vorkommt?

Vergleicht man diese drei Hauptfragen Genettes mit denen Stanzels, so zeigt sich in der Frage der Handlungsbeteiligung des Erzählers weitgehende Übereinstimmung mit Stanzels Kategorie der ‚Perspektive' und bei Genettes ‚Fokalisierung' partielle Überschneidung mit Stanzels Frage nach der ‚Person'. Nur bei Genettes Kategorie der ‚narrativen Ebene' stoßen wir auf klare Diskrepanz zwischen beiden Forschern, da die Unterscheidung zwischen Erzähler und Reflektor (Stanzels ‚Modus') nicht bzw. nur entfernt mit dem Phänomen der Verschachtelung fiktionaler Welten zusammenhängt. Da Genette bei der zweiten Frage drei Antwortmöglichkeiten vorsieht, enthält eine Tabelle der für ihn grundlegenden Erzählungstypen nicht wie bei Stanzel acht, sondern zwölf Felder (s. Tabelle 3).

Relation zwischen Stanzel und Genette

Nicht anders als Stanzel räumt allerdings auch Genette ein, dass einige Felder dieser Tabelle in der literarischen Praxis irrelevant sind (s. Genette 1994, S. 277 f.): Das betrifft erstens die Kombination ‚homodiegetisch + intradiegetisch + Nullfokalisierung', die Genette aber noch für relativ leicht realisierbar hält. Problematischer sind aus seiner Sicht die beiden Fälle, in denen eine intradiegetische Narration mit einer externen Fokalisierung zu verbinden wäre, also die Kombinationen ‚homodiegetisch + intradiegetisch + externe Fokalisierung' bzw. ‚heterodiegetisch + intradiegetisch + externe Fokalisierung'. Genette besteht jedoch letzten Endes darauf, dass im Prinzip „jeder Parameter mit jedem anderen zusammentreten kann" (Genette 1994, S. 278), so dass auch diese Konstellationen nicht völlig unrealisierbar seien.

Sonderfälle bei Genette

Tabelle 3: Typologie möglicher Erzählformen nach Genette

		INTRADIEGETISCH	EXTRADIEGETISCH	
HOMODIEGETISCH		Der Erzähler erzählt eine 'Binnenerzählung' (Erzählung n+1-ten Grades) und kommt in der Welt der Figuren selbst vor und weiß mehr als seine Figuren.	Der Erzähler erzählt eine 'Rahmenerzählung' (Erzählung n-ten Grades) und kommt in der Welt der Figuren selbst vor und weiß mehr als seine Figuren.	NULL-FOKALISIERUNG
		Der Erzähler erzählt eine 'Binnenerzählung' (Erzählung n+1-ten Grades) und kommt in der Welt der Figuren selbst vor und weiß soviel, wie seine Figuren wissen.	Der Erzähler erzählt eine 'Rahmenerzählung' (Erzählung n-ten Grades) und kommt in der Welt der Figuren selbst vor und weiß soviel, wie seine Figuren wissen.	INTERNE FOKALISIERUNG
		Der Erzähler erzählt eine 'Binnenerzählung' (Erzählung n+1-ten Grades) und kommt in der Welt der Figuren selbst vor und weiß weniger als seine Figuren.	Der Erzähler erzählt eine 'Rahmenerzählung' (Erzählung n-ten Grades) und kommt in der Welt der Figuren selbst vor und weiß weniger als seine Figuren.	EXTERNE FOKALISIERUNG
HETERO-DIEGETISCH		Der Erzähler erzählt eine 'Binnenerzählung' (Erzählung n+1-ten Grades) und kommt in der Welt der Figuren nicht selbst vor und weiß mehr als seine Figuren.	Der Erzähler erzählt eine 'Rahmenerzählung' (Erzählung n-ten Grades) und kommt in der Welt der Figuren nicht selbst vor und weiß mehr als seine Figuren.	NULL-FOKALISIERUNG
		Der Erzähler erzählt eine 'Binnenerzählung' (Erzählung n+1-ten Grades) und kommt in der Welt der Figuren nicht selbst vor und weiß soviel, wie seine Figuren wissen.	Der Erzähler erzählt eine 'Rahmenerzählung' (Erzählung n-ten Grades) und kommt in der Welt der Figuren nicht selbst vor und weiß soviel, wie seine Figuren wissen.	INTERNE FOKALISIERUNG
		Der Erzähler erzählt eine 'Binnenerzählung' (Erzählung n+1-ten Grades) und kommt in der Welt der Figuren nicht selbst vor und weiß weniger als seine Figuren.	Der Erzähler erzählt eine 'Rahmenerzählung' (Erzählung n-ten Grades) und kommt in der Welt der Figuren nicht selbst vor und weiß weniger als seine Figuren.	EXTERNE FOKALISIERUNG

Der Unterschied zwischen Stanzel und Genette kommt an dieser Stelle noch einmal ganz deutlich zutage: Stanzel möchte letzten Endes verstehen, weshalb sich einige wenige Erzählformen durchgesetzt haben und weshalb sie – angeblich oder tatsächlich – in einer bestimmten Reihenfolge realisiert worden sind. Genette möchte demgegenüber eine systematische Typologie entwerfen, die keine vorrangigen oder nachrangigen Erzählformen kennt, was einerseits liberaler, anderseits unambitionierter wirkt. Denn zwar mag im Prinzip jede noch so kuriose Erzählweise irgendwie verwirklichbar sein, aber in der literarischen Praxis haben sich eben von Epoche zu Epoche einige wenige Darstellungsformen als besonders beliebt bei Autoren und Lesern erwiesen. Und nicht anders als die Kategorien von Stanzel zielen auch diejenigen von Genette – schon durch die Auswahl der Untersuchungsaspekte – darauf ab, speziell diesen ‚Kernbereich', den Genette allerdings nicht als solchen auffassen und bezeichnen will, differenziert und detailliert zu analysieren.

Differenz zwischen Stanzel und Genette

Beim Vergleich mit dem wesentlich umfassenderen Konzept Uspenskijs fällt auf, dass sich die Modelle von Stanzel und Genette in ihrer Schwerpunktsetzung bei allen sonstigen Unterschieden im Grunde stark ähneln (vgl. Martin 1986). Beide konzentrieren sich in auffälliger Weise auf jene Phänomene, die das Gemachte, Artifizielle, Künstliche und Künstlerische der anspruchsvolleren Formen des Erzählens stark hervortreten lassen. Dazu gehören Variationen der Perspektivführung, Fiktionsvorweise und -störungen, Abweichungen von der Chronologie (wie sie besonders Genette sehr ausführlich behandelt), Kohärenzstörungen, das Vorenthalten von Informationen und ähnliche Gestaltungstechniken, die in den Büchern von Stanzel und Genette anhand der jeweiligen drei Leitfragen diskutiert werden. Was beide Autoren eint, ist also – mit Bourdieu zu reden – die ästhetische Einstellung, die ihre Scheinwerferkegel dort zusammentreffen lässt, wo das steckt, was die Erzählung zu einer anspruchsvollen, für eine identifikatorische Lektüre nicht geeigneten Erzählung macht. Oder jedenfalls machen sollte. Denn sowohl Stanzel als auch Genette skotomisieren den gesamten Bereich der Rezeptionsästhetik und der Textwirkungsforschung. So bleibt offen, wieviel Prozent der mit Hilfe ihrer textanalytischen Kategorien feststellbaren Phänomene in der Praxis der literarischen Kommunikation de facto realisiert werden. Beide Autoren konstatieren, dass sich die Erzählsituation/Erzählweise innerhalb eines Textes, ja u.U. innerhalb ein und desselben Abschnittes oder gar Satzes, stark verändern kann (vgl. Stanzel 1995, S. 89f.; Genette 1994, S. 277). Doch ob solche Veränderungen überhaupt wahrgenommen werden und welche Effekte sie auslösen, bleibt ungeklärt. Stanzel scheint sich immerhin des Problems bewusst zu sein:

Skotomisierung der Rezeption

„Alle Aussagen über das Erzählprofil oder den Erzählrhythmus eines Romans müssen […] den Unbestimmtheitsfaktor ‚Leser' mit in Rechnung stellen, im besonderen seine Neigung zur Perseveranz: eine einmal eingenommene Lesehaltung mit der ihr zugehörigen zeit-räumlichen Orientierungslage wird solange beibehalten, bis ein im Erzähltext auffällig gesetztes Signal eine Änderung notwendig macht. Das ist auch die Erklärung dafür, daß Teile eines Erzähltextes, deren ES [= Erzählsituation] nur vage definierbar ist, wie z.B. weite Strecken von D. H. Lawrences *Women in Love*, vom Leser nicht notwendigerweise als perspektivisch ambivalent registriert werden. An solchen Stellen behält der Leser die einmal eingenommene Erzählhaltung so lange bei, bis er durch eindeutige Hinweise auf eine neue Orientierungslage zu einer Änderung veranlaßt wird." (Stanzel 1995, S. 95)

Wie ‚auffällig' oder ‚eindeutig' diese Signale und Hinweise sein müssen, um wahrgenommen zu werden, hängt aber hauptsächlich davon ab, ob und in welchem Maße sich der Leser eine ästhetische Einstellung zu eigen machen kann und will. Fehlt diese Einstellung, so kommt es nicht zum Wechsel der ‚Orientierungslage', sondern zum Lektüreabbruch, falls ein Text die Identifikation nachhaltig verhindert. Die Narrativik ist bis heute eine normative Disziplin geblieben, die oft nur – ohne es einzugestehen und vielleicht sogar ohne es zu wissen – für die Übernahme der ästhetischen Einstellung wirbt. Sie erlaubt es deshalb nicht, die Praxis der episch-literarischen Kommunikation umfassend zu beschreiben und zu analysieren, da diese Praxis ganz überwiegend auf identifikatorischer Lektüre beruht. Das ist zweifellos ein Nachteil. Aber es bietet auch gewichtige Vorteile. Denn von Fielding über James bis hin zu Beckett und Joyce setzt der größte Teil der kanonisierten, anspruchsvollen, modernen Romanliteratur die Fähigkeit und die Bereitschaft des Lesers voraus, eine distanzierte ästhetische Einstellung einzunehmen und seine Perseveranzneigung zu minimieren. Dabei kann das emotionale Lektüreerlebnis auf der Strecke bleiben, aber es kann stattdessen jenes intellektuelle Vergnügen entstehen, das von Kant in seiner *Kritik der Urteilskraft* als ‚interesseloses Wohlgefallen' bezeichnet worden ist. Eine notwendige Voraussetzung hierzu ist freilich die rasche und sichere Erkenntnis der von Stanzel, Genette u. a. beschriebenen Gestaltungstechniken. Denn es macht einen gewaltigen Unterschied, ob ich bei der Lektüre z. B. einfach keinen Sinnzusammenhang erkenne oder ob ich erkenne, dass der Autor mit dem Instrument der Kohärenzstörung arbeitet, das eine bestimmte Tradition hat und das in der Literatur der Moderne bestimmte Funktionen zugewiesen bekam. Anspruchsvolle Autoren setzen diese und ähnliche Irritationsfaktoren nicht ein, um den Leser bloß zu irritieren, sondern um ihn zur Reflexion über Sinn und Zweck der Irritation zu animieren. Wem die narrativische Analyse nicht flott von der Hand geht, der wird in dieser Reflexion freilich kein Vergnügen, sondern eine mühevolle Arbeit sehen, die ihn zudem um das emotionale Erlebnis der identifikatorischen Lektüre betrügt. Wer aber einmal das intellektuelle Vergnügen der reflektierten Joyce- oder Proust- oder Frisch- oder Bachmann-Lektüre genossen hat, wird nicht mehr darauf verzichten wollen. Hier kommen wieder die von Bourdieu beschriebenen bildungsspezifischen Geschmacksdispositionen ins Spiel, die ihrerseits zu reflektieren sind. Denn sonst besteht die Gefahr, dass die Tönung der Brille mit der Farbe des betrachteten Objektes verwechselt wird, dass also im Sinne einer unstatthaften Ontologisierung nur für eine Eigenschaft des Textes gehalten wird, was immer auch auf die Rezeptionshaltung des Lesers zurückzuführen ist.

Da die bisherige Theorie des Erzählens nach Lage der Dinge hauptsächlich eine Theorie des nicht-identifikatorischen Romanlesens ist, bleibt hier abschließend zu fragen, wie eine erst noch zu entwickelnde, sämtliche Formen der episch-literarischen Kommunikation berücksichtigende Narrativik auszusehen hätte. Vor allem müsste sie den Begriff der Distanzierung neu fassen, nämlich nicht nur textanalytisch, sondern auch wirkungsästhe-

Marginalien:
Perseveranzminimierung

Desiderate der Narrativik

tisch. Denn Distanz entsteht nicht schon im Buch, sondern erst im Kopf. Die von der bisherigen Narrativik analysierten Distanzierungsstrategien sind ja keine Strategien zur Erzeugung einer vorher nicht vorhandenen Distanz, sondern Instrumente zur Stimulierung und Kanalisierung einer bereits vor der Lektüre vorhandenen Distanzierungsneigung. Romane können keine ästhetische Einstellung erzeugen, sondern lediglich den bei Vorliegen einer solchen Einstellung gegebenen Lesererwartungen auf die eine oder andere Weise entsprechen und entgegenkommen. Demzufolge gehört zu einer vollständigen Theorie des Erzählens *auch* ein Kategoriensystem, mit dessen Hilfe die gestalterischen Voraussetzungen einer *identifikatorischen* Lektüre beschrieben werden können. Dazu rechne ich hauptsächlich eine Typologie möglicher Sympathielenkungstechniken, eine nicht auf den Spannungsaspekt reduzierte Theorie der Emotionalisierung und der Emotionsregulation, eine Typologie gängiger identifikationsfördernder Konfliktthemen und eine allgemeine Theorie des Involvement, also der ‚inneren Beteiligung' des Lesers, die in der Identifikation ja nur ihren Höhepunkt erreicht, ohne deckungsgleich damit zu sein. Erst wenn diese Forderungen erfüllt sind, kann die Narrativik zu einer wissenschaftlichen, deskriptiven Theorie des Erzählens werden.

IV. Historischer Überblick

1. Gattungsgeschichte

Der Roman ist keine deutsche Erfindung. Warum? Weil Deutschland erst mit knapp tausendjähriger Verspätung in den Kreis der europäischen Hochkulturen aufrückte.

Als Longos im 2. Jahrhundert nach Christus seine *Hirtengeschichten von Daphnis und Chloe*, den bedeutendsten Roman der griechischen Antike, verfasste, stand auf der Akropolis längst der Parthenon, hatte Praxiteles schon seine Aphrodite von Knidos geschaffen, waren Sophokles, Aristophanes, Platon und Aristoteles bereits mit ihren Werken hervorgetreten, konnte man in Städten wie Athen, Milet, Rhodos oder Priene aufwändige Tempel- und Theaterbauten, Gymnasien, Bibliotheken, Thermen, Parkanlagen und breite, gepflasterte Straßen bewundern. Und als Petronius – schon im 1. Jahrhundert nach Christus – sein *Satyricon*, bis heute das Urbild aller Abenteuer- und Schelmenromane, verfasste, war Rom eine Metropole mit mehreren hunderttausend Einwohnern, mehrstöckigen Mietshäusern, täglichen Verkehrsstaus, großen Einkaufszentren und Sportarenen. Schon vor 2000 Jahren existierte in den Zentren der antiken Welt demnach eine gesellschaftliche Elite, die genug Zeit, Geld und Bildung besaß, um dickleibige literarische Schriften zu finanzieren und zu lesen bzw. vorlesen zu lassen.

kulturelle Retardierung

Nicht so in Germanien. Zwar lassen sich Siedlungsspuren auf dem Gebiet des späteren Deutschlands bis in vorgeschichtliche Zeiten zurückverfolgen, aber Kultur und Lebensstandard der indogermanischen Stämme verharren bis in das Frühmittelalter hinein auf sehr einfachem Niveau. Gepflasterte Straßen oder planvoll angelegte Städte sucht man hier vergebens. Bis ins 8. Jahrhundert nach Christus lebt man in Wohnstallhäusern aus Holz, die zu Weilern, allenfalls zu dorfartigen Kleinsiedlungen mit simplen Verteidigungswällen und -gräben gruppiert werden. Selbst die etwas aufwändigeren *oppida* der aus dem heutigen Frankreich bis nach Süddeutschland vordringenden Kelten finden kaum Nachahmung. Und auch mit den aufgegebenen Bauten der im 4. und 5. nachchristlichen Jahrhundert zurückweichenden Römer wissen die Germanen wenig anzufangen. Städte wie Köln, Trier oder Mainz werden zwar weiterbesiedelt, können aber nicht auf römischem Niveau in Stand gehalten werden und verlieren merklich an Größe und Bedeutung. Der germanische Hochadel ahmt im Rahmen seiner Möglichkeiten die höhere römische Lebensart nach und errichtet steinerne Burgen und Herrensitze. Aber die literarische Kultur dieser

Mündlichkeit

kleinen Oberschicht blieb mündlich und volkssprachlich-dialektal. Gewiss konnten einzelne Angehörige der germanischen Hofgesellschaft Latein lesen und hatten vielleicht auch auf diplomatischen Missionen, Handelsreisen oder Kriegszügen die Werke eines Petronius, eines Longos, eines Apuleius, eines Xenophon oder eines Heliodor kennen gelernt. Aber das Lesen und das Schreiben blieben niedrig bewertete Fähigkeiten, deren sich ein germanischer Fürst oder Heerkönig nicht zu rühmen pflegte. Zur geselligen Unterhaltung engagierte man spezialisierte Vortragskünstler, die Heldenlieder und höfische Epen wie z. B. das *Hildebrandslied* auswendig wussten und rezitierten oder vorsangen. Den besten dieser mündlich tradierten Werke wird man eine zivilisatorische Grundtendenz, ein irenisches Ethos und eine beachtliche sprachkünstlerische Virtuosität nicht absprechen wollen. Aber die erotisch-psychologische Raffinesse eines Longos oder die gesellschaftskritische Ironie eines Petronius werden in diesen Texten nicht erreicht.

Und nicht nur das geistige Erbe der Antike, sondern auch der kultivierende Impuls der christlichen Religion gelangt im Siedlungsraum des späteren Deutschland erst mit fast tausendjähriger Verspätung zu voller Wirkung und Entfaltung. Nicht anders als die Römer kamen auch die christlichen Missionare zunächst nicht über Rhein und Donau hinaus. Erst im 8. Jahrhundert nach Christus dringt vom heutigen Großbritannien aus eine Schar christlicher Missionare bis in die angestammten Siedlungsgebiete der Germanen vor, und erst im Lauf der nächsten vier Jahrhunderte können sich hier die großen christlichen Klöster wie Fulda, Lorsch, Corvey oder Doberan fest etablieren. Auch diese zweite Verspätung ist für die Frühgeschichte des deutschen Romans von Bedeutung. Denn zwar wurde die Bibel in der Spätantike und im Mittelalter nicht als fiktionaler Text aufgefasst, aber davon abgesehen ist die biblische Geschichte neben der schon im antiken Griechenland entwickelten Geschichtsschreibung diejenige epische Großform, die vom Umfang über die schriftliche Fixierung und die Allgemeinverständlichkeit bis hin zur Dominanz der Prosa die meisten Wesensmerkmale mit dem Roman teilt und deshalb – wie noch Thomas Manns Romanzyklus *Joseph und seine Brüder* (1933–43) unter Beweis stellt – eine wichtige Inspirationsquelle für die Ausgestaltung und Entwicklung der Gattung wurde.

späte Missionierung

Aus all diesen Gründen setzt die Geschichte des deutschen Romans erst im Hoch- und Spätmittelalter ein, also gute 1000 Jahre nach der ersten Hochblüte dieser Gattung bei den Griechen und Römern. Dabei lassen sich in der Geschichte des deutschen Romans drei Hauptentwicklungsphasen feststellen. Im (1) Zeitalter des Feudalismus entstehen zunächst der höfische und der gelehrte, später dann auch der ‚bürgerliche', d.h. für das städtische Patriziat verfasste Roman. Im (2) bürgerlichen Zeitalter, also vom mittleren 18. bis zum frühen 20. Jahrhundert, begegnen uns der Unterhaltungsroman, der sich an das besitz- und an das kleinbürgerliche Publikum wendet, der ‚autonome', auf die Dispositionen des Bildungsbürgertums abgestimmte anspruchsvolle Roman sowie schließlich der intellektuell anspruchslose, aber zivilisationsgeschichtlich und volkspädagogisch wichtige Kolportageroman, der die Teilhabe an der schriftlichen literarischen Kommunikation erstmals zu einem Massenphänomen werden lässt. Im (3) demokratisch-pluralistischen Zeitalter beobachten wir dann eine starke Ausdifferenzierung der Romangattung, deren zahlreiche Erscheinungsformen sich jedoch bei aller Unübersichtlichkeit durchaus noch mit den Lektüreanforderungen und Mediennutzungsgewohnheiten bestimmter Bildungsschichten und Lesergruppen korrelieren lassen (vgl. Peiser 1996). Die drei Zeitalter mit ihren jeweiligen Romankulturen sollen im Folgenden überblicksartig vorgestellt werden. Die Entwicklung der Romanpoetik wird anschließend in einem separaten Kapitel abgehandelt, weil die Gattungstheorie im Falle des deutschen Romans die Gattungsentwicklung weniger gelenkt und geformt als vielmehr expliziert und kommentiert hat.

Hauptentwicklungsphasen

Vor dem Einstieg in die Gattungsgeschichte muss hier freilich noch kurz auf eine arbeitstechnisch-methodologische Schwierigkeit hingewiesen werden, die uns zweifeln machen kann, ob eine Geschichte des deutschen Romans zum jetzigen Zeitpunkt überhaupt schon geschrieben werden kann. Gemeint ist der banale Umstand, dass die große Masse der deutschen Romanproduktion in der Literaturwissenschaft als trivial eingestuft und deshalb ohne genauere Prüfung skotomisiert wurde. Und dies betrifft nicht nur die Werkanalyse und -interpretation, sondern sogar die Romanedition und die Romanbibliographie. Die weitaus größte Zahl der deutschen Romane ist deshalb auch den Experten auf diesem Gebiet nicht einmal dem Titel nach bekannt. Doch in letzter Zeit gibt es Versuche, an dieser misslichen Situation etwas zu ändern. Als Musterbeispiel hierfür nenne ich Norbert Otto Ekes Bibliographie: *Der deutsche Roman 1815–1830* (München 1994). Kanonisiert wurden aus dem im Titel dieses Buches genannten Entstehungszeitraum ganze fünf Romane, nämlich Eichendorffs *Ahnung und Gegenwart* (1815), Hoffmanns *Elixiere des Teufels* (1815/16), Arnims *Kronenwächter* (1817), Hoffmanns *Kater Murr* (1820/22) sowie Goethes *Wilhelm Meisters Wanderjahre* (1821). Immermanns *Papierfenster eines Eremiten* (1822) und Hauffs *Lichtenstein* (1826) könnte man noch dazuzählen, aber auf mehr als ein Dutzend Titel werden wohl selbst ausgesprochene Romanexperten nicht kommen. Wie Eke nun aber in seiner wertvollen Bibliographie zeigen konnte, sind in diesem Zeitraum (mindestens) 1582 deutschsprachige Romane erstmalig veröffentlicht worden, so dass der Anteil der von der bisherigen Literaturgeschichtsschreibung berücksichtigten Werke nicht einmal ein halbes Prozent beträgt (s. Eke 1994, S. 21). Bei anderen Epochen und Entstehungszeiträumen ist die Forschungssituation nicht günstiger, so dass eine Gattungsgeschichte des Romans vorläufig nicht als Werkgeschichte, sondern nur als Struktur- und Funktionsgeschichte konzipiert werden kann. Die augenblickliche Situation des Philologen lässt sich mit der eines Zoologen vergleichen, der zwar noch nicht alle Tierarten entdeckt hat, der aber die Ökosysteme kennt, in denen die Tiere dieser Welt leben können. Das kann die genaue Analyse aller Arten nicht ersetzen, aber immerhin das Verständnis ihrer Entstehungs- und Existenzbedingungen vertiefen.

problematische Arbeitsvoraussetzungen

Skotomisierung und Kanonisierung

1.1 Feudalistisches Zeitalter

höfischer Roman Repräsentationskultur

Der höfische Roman, der nun zuerst behandelt werden soll, lässt sich nur als charakteristisches Produkt einer höfischen Repräsentationskultur adäquat verstehen und würdigen. Repräsentationskultur ist keine gelehrte Kultur, aber auch keine bloße Unterhaltungskultur. Ihre typische Erscheinungsform war das höfische Fest, zu dem Turniere und Festumzüge, Feuerwerke und Tanzveranstaltungen gehörten, bei dem aber in der Regel auch Sänger und Rezitatoren auftraten, die der Hofgesellschaft und den Gästen u. a. versifizierte Epen vortrugen. Im Frühmittelalter wurden in diesen Texten vor allem die militärischen Heldentaten des Gastgebers, seiner Verwandten, seiner Verbündeten oder allgemein seiner Standesgenossen verherrlicht. Aber schon im Übergang zum Hochmittelalter wandelte sich das Bildungsideal der höfischen Gesellschaft und damit auch ihre Vorstellung von adäquater Repräsentation. Der furchtlose Kämpfer wird zum listigen Strategen, dann zum christlich-tugendhaften Glaubenskämpfer, zum sensibel-gebildeten ‚Frauenritter' und schließlich zum weltgewandten Diplomaten und Administrator. Repräsentation meinte also immer weniger die bloße Integration der am Hof versammelten Gefolgschaft durch demonstrativen Vorweis körperlicher Stärke und militärischer Autorität. Stattdessen ging es zunehmend um die Vertretung dynastischer, höfischer oder ständischer Interessen nach außen hin, d.h. gegenüber den Repräsentanten anderer Dynastien, Höfe und Stände. Unausweichlich wandelt sich das Bildungsideal der Nobilität demgemäß vom ‚kühnen Recken' zum weltgewandten, weit gereisten, eloquenten und geschliffenen Politiker und Verwalter. Das lässt sich an vielen äußeren Indizien festmachen wie z.B. am Wandel des Adelssitzes von der Trutzburg zum Residenz- und zum Lustschloss, an der Entstehung erster Fürstenbibliotheken im Hoch- und Spätmittelalter oder auch an der Verfertigung von Zierdegen und Prachtrüstungen, die nicht mehr für den militärischen Einsatz, sondern nur noch für den friedlich-festlichen Umzug bzw. für die Aufbewahrung und Zurschaustellung in fürstlichen Schatzkammern und Kunstkabinetten taugen.

Wandel des Bildungsideals

Der höfische Roman entsteht im Zuge dieser Modernisierung der Bildungsideale und Repräsentationskonzepte. Er löst allmählich, wie bereits erwähnt, das höfische Epos ab, das manchmal auch – homonymisch – als ‚Roman' bezeichnet wird, im Unterschied zum eigentlichen Roman jedoch nicht still gelesen, sondern laut vorgetragen wurde und (vor allem deshalb?) versifiziert war. Dieser Wechsel von der Mündlichkeit zur Schriftlichkeit brachte vier wesentliche Vorteile mit sich.

Ablösung des höfischen Epos

Erstens wurde hierdurch eine Verstetigung der Rezeptionsmöglichkeit erreicht. Sänger und Rezitatoren kamen ja nur zu bestimmten festlichen Gelegenheiten auf die Burg und trugen ihre Lieder und Epen außerdem nur vor einer größeren Gesellschaft vor. Das Buch in der Schlossbibliothek steht seinem Leser dagegen jederzeit zur Verfügung und kann außerdem in stiller einsamer Lektüre oder zumindest in kleinerem, vertrauterem Kreis gelesen werden. Diese Intimisierung der Rezeption korrespondiert mit der im Mittelalter allmählich einsetzenden, in der Renaissance noch merklich beschleunigten Entwicklung des Individualismus. Die vorübergehende Aussetzung der bei Hof sehr starken sozialen Kontrolle, also das zeitweilige Alleinsein, wird mehr und mehr zu einem dringenden Lebensbedürfnis. Die Romanlektüre kann das bei solchen Gelegenheiten einsetzende Tagträumen und Phantasieren nähren und befördern.

Verstetigung der Rezeption

Zweitens ermöglicht der Wechsel von der Mündlichkeit zur Schriftlichkeit eine Steigerung des Textumfangs. Zwar erreichen die großen Epen wie Hartmanns *Iwein* oder Wolframs *Parzival* durchaus die Stärke eines Romans, aber wie viel davon bekam der Festteilnehmer in einer oder auch mehreren Rezitationen zu hören? Wer die ganze Geschichte von Anfang bis Ende kennen lernen wollte, musste das Buch irgendwann dem Vortrag vorziehen. Und ein solches Buch durfte ruhig ganz, ganz dick sein.

Steigerung des Textumfangs

Drittens wäre die Intellektualisierung der Rezeption als weiterer Vorteil anzuführen. Mit der Steigerung der Alphabetisierungsquote und allgemein mit der Transformation vom Krieger zum Diplomaten geht naturgemäß die

Intellektualisierung

Entwicklung höherer geistiger und emotionaler Bedürfnisse einher. Dem kommt die Verschriftlichung der Texte insofern entgegen, als sie eine Variation der Rezeptionsgeschwindigkeit, ein Zurückblättern, ein Wiederlesen, ein Exzerpieren und Durchdenken oder Diskutieren ermöglicht, wie es beim Anhören einer Rezitation in geselliger, womöglich feuchtfröhlicher Runde kaum zu realisieren war. Das im Vergleich mit der Verskunst des Epos nicht bestreitbare künstlerische Minus der schriftlich fixierten Romanprosa geht also potentiell mit einem Plus an Intellektualität, an gedanklichem Niveau, an Komplexität einher.

Prestigewert des objektivierten kulturellen Kapitals

Der vierte und letzte Vorteil des Wechsels von der Mündlichkeit zur Schriftlichkeit ergibt sich aus der Entdeckung des Prestigewertes der Kunst, also des objektivierten kulturellen Kapitals (Bourdieu), wie es sich z. B. in privaten Gemäldegalerien, Kuriositätenkabinetten oder Münzsammlungen manifestiert. Nach zögernden Anfängen im Hochmittelalter kommt es demgemäß im Spätmittelalter und in der Frühen Neuzeit zur Entstehung repräsentativer fürstlicher Büchersammlungen, in denen die wichtigsten Vertreter des großen höfischen Romans selten fehlten. Anders als das Raumprogramm der Burg sah dasjenige des Schlosses fast immer die Einrichtung einer Bibliothek vor, die zu den ‚offiziellen' Räumen des Gebäudes gehörte und deren oft sehr prachtvolle Ausstattung den Geschmack und die höhere Kultur der Besitzer veranschaulichen sollte. Da Bücher trotz Gutenberg bis ins 19. Jahrhundert sehr kostspielige, für die Bevölkerungsmehrheit fast unerschwingliche Luxusartikel blieben, demonstrierte eine solche Bibliothek sehr eindrücklich, dass ihrem Besitzer, selbst wenn er nicht zu den Hauptbenutzern gehörte, die Kultur etwas wert war.

Fasst man die vier genannten Aspekte zusammen, so ergibt sich für den höfischen Roman folgendes Anforderungsprofil: Er sollte dem Inhalt nach phantasievoll, dem Umfang nach sehr dick, dem Niveau nach komplex und der Ausstattung nach kostbar sein. Die in der Literaturgeschichte als ‚höfische Romane' bezeichneten Werke erfüllen alle diese Anforderungen. Sie sind Phantasie anregend, indem sie den Leser mit exotischen Schauplätzen, erotischen Abenteuern und spannenden Kampfszenen konfrontieren. Sie sind außerordentlich umfangreich, ja manchmal sogar mehrere Tausend Seiten stark. Sie sind niveauvoll, indem sie den verfeinerten Ansprüchen der zeitgenössischen höfischen Etikette genügen, indem sie einen äußerst schmuckreichen (und seit dem bürgerlichen Zeitalter planvoll als ‚schwulstig' diskreditierten) Sprachstil kultivieren und vor allem indem sie den Handlungsverlauf und die Figurenkonstellation in einer Weise verkomplizieren, die ein sehr aufmerksames Lesen mit häufigem Wiederlesen und Hin- und Herblättern erfordert. Vier der wichtigsten Beispiele für diesen Romantypus seien hier etwas ausführlicher charakterisiert.

Amadis

Das erste dieser vier Werke, der 1508 entstandene *Amadis*-Roman des Spaniers Garci Rodríguez de Montalvo, hat das historische Verdienst, den Stoff der früh- und hochmittelalterlichen Ritterepik in die neue Form des Prosaromans exportiert zu haben. Frühere Versuche in diese Richtung wie der schon im 13. Jahrhundert entstandene *Prosa-Lancelot* oder die von Elisabeth von Nassau-Saarbrücken im 15. Jahrhundert gelieferten Prosaauflösungen französischer Heldenepen (z. B. *Huge Scheppel*) waren zwar auch nicht ohne Resonanz geblieben, hatten aber noch einige Merkmale der mündlichen Erzählweise beibehalten (z. B. Anrede der ‚Zuhörenden') und konnten die im Deutschen neue Gattung noch nicht nachhaltig etablieren. Der *Amadis* wird demgegenüber zu einem ersten europäischen Romanbestseller, dessen diverse Übersetzungen (dt. 1569) und Opernfassungen ein beredtes Zeugnis seiner Beliebtheit abgeben. Sein Erfolgsgeheimnis besteht in der Nutzbarmachung des Stoffes traditioneller Heldenepen für das, was man heute als Abenteuer- und Liebesgeschichte bezeichnen würde. Erreicht wird dies durch eine stärkere Emotionalisierung, durch eine Zunahme der Innenweltdarstellung sowie durch eine Subjektivierung und ein stärkeres Hervortreten der Erzählinstanz (vgl. Žmegač 1990, S. 22 f.). Die Handlung des Romans bleibt dabei noch stark der mittelalterlichen Heldenepik verhaftet; sie kreist um den Königssohn Amadis und seine geliebte Oriana, die er nach zahllosen Auseinandersetzungen mit menschlichen und übermenschlichen Kontrahenten zur Ehefrau gewinnt.

Psychologisierung ist auch das Erfolgsrezept des zweiten näher vorzustellenden Werkes. Gemeint ist die Geschichte der schönen Astrée des südfranzösischen Malteserritters Honoré d'Urfé, die 1607 bis 1627 in vier Teilen erschien und in zahlreichen Übersetzungen schnell eine europaweite Wirkung entfaltete (dt. 1619–35). Der entscheidende Kunstgriff besteht darin, dass d'Urfé seine ihrem Habitus nach aristokratischen Figuren, wie es schon im Titel des Romans heißt, in der Maske von Schäfern („sous personnes de bergers") agieren lässt. Damit entfällt jeder Zwang zu höfischem Zeremoniell und höfischem Pathos. Die Hauptfiguren Céladon und Astrée können sich ‚natürlicher' geben, als dies im Handlungsrahmen eines höfischen Epos jemals möglich gewesen wäre. Zwar spielt auch hier noch das ritterliche Minneideal eine wichtige Rolle, aber es wird in schier endlosen Episoden und Dialogen dermaßen umspielt und ausdiskutiert, dass der Roman zu einer Enzyklopädie der Liebe in ihren verschiedensten Spielarten gerät. Die *Astrée* veranschaulicht damit jenen Trend zur Ausdifferenzierung der Empfindungen, den auch die Intimisierung der Rezeption beim Wechsel von der Mündlichkeit zur Schriftlichkeit widerspiegelt.

Astrée

Unser drittes Musterbeispiel stammt von Heinrich Anselm von Zigler und Kliphausen und wurde 1689 publiziert. Es trägt den Titel *Die Asiatische Banise oder Das blutig- doch mutige Pegu*. Banise, die schöne Tochter des Königs von Pegu in Hinterindien, wird darin von einem Tyrannen gefangen genommen, der sie umzubringen droht, wenn sie nicht binnen sechs Monaten seine Liebe erwidert. Der heldenhafte Königssohn Balacin rettet sie jedoch nach endlosen Verwicklungen in letzter Sekunde aus den Klauen ihres grausamen Entführers und nimmt sie zur Gattin. Die Handlung setzt ein, als Banise bereits gefangen ist, so dass über die ganze lange Distanz der Erzählung hinweg die spannende Frage im Raum steht, ob ihre Befreiung gelingen wird. Der so geköderte Leser wird mit weitläufigen historiographischen Hintergrunderläuterungen und mit staatsphilosophischen Exkursen konfrontiert, die dem Roman einen didaktischen Nutzwert verleihen, der auf eine moralisch-religiöse Rechtfertigung des Absolutismus hinausläuft. Noch Gottsched und Lessing fanden lobende Worte für die *Asiatische Banise*, die eine Fülle von Neuauflagen, Fortsetzungen, Umarbeitungen und Dramatisierungen erfuhr.

Asiatische Banise

Textprobe 1

Ich bin versetzte mein Prinz, auserwählte Prinzeßin, bis in das Grab hiervor dankbar; es würde mich aber mehr erfreuen, wenn mein Abzug mit größerer Herzhaftigkeit als Wehmuth ertragen würde, jedoch, ohne einige Entkräftung unserer geschwornen Liebe. Zudem, liebste Princeßin, was wollten sie denn thun, wenn sie mich vor sich in einem Sarge liegen sähen, und mir die letzte Pflicht erweisen sollten? Hierdurch wurde die betrübte Princeßin empfindlichst gerühret, daß sie unter einen Strohme von Thränen sagte: Ach, unbarmherziger Prinz! womit dräuet ihr mir, und mit was vor unglückseliger Vorbedeutung wollet ihr mein Elend und Jammer vermehren? Ich weis ohne diß nicht was es ist, dass eine so empfindliche Traurigkeit mein Herz bestürmet, und mir ein Unglück vorbildet, welches ich noch zur Zeit nicht begreifen kan. Solte es nun ja an ein Sterben gehen, so werde ich viel eher dem Tode zum Opfer dienen müssen, als ihr, die ihr euch in die Sicherheit begebet, und gar leicht eurer getreuen Princeßin bey der Wiederkunft, als einer Leiche, den letzten Kuß gewähren dürftet. Hierdurch hatte sich die Princeßin sattsam an dem Prinzen gerochen, indem er sich häufiger Thränen nicht ferner enthalten konte, wiewol er sich sehr schämete, als ein Held zu weinen, und selbige auch zu verbergen suchte. Worzu dienet es, hub er nach einigem Stillschweigen an, uns selbsten zu fernerer Betrübnis noch mehr zu erwecken, da wir doch bereits in solche Schmerzen versetzet worden, der ausser dem Tode, unmöglich vergrössert werden kan. Ich bin vielmehr gekommen, weil mir das Verhängniß, dero kayserlicher Herr Vater, und die Wohlfahrt dieses Reichs, ja meine liebe, womit ich der schönsten Seele in der Welt verpflichtet bin, es so befiehlet, derjenigen auf eine Zeitlang den Abschiedskuß zu ertheilen, welche ich, ausser diesem nicht eher, denn mit dem Todte, verlassen würde. Mit der gewissen Versicherung, daß, wie die Hofnung die einige Erquickung aller Schmerzen ist, also auch eine glückliche Wiederkunft uns jetzige Wehmuth süß und angenehm machen würde, daß wir nicht besser unser Vertrauen gegen die Götter durch grössere Standhaftigkeit erwiesen haben. Ueberdas soll, dieser Abschied und diese Abwesenheit ein vollkommenes Zeugnis unserer unzertrennlichen Liebe seyn: ob mir zwar jedweder Augenblick zu einem Jahre werden, und lauter ungeduldiges Sehnen, nach der Wiedersehung meines Augentrostes, erwecken wird. Lebet wohl! gute Nacht! Die betrübte Princeßin wolte den Prinzen noch nicht verlassen, sondern verfolgte ihre wehmüthige Klage mit diesen Worten: Ach verziehet, mein Prinz, und gönnet noch eine Viertelstunde eure Gegenwart derjenigen, welche vor Wehmuth fast sterben muß. Glaubt es mein Prinz das Wort: Lebet wohl! verwundet mich mehr als wenn ein kalter Stahl mein Herz durchbohrte.

(Aus: Heinrich Anselm von Zigler und Kliphausen: Asiatische Banise, oder blutiges doch muthiges Pegu, in einer unter einer Helden- und Liebesgeschichte verdeckten historischen Wahrheit [1689]. Neue ganz verbesserte Auflage. Mit allergnädigstem Privilegio. Königsberg u. Leipzig 1764. S. 244f.)

Arminius   Vierter und letzter Beispieltext ist Daniel Casper von Lohensteins *Arminius* (1689/90). Der mehrere Tausend Seiten und nicht weniger als 18 Bücher umfassende Geschichtsroman schildert den Sieg Hermanns über Varus bei der Schlacht im Teutoburger Wald, weitet diese Haupthandlung jedoch zu einem Panorama der ganzen deutschen Geschichte aus, die aus patriotischer Gesinnung zu einer erfolgreichen Selbstbehauptung gegenüber den nur scheinbar überlegeneren und kultivierteren Römern umgedeutet wird. Schon am Ende des neunten Buches heiratet Hermann seine Thusnelda, die im weiteren Verlauf der Handlung sogar vorübergehend nach Rom entführt wird, während ihr Mann weitere Kämpfe mit den Römern ausficht. Den vorläufigen Abschluss des von Lohenstein nicht ganz vollendeten Romanes bildet die obligatorische Massenhochzeit, zu der in diesem Fall Hermanns Bruder und diverse Nebenfiguren antreten. Gerade die unverblümt patriotische Tendenz des seit der Aufklärung oft als monströs und schwulstig kritisierten Werkes verdient Beachtung. Denn der Roman will selbst den Beweis für das liefern, was er inhaltlich behauptet: die Gleichrangigkeit germanisch-deutscher und romanisch-französischer Kultur- und Literaturtraditionen. Tatsächlich fällt ja auf, dass der höfische Roman, die Prosaauflösungen des 15. Jahrhunderts und sogar auch die deutschsprachige Heldenepik des Mittelalters fast immer auf französische Vorbilder und Vorlagen zurückgreifen.

Doch Lohensteins Patriotismus blieb insgesamt weitgehend folgenlos, was die Etablierung einer höfischen Romankultur betrifft. Denn als im 16. und 17. Jahrhundert endlich die äußeren Voraussetzungen für deren Entstehung in Deutschland gegeben waren, entwickelte sich jener französische Zentralismus und Absolutismus, der von Paris und Versailles aus ab den 1660er Jahren auf fast die ganze europäische Kultur ausstrahlen sollte. Die Sprache der Diplomatie war nicht anders als die Mode, die Architektur oder die Esskultur französisch geprägt. Innerhalb der deutschen höfischen Gesellschaft nahm das Interesse an deutschsprachiger Literatur und demnach auch an deutschsprachigen Romanen tendenziell ab, als es gerade ein wenig in Schwung gekommen war. Das kann in der gattungsgeschichtlichen Überblicksdarstellung den Eindruck erwecken, als entstehe hier plötzlich eine Lücke. Doch dieser Schein trügt. Das u. a. von *Amadis* und *Astrée*, *Asiatischer Banise* und *Arminius* erweckte Interesse an der Romangattung blieb auch in höfischen Kreisen durchaus erhalten, verlagerte sich jedoch auf das, was von Fénelon bis Lesage den Gesprächsstoff der Pariser Salons bildete. Deutsche Romane gehörten nicht dazu. Der deutsche Adel musste sich mehr und mehr auf einer internationalen Bühne bewegen, die eine kosmopolitische Kulturauffassung, Fremdsprachenkenntnisse und eine verfeinerte Denk-, Empfindungs- und Lebensweise erforderte. Aus dem furchtlosen Kämpfer des Frühmittelalters war endgültig der weltgewandte Diplomat geworden, der sich erst wieder stärker für *deutsche* Romane zu interessieren begann, als diese um 1800 erstmals Weltgeltung erlangten.

Dominanz der Pariser Hofkultur

Gelehrtenstand

Wenn hier als nächstes der gelehrte Roman und damit die literarische Kultur des Gelehrtenstandes behandelt wird, ist zuerst ein Blick auf die bildungsgeschichtlichen Voraussetzungen und Grundlagen dieser Kultur zu werfen. Denn höhere Bildung war in Deutschland das ganze feudalistische Zeitalter hindurch, also von ihren Anfängen bis weit in das 18. Jahrhundert hinein, das exklusive Privileg einer winzigen Bevölkerungsminderheit. Die Anzahl der Akademiker wird für die Zeit um 1600 auf ca. 50 000 Personen geschätzt; ein Jahrhundert später waren es ungefähr 80 000 (s. Wittmann 1991, S. 104). Das entspricht einem Bevölkerungsanteil von einem Drittel bis einem halben Prozent (vgl. Putzger 2002, S. 182). Und dabei ist natürlich noch äußerst fraglich, ob jeder Studierte als Angehöriger des Gelehrtenstandes bezeichnet werden darf, denn im engeren Sinne fallen darunter nur die wenigen Tausend Männer – Frauen waren vom Studium ausgeschlossen –, die als Mediziner, Rechtsgelehrte oder Theologen noch die Zeit fanden, um sich neben ihrer Berufstätigkeit mit der Pflege des literarischen Erbes zu befassen. Ohnehin war diese Aufgabe bis zur Wende vom Hoch- zum Spätmittelalter praktisch ganz den Klerikern vorbehalten geblieben. Denn die Kirche besaß in dieser Zeit das Bildungsmonopol. Wer im 8., 10. oder 12. Jahrhundert die Wissenschaften studieren und die damalige internationale Verkehrssprache, das Lateinische, erlernen wollte, musste eine Klosterschule oder ein ähnliches kirchliches Institut aufsuchen bzw. jemanden als Privatlehrer gewinnen, der eine solche Bildungseinrichtung durchlaufen hatte. Erst im Spätmittelalter werden in den größeren Städten öffentliche, d.h. für die Söhne des mittleren und gehobenen Bürgertums gedachte Lateinschulen eingerichtet. Und auch die ersten ‚staatlichen', nicht-kirchlichen Universitäten werden nicht früher als im 14. Jahrhundert gegründet (s. Ellwein 1992, S. 321 f.). Demgemäß vollzieht die deutsche Bildungselite erst ganz allmählich im Verlauf des 14. bis 17. Jahrhunderts den Übergang vom kulturinteressierten Kleriker zum kirchenunabhängigeren, humanistisch gebildeten Wissenschaftler, an dessen Stelle dann im 18. Jahrhundert der Typus des nicht mehr auf seine Standesehre pochenden, volkspädagogisch wirkenden Aufklärers treten wird.

Latein   Die sichere Beherrschung des Lateinischen in Wort und Schrift war aufgrund dieser bildungsgeschichtlichen Rahmenbedingungen das wesentliche Status- und Erkennungsmerkmal der Geistlichen und Gelehrten, die zwar nicht als Geburtsstand, aber doch als Berufsstand mit eigener Dignität und eigenen Privilegien galten. Das Lateinische eröffnete den Zugang zum internationalen wissenschaftlichen Dialog, zu den wichtigsten Editionen der Quellentexte des Christentums, zu den kirchenamtlichen Verlautbarungen, zu den ab dem 15. Jahrhundert immer höher eingeschätzten Werken der Antike und kurzum: zu allen Texten, die für einen an höherer Kultur und Wissenschaft Interessierten von Bedeutung waren.

Ablehnung des Romans   Die Voraussetzungen für die Beschäftigung mit der Romangattung waren unter diesen Rahmenbedingungen im Stand der Geistlichen und Gelehrten alles andere als günstig. Tatsächlich wird man in Deutschland von Hraban, Hrotsvit und Hildegard über Hugo von Trimberg, Thomas von Kempen und Erasmus von Rotterdam bis hin zu Celtis, Hutten, Melanchthon und Melissus keine Klassiker der lateinischen Literatur des Mittelalters und der Frühen Neuzeit finden, die als Romanautoren hervorgetreten wären. Stattdessen verfasste man Kasualgedichte, Oden, Hymnen, Elegien, Epigramme, Schuldramen, Predigten, Briefe, Dialoge, Chroniken, Reisebeschreibungen, Biographien, Nachschlagewerke und Fachbücher sowie – ebenfalls immer oder fast immer in lateinischer Sprache – Versepen, die sich nicht an das breite Publikum, sondern an die Standesgenossen und an einige Interessenten aus den Kreisen des Adels und der Patrizier richteten. Gemäß der eingangs vorgestellten Gattungsdefinition, wonach Romane typischerweise in einer nicht nur Gelehrten verständlichen Sprache abgefasst sind, war auch nichts anderes zu erwarten. Der Roman konnte von einem typischen Gelehrten anfangs nur als primitiv, seicht und versponnen empfunden werden.

Einfluss der Gelehrten   Und dennoch hat der Gelehrtenstand des feudalistischen Zeitalters merklichen Einfluss auf die frühe Entwicklung des deutschen Romans ausgeübt. Für diesen paradoxen Befund gibt es, wie gleich an einigen Beispielen zu demonstrieren sein wird, im Wesentlichen drei Ursachen. Erstens mussten sich die Gelehrten mit der peinlichen Erkenntnis anfreunden, dass der Roman ursprünglich eine Erfindung der Antike war. Die Werke eines Apuleius, Petronius, Longos und Xenophon konnten nicht einfach ignoriert werden, und warfen die Frage auf, ob der Roman vielleicht doch nicht so traditionsarm und unbedeutend war, wie man z. B. im Vergleich mit der reichen Geschichte des griechischen und lateinischen Versepos hätte glauben können. Zweitens musste irritieren, dass der Roman nicht etwa (nur) in den unteren, sondern in den oberen und obersten Ständen, wenn auch nur allmählich, auf Resonanz stieß. Es war ein nahe liegender Gedanke, sich diesen Umstand zunutze zu machen, um indirekt Einfluss auf jene Führungsschicht zu nehmen, von der man als Beamter, Berater, Gesellschafter oder Lehrer weitgehend abhängig war. Drittens schließlich geriet das Ideal der Latinizität nicht erst im aufklärerischen 18. Jahrhundert, sondern schon durch Luthers Arbeit an einer deutschen Hochsprache, durch Huttens Sprachpatriotismus, durch die Diskussionen in den deutschgesinnten Sprachgesellschaften des 17. Jahrhunderts und schließlich durch die Einführung deutschsprachiger Universitätsvorlesungen um 1700 stark unter Druck. War in dieser Situation nicht eine Öffnung, eine vorsichtige Hinwendung zu ungebildeteren, lateinunkundigen Rezipientenschichten angeraten, zumal die Erfindung Gutenbergs auch technisch die Voraussetzungen geschaffen hatte, um publizistisch stärker in die Breite zu wirken?

Natürlich dauerte es Jahrhunderte, bis sich diese drei Irritationsfaktoren sichtbar im Denken, Verhalten und Schaffen der Angehörigen des recht statusbewussten Gelehrtenstandes niederschlugen (vgl. Rieck 1999). Aber eine Geschichte des deutschen Romanes wäre doch unvollständig, wenn sie den Beitrag dieser Schicht zur Entwicklung der Gattung ausklammern wollte. Anhand von drei Beispielen sei deshalb nachfolgend demonstriert, wie sich die Entdeckung des antiken Romans, die Entwicklung des höfischen Romans und die Infragestellung des Lateinischen als dominierender Verkehrs-, Wissenschafts- und Literatursprache auswirkten.

Besonders bezeichnend für den ersten dieser drei Faktoren ist zweifellos die Entwicklung des Falls ‚Rodríguez versus Heliodor'. Garci Rodríguez de Montalvo war, wie wir uns erinnern, der Verfasser jenes 1508 publizierten *Amadis*-Romans, der den Stoff altfranzösischer Heldenepen in die neue Form des Ritterromans in Prosa übertragen und damit einen beispiellosen Erfolg errungen hatte. Für einige Jahrzehnte konnte es so aussehen, als sei die Ideenwelt des mittelalterlichen Epos modernisierungsfähig, als könne der Roman zu einer Arche Noah für das Gedankengut der Heldenepik werden. Doch ab der Mitte des 16. Jahrhunderts entwickelt sich unter den humanistischen Gelehrten Italiens, Frankreichs und dann auch Deutschlands ein Klassizismus, der zu einer nachhaltigen Antikisierung der Romangattung führen und dem von Rodríguez entwickelten Romantyp allmählich das Wasser abgraben wird. Als Gegenmodell zum *Amadis* wird dabei der berühmteste Liebes- und Abenteuerroman der Spätantike benutzt, nämlich die *Aithiopika* des Heliodor von Emesa (3. Jh. n. Chr.). Schon 1491 hatte sich Lorenzo il Magnifico aus Byzanz eine Abschrift dieses zehn Bücher umfassenden Romanes kommen lassen, der 1534 in Basel erstmals gedruckt wird und der 1547 in französischer, 1554 in deutscher und kurz danach in vielen weiteren Übersetzungen erscheint (vgl. Hille-

Heliodor-Rezeption

brand 1996, S. 22). Selbst Scaliger, der das lateinische Versepos zum literarischen Nonplusultra erklärt, findet 1561 in seinen *Poetices libri septem* lobende Worte für die *Aithiopika* und stabilisiert damit den klassizistischen Topos des Heliodor-Lobes, der sich als äußerst zählebig erweisen und bis ins 18. Jahrhundert Bestand haben wird. Dem heutigen Leser wird dies nicht sofort plausibel erscheinen. Denn Heliodors Geschichte der äthiopischen Königstochter Charikleia, die nach zahllosen gefährlichen Abenteuern zu ihrem geliebten Theagenes zurückfindet, erweist sich als handlungsreiches Spektakel, dem sich eine gewisse Nähe zum neuzeitlichen Trivial- und Kolportageroman nicht absprechen lässt. Im direkten Vergleich mit der Heldenepik des Mittelalters und mit dem *Amadis* waren jedoch aus dem Blickwinkel der klassizistischen Dichtungstheoretiker vier wesentliche Vorteile Heliodors auszumachen. Erstens erinnern Handlungsverlauf, Kompositionsprinzip und Zeitstruktur seines Romanes an Homers *Odyssee*. Zweitens verzichtet er weitgehend auf Frivolitäten und gilt deshalb als sittlich unanstößig. Drittens enthält das Werk eine theologisch-philosophische Dimension, die sich mit neuplatonischen und teilweise sogar mit christlichen Deutungsansätzen in Einklang bringen ließ. Und vor allem gibt es bei Heliodor viertens keine direkt phantastischen Elemente, so dass er dem klassizistischen Wahrscheinlichkeitsgebot nicht widersprach, wohingegen bei Rodríguez noch diverse Riesen und Fabeltiere vorkommen.

Vorteile Heliodors

Hier ist nicht der Ort, um die Überzeugungskraft dieser vier Argumente zu erörtern. Literarhistorisch interessant ist aber die Tatsache, dass es der europäischen Gelehrtenwelt schon im 16. Jahrhundert gelingt, einen Gegentypus zum *Amadis* zu präsentieren und allmählich durchzusetzen. Das ließe sich an d'Urfé (s. o.), an John Barclays *Argenis* (1621) und sogar an Lohensteins *Arminius* (s. o.) zeigen, denn obwohl dieser Roman ja in die Welt eines germanischen Helden zurückführt, macht er kaum Gebrauch von den Motiven und Erzählmustern der mittelalterlichen Heldenepik, sondern bemüht sich – wenn auch oft erfolglos – um die Gewinnung eines wissenschaftlicheren Blickes auf die Vergangenheit. Mehr und mehr gelingt es dem Gelehrtenstand, die traditionelle höfische Versepik als minderwertige Kultur einer klassikfernen Zwischenzeit, eines ‚mittleren' Zeitalters, darzustellen. Der Rückgriff auf Heliodor erlaubt es, einen großen historischen Bogen von der Antike bis zum Klassizismus des 16. und 17. Jahrhunderts zu schlagen und damit den neuen höfischen Staats- und Geschichtsroman an die Stelle des mittelalterlichen Heldenepos zu setzen. Dieses Epos gerät keineswegs in Vergessenheit, ja es sind gerade die Gelehrten, die sich neuerlich damit zu beschäftigen beginnen. Aber für sie handelt es sich dabei nicht mehr um aktuelle lebendige Kultur, sondern um historische Dokumente und Merkwürdigkeiten (vgl. Weimar 1989, S. 108–121).

Anton Ulrich

Allerdings hat der Klassizismus des Gelehrtenstandes die höfische Repräsentationskultur nicht völlig dominieren, sondern nur bis zu einem gewissen Grad überformen können. Das lässt sich besonders deutlich an den Romanen des Herzogs Anton Ulrich von Braunschweig-Lüneburg beobachten, der sich bei seiner Schreibarbeit der gelehrten Unterstützung des aus einer Theologenfamilie stammenden, 1655 nobilitierten Sigmund von Birken versicherte. Birken korrigierte die ersten drei Bücher der ersten Fassung von Anton Ulrichs Geschichtsroman *Octavia* nach den Maßstäben des gelehrten Klassizismus, d.h. straffend, glättend, Handlungen motivierend. Nach Birkens Tod im Jahr 1681 führte der Herzog das Werk jedoch weiter, bis es nicht weniger als 6922 Seiten umfasste, die in einer zweiten Textfassung (1712–14/1762) noch einmal um 300 Seiten vermehrt wurden. Zu einer Zeit, in der in Frankreich bereits schlanke klassizistische Romane im Stil der *Princesse de Clèves* (1678) von Marie-Madeleine de Lafayette Furore machten, war dies beinahe ein Anachronismus, der noch einmal den Unterschied zwischen der Repräsentationskultur des Hofes und der klassizistischen Kultur des Gelehrtenstandes illustriert. Jene reiche Fülle, die von der späteren bürgerlichen Kritik als ‚barocker Schwulst' abqualifiziert wurde, war aus der Sicht des Herzogs nicht ohne weiteres verzichtbar, weil sie doch Weltfülle, Wissen und kompositorische Virtuosität demonstrieren sollte. Gleichzeitig ist es jedoch bezeichnend, dass Anton Ulrich einen Gelehrten als Korrektor engagierte und sich damit (anfangs) dem Geschmacksurteil eines Klassizisten unterwarf. Die Zeit der üppigen höfischen Repräsentationskultur neigte sich ihrem Ende zu; der Roman wurde allmählich zu einer populären Gattung.

Textprobe 2

Es sind / dieser art Historien / vor allen anderen Schriften / ein recht-adelicher und darbei hochnützlicher zeitvertreib / sowol für den / der sie schreibet / als für den / der sie liset: wie dann auch die jenigen / so dergleichen geschrieben / meist entweder vorneme Stands- und sonsten adeliche personen / oder doch leute gewesen / die mit solchen personen kundschaft gepflogen haben. Bücher / die vom Schul- Glaubens- und Rechtsgezänke handeln / gehören für die jenigen / welche hiervon beruff machen. So werden auch / ordentliche Zeitgeschichtbücher / zwar mit nutzen / jedoch zuweiln mit eckel gelesen. Aber diese Geschichtgedichte und Gedichtgeschichte (von derer zahl aber / die Amadisische und andere aufschneiderische albere pedantische fabelbruten und mißgeburten / ausgeschlossen werden /) vermälen den nutzen mit der Belustigung / tragen güldene Aepfel in silbernen Schalen auf / und versuessen die bittere aloe der warheit mit dem honig der angedichteten umstände. Sie sind Gärten / in welchen / auf den Geschichtsstämmen / die Früchte der Staats- und Tugendlehren / mitten unter den Blumenbeeten angenemer Gedichte / herfürwachsen und zeitigen. Ja sie sind rechte Hof- und Adels-Schulen / die das Gemüte / den Verstand und die Sitten recht adelich ausformen / und schöne Hofreden in den mund legen. Sie lehren / durch vorstellung des unbestands menschlichen glückwesens / der liebes- und lebensgefärden / der gestrafften tyranney und untugend / der vernichtigten anschläge / und anderer eitelkeiten / wie man das gemüte / von den gemeinen meinungen des adel-pöbels läutern / und hingegen mit Tugend und der wahren Weißheit adeln müsse.

(Aus: Sigmund von Birken: Vor-Ansprache zum Edlen Leser. In: Anton Ulrich Herzog von Braunschweig-Lüneburg: Die Durchleuchtige Syrerinn Aramena. Der Erste Theil. Nürnberg 1669. Reprogr. Nachdr. Bern u. Frankfurt a.M. 1975. Zit. n. Steinecke/Wahrenburg 1999, S. 63f.)

Vor dem Ende des feudalistischen Zeitalters ist davon im deutschen Bürgertum allerdings zunächst wenig zu bemerken. Nur die höchsten Schichten des städtischen Patriziats verfügten über genug Zeit, Geld und Bildung, um an schriftlicher literarischer Kommunikation teilzuhaben und ein Interesse an längeren Prosatexten zu entwickeln. Der Preis von Lohensteins *Ar-*

Bürgertum

minius soll beispielsweise dem Monatslohn eines mittleren städtischen Beamten entsprochen haben (s. Wittmann 1991, S. 106). Für den durchschnittlichen Kaufmann oder Handwerker kam eine solche Investition nicht in Betracht. Nur in einigen Branchen wie dem Bergbau oder dem Fernhandel ließen sich Vermögen erwirtschaften, die denen der adeligen Führungsschicht gleichkamen. In Deutschland dauert es deshalb bis in die Frühe Neuzeit, ehe sich Romanformen entwickeln, die speziell auf den Bedarf eines bürgerlichen Lesepublikums zugeschnitten sind. Neben der höfischen Repräsentationskultur und der lateinischen Gelehrtenkultur entwickelt sich zwar schon im Hoch- und Spätmittelalter jene dritte Spielart einer schriftlichen literarischen Kultur, die man als typisch für das (gehobene städtische) Bürgertum bezeichnen kann. Aber in dieser stark didaktisch orientierten Literatur stehen zunächst Kurzgattungen wie der Schwank oder die Fabel im Vordergrund des Interesses. Die durchschnittliche Lesefertigkeit ist hier zu gering, das Haushaltsbudget zu schmal und die Freizeit zu knapp bemessen, als dass der Erwerb und die Lektüre umfangreicher Romane an der Tagesordnung hätten sein können. Die wenigen Angehörigen des städtischen Patriziats, für das solche Beschränkungen nicht galten, mussten sich deshalb für den höfischen oder den gelehrten Roman interessieren, falls sie längere Prosatexte rezipieren wollten und konnten.

Wandel des Bildungsideals Mit der Zeit jedoch verändert sich dies. Auch für Handwerksmeister oder normale Kaufleute gehört es irgendwann zum guten Ton, Mitglied eines Meistergesangvereins zu werden, die eigenen Söhne in die neu entstehenden städtischen Lateinschulen zu schicken oder zu Hochzeiten, Geburtstagen oder ähnlichen Anlässen ein Gelegenheitsgedicht zu verfassen. Die Ansprüche an die literarische Kultur steigen also. Und folgerichtig entsteht im 15. und 16. Jahrhundert auch ein Markt für bürgerliche Romane, die auf unterhaltsame Weise belehren, die nicht auf Grund von Umfang oder Ausstattung unerschwinglich sind und deren Lektüre keine höhere, akademische Bildung erfordert, was sich z. B. in der Wortwahl, im Satzbau und in der Marginalität gelehrter Zitate und Anspielungen niederschlägt. Stattdessen knüpfen diese Romane an die populären mündlichen Erzähltraditionen an (Märchen, Sagen etc.) oder sie erweitern die aus der Schwankliteratur, also aus der Kurzepik, bekannten Darstellungsmuster.

Volksbücher Ersteres ist typisch für viele der seit der Romantik (Görres) so genannten ‚Volksbücher', zu denen etwa der *Fortunatus* (1508), *Die schöne Magelone* (1527), die *Historie von Doktor Johann Faust* (1587) und *Die Haimonskinder* (1604) gehören. Die meisten Volksbücher wurden anonym publiziert, was aber nicht zu dem Fehlschluss verleiten darf, dass sie aus sagenhafter Vorzeit stammen oder gar unmittelbare Ausflüsse des Volksgeistes oder wenigstens des Volksmundes seien. Für viele dieser Texte hat die Literaturwissenschaft plausible Verfasserschaftstheorien entwickeln können, und vor allem lässt sich die Herkunft der in ihnen zu findenden Stoffe und Motive sehr oft detailliert zurückverfolgen. Bei solchen Quellenuntersuchungen darf freilich das älteste bekannte Glied der Überlieferungskette nicht mit ihrem Anfang verwechselt werden. Dass der Stoff der *Haimonskinder* z. B. schon in altfranzösischer Heldenepik auftaucht, besagt noch nicht, dass er dort erstmals verarbeitet wurde. Allgemein darf man unterstellen, dass literarische Stoffe und Motive nicht entweder mündlich oder schriftlich, sondern phasenweise mündlich und phasenweise schriftlich tradiert werden (vgl. Schenda 1993). Und so kann auch in der Ahnengalerie eines bürgerlichen Volksbuches der eine oder andere höfische Roman bzw. die eine oder andere Prosaauflösung mittelalterlicher Heldenepen auftauchen. Davon darf man sich nicht in die Irre führen lassen. Das Volksbuch gehört nicht der Repräsentationskultur und nicht der Gelehrtenkultur an, auch wenn es einzelne Elemente daraus entlehnt. Stattdessen erzählt es in vergleichsweise schlichter Manier, ohne großen Redeschmuck und ohne viel gedanklichen Aufwand, eine die weniger gebildeten Leser faszinierende, spannende, amüsante oder erbauliche Geschichte, in der nicht nur Figuren von höherem Stand, sondern oft auch einfaches Volk eine Rolle spielt. Darin lag schon für Herder, Goethe und Görres und darin liegt auch noch für den heutigen Leser frühneuzeitlicher Volksbücher ein wichtiger Lektürereiz: Wer sich für Lebenswirklichkeit und Mentalität des deutschen Mittelstandes in der Frühzeit seiner Entstehung interessiert, findet in Werken wie dem *Fortunatus* oder dem *Faust* trotz aller literarisch-künstlerischen Überformung reiches Anschauungsmaterial.

Textprobe 3
Wie Fortunatus ainem armen man ain tochter außsteüret / und ir vierhundert ducaten zu haimsteür gab.

[...] do geviel es ym wol und sprach / „fürt mich zu dem mann" / unnd nam Lüpoldum auch mit ym / giengen also in des mannes hauß unnd sprach / „Ich hab vernomen wie du ain tochter habest die gewachßsen sey / laß sy doch herkomen und die muotter mit ir." Er sprach / „was wöllt ir ire." Er sprach / „haiß sy kommen es ist ir gelück." Er ruofft der muoter und der tochter. Sy kamen baid und schamten sich ser wann sy hetten zumal böße klayder an / die tochter stuond hinder die muotter das man desterminder ire böße klaider säch / Fortunatus sprach / „junckfraw stond herfür" / Sy was schön unnd gerad / er fraget den vater wie alt die tochter wär / sy sagten „zwaintzig jar." er sprach / „wie haben ir sy so alt lassen werden das ir / ir nitt ainen man geben hond." Die muotter mocht nit baiten [= warten; J. S.] byß der vater antwurt gäb / und sprach / „sy wär vor sechs jaren groß genuog gewesen / so haben wir nit gehebt darmitt wir sy haben mügen außsteüren." Fortunatus sprach / „ob ich ir ain guote haimsteür gib / wißten ir ainen man" / Die muoter sprach / „Ich waiß ir gnuog / unser nachbaur hat ainen sun der ist ir hold / hette sy etwas er näme sy gern." er fragt die jungfraw und sprach / „wie geviel üch eüers nachbauren sun" / sy sprach / „ich will nit wöllen. dann wölchen mir mein vater und muoter gebent den wil ich haben / und solt ich on man sterben / so wil ich keinen selber nehmen." die muoter mocht nit mehr schweigen und sprach / „herr sy lügt / und ich waiß das sy im gantz hold ist / und das sy in von gantzen irem hertzen gern het." Fortunatus schickt den wirt nach dem jüngling / und als er kommen was do geviel er ym wol / er nam den seckel da er die .cccc. ducaten ein gelegt het und schut die auf den tisch und sagt zum jüngling (och bei .xx. jaren alt) / „wiltu die junkfraw zü der ee / und junkfraw / wellent ir den Jüngling zuo der ee / so will ich eüch daß geltt tzu ayner haymsteür geben."

(Aus: Fortunatus. Studienausgabe nach der Editio Princeps von 1509. Hrsg. v. Hans-Gert Roloff. Bibliogr. erg. Ausg. Stuttgart 1996. S. 71 f.)

Eine zweite Hauptform des frühen bürgerlichen Romans entsteht, wie bereits erwähnt, durch die Erweiterung von in der populären Kurzepik, besonders dem Schwank, geläufigen Darstellungsmustern. Schwänke sind Er-

Schwankromane

zählungen von bösen oder lustigen Streichen, die Schadenfreude oder Kopfschütteln hervorrufen und die auf Grund ihres Gleichnischarakters in moralische Lehren einmünden sollen. Beispiele hierfür bieten die Eulenspiegeleien oder die Schildbürgerstreiche, die in entschärfter, unanstößiger Form seit dem 19. Jahrhundert Einzug in die Kinderliteratur gefunden haben. Ursprünglich handelte es sich dabei um Kurzerzählungen für Erwachsene, die nicht selten recht derb waren und die weder vor sexuellen noch vor skatologischen Obszönitäten zurückschreckten. Verknüpfte man mehrere derartige Schwänke miteinander, was am leichtesten durch Beibehaltung der Hauptfigur(en) zu bewerkstelligen war, so entstanden episodisch strukturierte Schwankromane wie eben der *Eulenspiegel* (1515) oder das *Lalebuch* (1597) mit seiner Beschreibung der Schildbürger und ihrer Streiche. Berühmtester Schwankautor der Frühen Neuzeit war der elsässische Stadt- und Gerichtsschreiber Jörg Wickram, dessen *Rollwagenbüchlein* (1555) in vielen Dutzend Schwankerzählungen typisierte Figuren wie den einfältigen Bauern, den listigen Pfaffen oder das lüsterne Eheweib dem Gespött seiner Leser aussetzt. Es überrascht nicht, dass derselbe Wickram zu den Pionieren des bürgerlichen Romans zu zählen ist. Geradezu verblüffend ist es jedoch, mit welcher Zielsicherheit er jene Themen und Probleme herauspickt, die noch 300 Jahre später zum Standardrepertoire der bürgerlichen Romanliteratur gehören werden. Erstens ist dies das Motiv des herkunftsbedingten Liebeskonfliktes, also der Mesalliance, das er schon 1551 in seiner *Brennenden Liebe* aufgreift. Zweitens spielt er in *Der Jungen Knaben Spiegel* (1554) bereits das bürgerliche Leistungsethos gegen die feudalistische Doktrin von der geburtsbedingten, gottgewollten Standeszugehörigkeit aus. Und drittens lässt er 1557 in seinem *Goldfaden* den Adel des Herzens und des Geistes letzten Endes über den Geblütsadel triumphieren; ein armer, aber treuer, mutiger und besonnener Hirtensohn gewinnt darin eine Grafentochter zur Frau und bewährt sich als talentierter Herrscher. Besonders dieser letztgenannte Roman lässt deutlich seine Nähe zum episodisch strukturierten Schwankroman mit seinen vielen Einschüben und Abschweifungen erkennen. Aber abgesehen davon erweisen sich Wickrams Romane sowohl formal als auch inhaltlich als dermaßen fortschrittlich, dass man aus gattungsgeschichtlicher Perspektive Mühe hat, diesen Autor nicht als einsamen Pionier auf dem damals noch weitgehend unerschlossenen Kontinent des bürgerlichen Romanes der Frühen Neuzeit darzustellen.

Gegen eine solche Sichtweise spricht freilich, dass zur selben Zeit, als Wickram seine Romane verfasste, ein weiterer Haupttypus des bürgerlichen, d. h. den typischen Anforderungen einer bürgerlichen Leserschaft gerecht werdenden Romans das Licht der Welt erblickt, und zwar in Gestalt des so genannten ‚Pikaro'- oder ‚Schelmen'-Romans. Zwei spanische Werke, der anonyme *Lazarillo de Tormes* (1554) und Mateo Alemáns *Guzmán de Alfarache* (1599/1604), bilden die Urmuster dieser neuen Form des Landstreicherromans. Das abenteuerliche Außenseiterleben des Protagonisten wird darin üblicherweise retrospektiv in der Ich-Form erzählt, was zusammen mit der abschließenden Bekehrung den wesentlichen Unterschied zu Eulenspiegel und zu den Schildbürgern ausmacht. Erst gegen Beginn des 17. Jahrhunderts wurden die spanischen Schelmenromane allerdings durch Übersetzungen und Bearbeitungen in Deutschland bekannt (vgl. Bauer 1993). Und erst 1668 erschien dann mit dem *Abentheuerlichen Simplicissimus Teutsch* jenes Meisterwerk von Grimmelshausen, das man wohl ohne Übertreibung als den ersten wirklichen Klassiker und Weltbestseller der deutschsprachigen Romanliteratur bezeichnen darf. Zu diesem späten Zeitpunkt erreichten Bildungsstand und literarische Kultur des höheren Bürgertums bereits ein erheblich höheres Niveau als noch 100 oder 200 Jahre zuvor. In den Städten gab es öffentliche höhere Schulen, regelmäßig erscheinende Zeitungen und auch schon anspruchsvolle Theateraufführungen (Schuldrama), wie sie bis ins 16. Jahrhundert noch ganz überwiegend einem höfisch-adeligen Publikum vorbehalten geblieben waren. Es kann deshalb nicht verwundern, dass Grimmelshausens Roman Spuren der Auseinandersetzung mit höfischen und gelehrten Romantraditionen aufweist. Doch alles in allem ist der *Simplicissimus* ohne jeden Zweifel dem Typus des ‚niederen' Romans zuzuordnen, dessen Lektüre eine höhere Bildung eben nicht zwingend voraussetzt. Auffällig ist vielmehr der volkstümliche Sprachstil des Textes, der die Geschicke eines einfältigen Jungen während des Dreißigjährigen Krieges schildert. Als Narr, als Soldat, als Komödiant, als Quacksalber, als Bauer und auch als Galeerensklave schlägt sich Simplicius mehr schlecht als recht durch, bis er sich als Eremit auf eine einsame Insel zurückzieht. Seine abenteuerlichen Erlebnisse führen ihn nicht nur quer durch Deutschland, sondern sogar bis nach Paris, Moskau, Korea, Konstantinopel und Ägypten. Das seit der Antike bekannte Handlungsschema des exotischen Abenteuerromans erhält dabei durch ständige Erinnerungen an die vom Kriegsleid geprägte Gegenwart eine neue Bedeutung. Simplicius ist kein edler Held, der in immer neuen Bewährungsproben seine überlegene Tugendhaftigkeit unter Beweis stellen darf, sondern ein friedens- und ruhebedürftiger Mensch, der letztlich darunter leidet, aufgrund äußerer Zwänge und Unsicherheiten keine solide Existenz begründen und kein gottgefälligeres Leben führen zu können. Obwohl er noch nicht auf das Instrumentarium des psychologischen Entwicklungsromans zurückgreifen konnte, hat Grimmelshausen damit in der Gestalt des geplagten Simplicius eine Identifikationsfigur für jene geschaffen, die den Krieg als übermächtige Bedrohung und nicht als willkommene Gelegenheit zur Bewährung militärischer Talente und moralischer Tugenden wahrnahmen. Unter dem Einfluss der französischen, auf Autoren wie Sorel, Scarron und Furetière zurückgehenden Tradition des komischen Romanes steigert er die Schärfe seiner satirischen Gesellschaftskritik in einer die Grenzen des spanischen Schelmenromans sprengenden Weise und schreckt auch nicht davor zurück, das Wirtschaftssystem und die Ständehierarchie der Feudalgesellschaft grundsätzlich in Frage zu stellen. Der große Publikumserfolg seines Romanes veranlasste Grimmelshausen zur Publikation diverser Fortsetzungen und animierte Schriftsteller wie Johann Beer (*Der symplicianische Welt-Kukker*, 1677–79) und Christian Reuter (*Schelmuffsky*, 1696) zur Variation und Weiterführung des von ihm erschaffenen Romantyps.

Bevor nun gleich die Romankunst des bürgerlichen Zeitalters behandelt wird, seien hier zum Abschluss noch drei Überlegungen angeführt. Erstens ist noch einmal hervorzuheben, dass mehr als 80% der Bevölkerung im

Simplicissimus

Rahmenbedingungen

feudalistischen Zeitalter nicht genug Bildung und nicht genug Geld besaßen, um an schriftlicher literarischer Kommunikation teilhaben zu können. Selbst der für damalige Verhältnisse geradezu populäre *Simplicissimus* kostete ungefähr den halben Wochenlohn eines städtischen Beamten (vgl. Wittmann 1991, S. 106), so dass der Kreis der Romanleser bis in das 18. Jahrhundert hinein auf einige Zigtausend begrenzt blieb und selbst bei Addition sämtlicher Neuauflagen und Raubdrucke kaum jemals die Hunderttausendergrenze überschritt. Zweitens ist vor diesem Hintergrund festzustellen, dass Autoren und Verleger es sich kaum leisten konnten, eines der drei ohnehin kleinen Marktsegmente zu vernachlässigen. Es stellt deshalb eher die Ausnahme als die Regel dar, dass ein Schriftsteller dieser Epoche ausschließlich für den Hof oder die Gelehrten oder das (wohleinkömmlichere) Bürgertum schrieb, auch wenn jedes einzelne seiner Werke einer dieser drei Zielgruppen zugeordnet werden kann. Drittens ist schließlich zu betonen, dass etwaige Divergenzen zwischen schichtenspezifischen Kulturidealen und individuellen Rezeptionsgewohnheiten nichts an der objektiven Existenz und an der normativen Geltung dieser Ideale ändern. Dieser oder jener Fürst mag die Schildbürgerstreiche für das Nonplusultra der literarischen Kultur gehalten haben. Und dieser oder jener Bäckergeselle mag sich heimlich die acht Taler für Lohensteins *Arminius* vom Mund abgespart haben. Aber die objektiven Unterschiede zwischen höfischer Repräsentationskultur, humanistisch-lateinischer Gelehrtenkultur und didaktisch-unterhaltsamer Bürgerkultur waren damit nicht angetastet. Zudem war der individuelle Spielraum des Verhaltens im feudalistischen Zeitalter erheblich geringer als heute. Die Mauern zwischen den Ständen waren nicht ganz so hoch und unüberwindlich, wie die ältere Sozialgeschichtsschreibung zu unterstellen pflegte, aber im Durchschnitt waren sie doch ganz erheblich höher, als wir es uns vorstellen können. Regelmäßige Romanlektüre war bis ins 18. Jahrhundert nur in den kulturellen und gesellschaftlichen Eliten eine alltägliche Selbstverständlichkeit.

1.2 Bürgerliches Zeitalter

Im bürgerlichen Zeitalter (1789–1918) wird sich dies gründlich und nachhaltig verändern. An die Stelle der feudalistischen Ständehierarchie tritt das kapitalistische Klassensystem. Die Position des Individuums im sozialen Raum wird fortan nicht mehr durch seine angeborene Standesehre, sondern durch seine auf dem freien Markt geltend gemachte Arbeitsleistung determiniert. Theorie und Praxis klaffen dabei – nicht anders als in der Ständegesellschaft – oft auseinander. Und natürlich dauert es Jahrzehnte, bis die letzten Reste der Ständeideologie aus der sozialen Wirklichkeit eliminiert sind. Doch insgesamt ist der Unterschied unübersehbar. Das Besitzbürgertum löst den Adel als gesellschaftliche Führungselite ab. Aus dem Gelehrten wird der Bildungsbürger. Der kleinbürgerliche Mittelstand expandiert. Und aus den analphabetischen Unterschichten wird das neue Industrieproletariat, das zwar anfangs noch in drückender Armut lebt, das aber bis zur Jahrhundertwende durchgängig alphabetisiert wird und einen

bürgerliches Zeitalter

größeren Anteil am Produktivitätsfortschritt erkämpft, was ihm u. a. die regelmäßige Teilhabe an schriftlicher literarischer Kommunikation ermöglicht (vgl. Knoop 1994).

Mit den neuen Gesellschaftsschichten entstehen neue literarische Kulturen, neue Bildungsideale, neue Freizeitstile, neue Mediennutzungsgewohnheiten und letztlich auch neue literarische Gattungen. In keinem Bereich der Literatur ist dies so deutlich zu verspüren wie in der Epik. Klopstock und Heine setzen noch die Schlusspunkte unter die jahrhundertelange Entwicklung des versifizierten Epos. Dann tritt der Roman seinen Siegeszug an, der bis in die Gegenwart andauert und zu dem Ergebnis führt, dass Literaturrezeption für einen Großteil der Leser bis heute de facto Romanlektüre bedeutet. Ermöglicht wurde dies einerseits durch äußere Faktoren wie z. B. die Steigerung der Haushaltseinkommen, die massive Absenkung der budgetzehrenden Nahrungsmittelkosten, die Durchsetzung der Schulpflicht, die Fortschritte in der Papierherstellung, die Verbesserung der Drucktechnik, die Intensivierung der Verlagswerbung und die Entwicklung neuer Buchvertriebsformen. Doch andererseits bedurfte es auch einer literarischen Gattung, die alle diese Verbesserungen der Rahmenbedingungen auszunutzen ermöglichte. Zu dieser Gattung wurde der Roman.

Freilich erforderte dies weit reichende Transformationen der Gattungskonventionen. Denn weder der höfische noch der gelehrte und auch nicht der patrizische Roman des feudalistischen Zeitalters kamen den Lektüreanforderungen der neuen sozialen Schichten entgegen. Natürlich wurde der Roman nicht von Grund auf neu erfunden. Aber es fand doch eine sehr weit reichende Gattungsmetamorphose statt, an deren Ende Produkte standen, wie sie ein Zigler, ein Birken und auch ein Grimmelshausen niemals hätten hervorbringen können. Um diese Metamorphose beschreiben zu können, muss man alle vier Leserschichten des bürgerlichen Zeitalters, nämlich das besitzbürgerliche, das kleinbürgerliche, das bildungsbürgerliche und das proletarische Lesemilieu, der Reihe nach durchgehen. Dabei wird man auf ganz unterschiedliche Formen und Funktionen der Romanlektüre stoßen und auf diese Weise eine Übersicht über die Gattungsentwicklung im ‚langen 19. Jahrhundert' gewinnen.

Gattungsmetamorphose

Begonnen sei mit der neuen gesellschaftlichen Elite dieses Zeitalters, also mit dem Besitzbürgertum. Dazu zählten jene zwei bis drei Prozent der Bevölkerung, die man als reich oder wohlhabend bezeichnen kann und die ihre Einkünfte und ihr Vermögen hauptsächlich aus selbstständiger Unternehmertätigkeit gewannen (vgl. Kocka 1988, S. 12). Nur wenige von ihnen entstammten dem Adel, aber auch nur wenige davon kann man als ‚Neureiche' oder als ‚Selfmademen' bezeichnen. Vielmehr rekrutierten sie sich zu einem großen Teil aus den Kreisen des Patriziates, d. h. aus jenen Familien des feudalistischen Zeitalters, die z. B. als Kaufleute oder Bankiers zu Vermögen gekommen waren und die deshalb über ausreichendes Investitionskapital verfügten, als die *new economy* des 19. Jahrhunderts ihren großen Aufschwung nahm.

Besitzbürgertum

Der Bildungsstand innerhalb dieser Schicht war außerordentlich hoch, wobei sich allerdings deutliche Unterschiede zwischen den Geschlechtern ergeben. Neben der Jurisprudenz spielten die neu geschaffenen technischen und ökonomischen Studienfächer eine bedeutende Rolle in der Ausbildung der Männer, während die Pflege der Kultur eine Domäne der das Haus führenden und repräsentierenden Frauen wurde. Zum Raumprogramm der Fabrikantenvilla und der besitzbürgerlichen Stadtwohnung gehörte selbstverständlich auch eine Bibliothek, in der man demgemäß einerseits aktuelle Sach- und Fachliteratur, andererseits aber auch Pracht- und Gesamtausgaben der Klassiker sowie jene Schriften fand, die man unter die Kategorie ‚konservative Frauenliteratur' einordnen kann. Hier hatte der Roman seinen Platz. Denn zwar studierte man auch den *Heinrich von Ofterdingen*, die *Wahlverwandtschaften* oder andere (heutige) Klassiker, soweit dies zur Allgemeinbildung gehörte und zur Pflege einer gehobenen Konversation erforderlich war. Aber letzten Endes war die literarische Kultur des Besitzbürgertums keine intellektuelle oder gar intellektualistische, sondern eine neue Repräsentationskultur, die dem höfischen Bildungsideal der vorherigen, adeligen Führungsschicht eine moderne Vorstellung von gesellschaftlicher und kultureller Dominanz entgegenstellte. Repräsentation meinte hier nicht mehr die prachtvolle Inszenierung einer schon mit der Geburt von Gott verliehenen und dessen Herrlichkeit widerspiegelnden Superiorität, sondern die Darstellung einer durch eigene Arbeitsleistung erworbenen und deshalb für legitim und natürlich erklärten Autorität. Wenn solche Autorität durch Erhebung in den Adelsstand bekräftigt wurde, darf dies nicht zu der Vorstellung verleiten, die besitzbürgerliche Kultur habe eine heimliche Feudalisierung erfahren. Vielmehr wäre umgekehrt von einer Neudefinition der Nobilitierung zu sprechen, die jetzt nicht mehr auf gottgegebene Geburtsrechte, sondern auf staatliche Anerkennung und gesellschaftliche Etablierung schließen ließ.

Romane für das Besitzbürgertum haben nichts mehr mit dem höfischen Roman des feudalistischen Zeitalters zu tun, der durch Handlungsfülle, Exotismus, hochgeborenes Personal, rhetorischen Schmuck, gewaltigen Umfang und kostbare Ausstattung beeindruckte. Stattdessen schildern sie in einem realistisch zu nennenden setting die Geschicke einer kleineren Anzahl Menschen, die Bewährungsproben im Beruf und in der Familie zu bestehen haben. Mit moralischen Lehren und lebenspraktischen Hinweisen wird dabei nicht gespart, denn diese Art von Literatur will und soll in erster Linie Wertvorstellungen vermitteln und ganz allgemein Orientierungsleistungen erbringen, wobei die zwar natürliche, aber gleichzeitig gepflegte, alles Krasse und Indezente vermeidende Diktion den schichtenspezifischen Anspruch auf Kultiviertheit verdeutlicht. Beispiele für solche Werke, die keine höhere Tochter zum Erröten bringen konnten, sind etwa Julie Burows *Die Kinder des Hauses* (1863), Louise von François' *Die letzte Reckenburgerin* (1871), Amely Böltes *Wohin führt es?* (1874), Marie Calms *Leo* (1876) oder Else Croners *Der Herr Direktor* (1917). Keines dieser Werke ist vom Bildungsbürgertum als der klassifizierenden Klasse, die im Laufe des 19. Jahrhunderts die Kanonisierungshoheit für den Kultursektor erobert, einer Überlieferung an die Nachwelt für würdig befunden worden. Und selbst in der feministischen Literaturwissenschaft der Gegenwart finden sie keine oder fast keine Beachtung, da sie für ein aus heutiger Sicht rückständiges Geschlechterkonzept eintreten (s. etwa Brinker-Gabler 1988). Die Frauenfiguren in diesen Romanen sind durchaus starke, selbstbewusste Gestalten, aber diese Stärke resultiert aus ihren in Haus und Familie erbrachten Leistungen und nicht – oder nur vorübergehend und vertretungsweise – aus ihrem beruflichen Erfolg. Die männlichen Protagonisten machen demgegenüber ihre Arbeitsleistung auf dem ‚freien Markt' geltend und verhelfen sich und ihrer Familie damit zu den Rahmenbedingungen, unter denen das bürgerliche Glück realisierbar erscheint. Dass diese Geschlechterrollenverteilung vielen Frauen des Besitzbürgertums erfolgreich vermittelt werden konnte, dürfte auf den Umstand zurückzuführen sein, dass die Freistellung einer arbeitstauglichen Person von der Erwerbstätigkeit einen außerordentlichen Luxus und damit ein prestigeträchtiges Statussymbol darstellte. Darüber hinaus konnte die Führung des Hauspersonals und die Organisation der standesgemäßen gesellschaftlichen, karitativen und kulturellen Aktivitäten eine anspruchsvolle Aufgabe sein, die Talent und Einsatz verlangte. Romanlektüre war in diesem Kontext keine zweckfreie, um ihrer selbst willen ausgeübte Tätigkeit, sondern ein Mittelding aus gesellschaftlicher Verpflichtung, Erziehungsmaßnahme und sprachlicher Selbstkultivierung (vgl. Häntzschel 1986). Literatur und Lektüre bilden damit letzten Endes heteronome Bausteine im Mosaik einer neuartigen Repräsentationskultur.

Textprobe 4

Wer seine dürftige Scholle nach meinen Erfahrungen bearbeitete, seinen Viehstand genau nach denselben verpflegte, erhielt aus herrschaftlichen Beständen Werkzeug, Saatkorn und junge Zucht, erhielt sie wiederholt in Zeiten des Mißwachses oder der Seuche. Niemals jedoch ohne die Bedingung allmählicher Zurückerstattung nach Jahren des Gedeihens. Wer seines Bodens am frühesten oder fleißigsten Herr geworden war, der erhielt von dem Gutsareal, das sich während der kriegerischen Unsicherheit ohne schwere Opfer noch immer erweitern ließ, zugelegt. Niemals jedoch ohne die Bedingung einer mäßigen, aber regelmäßigen Rente, welche den Tilgungsfonds in sich schloß. Ungehemmte Arbeitskraft und unbeschränkte Arbeitszeit waren die einzigen Rechte, welche den bisher zu Fronden und Diensten verpflichteten sonder Klausula überlassen wurden.
Bei diesen Erweiterungen war nun von Haus aus darauf Bedacht genommen worden, daß die Grundstücke eines Besitzers beieinander und seinem Gehöft so nah als möglich lagen. Das Dominium durfte behufs dieser Ausgleichung nicht geschont werden. Ohne Streitigkeiten oder Sporteln vollzog sich dieser wesentlichste Wohlstandsprozeß für den kleinen Grundbesitz lediglich durch meinen Schiedsspruch und allerdings durch meine Opfer. Wer aber nicht opfern will, soll nicht reformieren wollen.
Alles wurde auf Leistung und Gegenleistung gegründet; nicht das geringfügigste Erzeugnis verschenkt, nicht die unwesentlichste Verpflichtung erlassen, nicht die herkömmlichste Eigentumsverletzung geduldet. Selber für die Beeren, welche die Kinder in den Gutsforsten pflückten, für Reisholz und Stoppeln, welche die Mütterchen sammelten, mußte ein Tribut erlegt werden. Freilich brachte die Schloßfrau als Zwischenhändlerin ihn bei dem Ankauf zu höchsten Marktpreisen in Anschlag, und trieb auf diese Weise ein bewußtes Spiel, indem sie mit der einen Hand gab, was sie mit der anderen gefordert hatte; aber sie sparte den Leuten Zeit, zerstreute sie nicht durch Handel und Wandel, stärkte den Rechtssinn, der durch kleine Übertretungen am sichersten untergraben wird, und ein Ehrgefühl, das mit dem Begriffe des Verdienstes anfängt und mit dem der Duldung endet.

(Aus: L[o]uise von François: Die letzte Reckenburgerin [1871]. In: L. v. F.: Gesammelte Werke. Bd. 1. Eingel. v. Karl Weitzel. Leipzig o. J. S. 148.)

Kleinbürgertum

Das im Bildungsbürgertum des 19. Jahrhunderts entwickelte und verbreitete Autonomieideal steht dieser Vorstellung diametral gegenüber. Davon wird gleich ausführlicher zu reden sein. Aber zunächst muss an dieser Stelle über die literarische Kultur des Kleinbürgertums gesprochen werden, die derjenigen des Besitzbürgertums am nächsten kommt und die den großen Siegeszug des mittleren, weder anspruchsvollen noch trivialen Unterhaltungsromanes einleitet. ‚Unterhaltung' meint in diesem Zusammenhang eine identifikatorische Lektüre, die auf der Wiedererkennung eigener seelischer Konflikte beruht, ohne explizit belehrend zu sein und ohne gleichzeitig die schicht- und zeittypischen Scham- und Peinlichkeitsstandards anzutasten. Nach ersten Anfängen im Räuberroman sind es seit dem frühen 19. Jahrhundert der Liebes- und der Geschichtsroman, der Reise-, der Abenteuer- und der Kriminalroman, die für eine Durchsetzung der Gattung in breitesten Rezipientenschichten sorgen (vgl. Dainat 1996; Simanowski 1998). August Heinrich Lafontaines *Die Wege des Schicksals* (1820), Joseph Viktor von Scheffels *Ekkehard* (1855) oder Julius Stindes *Familie Buchholz* (1884) erzielen bedeutende Verkaufserfolge, werden aber – besonders

Bestseller

im mittleren Drittel des 19. Jahrhunderts – noch von übersetzten Romanbestsellern aus England und Frankreich übertroffen. Sir Walter Scott (*Ivanhoe*; 1819), James Fenimore Cooper (*Der Wildtöter*; 1841), Alexandre Dumas d. Ä. (*Die drei Musketiere*; 1844) und Eugène Sue (*Der ewige Jude*; 1844/45) werden Lieblingsautoren der kleinbürgerlichen Mittelstandsminderheit, der die großbürgerlichen Romane zu langweilig, die bildungsbürgerlichen Romane zu intellektuell und die proletarischen Kolportageromane zu unkultiviert sind. Liebesszenen und Gewaltdarstellungen müssen stets jugendfrei bleiben, sind aber jedenfalls wichtiger als moralische Belehrungen und philosophische Reflexionen.

Familienblätter

Besondere Beachtung verdienen in diesem Zusammenhang die so genannten ‚Familienblätter', wöchentlich erscheinende Zeitschriften, die seit der Mitte des Jahrhunderts boomten und die neben populärwissenschaftlichen Artikeln über technische und historische Themen auch literarische Beiträge veröffentlichten. Das bekannteste und mit einer zeitweiligen Auflage von fast 400 000 Exemplaren erfolgreichste Periodikum dieser Art war die 1853 begründete und erst 1943 eingestellte *Gartenlaube*. Für sie arbeiteten drei der beliebtesten und meistgelesenen Romanautoren des bürgerlichen Zeitalters, nämlich Friedrich Gerstäcker als Begründer eines neuen Typs von Reise- und Abenteuerromanen, Jodocus Donatus Hubertus Temme als der vermutlich meistgelesene Kriminalschriftsteller seiner Zeit und schließlich Eugenie Marlitt als wichtigste Exponentin des Frauenromans.

Textprobe 5

Da war es gemütlich im schützenden Hause. Felicitas setzte sich auf einen Gartenstuhl in der Hausflur und zog eine Handarbeit hervor. Die Thür der kleinen Küche und auch die des Salons standen weit offen. Es ließ sich wohl nicht leicht etwas Anmutigeres denken, als die Regierungsrätin, indem sie „das wirtliche Hausmütterchen" repräsentierte. Sie hatte eine reichgarnierte, schwarzseidene Latzschürze vorgebunden, in dem blonden Lockengeringel, nahe am Ohre, wiegte sich eine Rose mit dunkelpurpurnem Kelch – sie war offenbar im Vorübergehen vom Strauche genommen und wie in absichtsloser Selbstvergessen-

heit placiert worden, das war von allerliebster Wirkung. Unter dem festonartig ausgenommenen Kleide bewegten sich die kleinen, in zimtfarbenen Stiefelchen steckenden Füße mit kinderhafter Leichtigkeit und Grazie, auch der augenblickliche Ausdruck des rosigen Gesichts war der eines glücklichen, harmlosen Kindes, das mit wichtigem Eifer ein ihm anvertrautes Amt versieht – wer hätte bei diesem vollendeten Gepräge unschuldvoller Naivetät an die Bezeichnung „Witwe und Mutter" denken mögen?

Während sie am Küchenherd wirtschaftete, war im Salon zwischen Frau Hellwig und dem Rechtsanwalt ein lebhaftes Gespräch im Gange – es drehte sich um das Testament der alten Mamsell. Heinrich und Friederike hatten dem jungen Mädchen bereits versichert, dass die „Madame" nichts mehr spreche und denke, was nicht mit der unglücklichen Testamentsgeschichte zusammenhinge. Felicitas sah für einen Augenblick das Gesicht der großen Frau, es erschien ihr merkwürdig grau und gealtert, auch in ihrer Art und Weise zu sprechen, lag eine ungewohnte Hast – Grimm und Groll hatten offenbar noch die Oberhand in dieser tief alterierten Frauenseele.

Der Professor beteiligte sich nicht an der Unterhaltung, ja, es schien, als gleite sie völlig unverstanden an ihm ab. Er durchschritt, die Hände auf den Rücken gelegt und wie in tiefen Gedanken verloren, unausgesetzt die ganze Länge des Salons, nur wenn er an der offenen Thür vorüberkam, hob er den Kopf, und ein prüfender Blick fiel auf das arbeitende Mädchen in der Hausflur.

(Aus: Eugenie Marlitt: Das Geheimnis der alten Mamsell. Roman [1867]. Mit Illustrationen von C. Koch (= Eugenie Marlitt's gesammelte Romane und Novellen. Erster Band). Leipzig o. J. S. 226 f.)

Die Behandlung eines Autors im Feuilleton, seine Fähigkeit zur Selbstdarstellung und die Vermarktungsstrategien seiner Verleger gewannen im bürgerlichen Zeitalter mehr und mehr Einfluss auf seine Positionierung im literarischen Feld. Damit stieg das Risiko des Autors deutlich an, literarisch unterbewertet und kommerziell erfolgreich bzw. umgekehrt literarisch überbewertet und kommerziell erfolglos zu sein. Folgerichtig entstanden in Deutschland im letzten Drittel des 19. Jahrhunderts erste Literaturagenturen, die den angesichts der neuen Marktmechanismen z. T. überforderten Schriftstellern auf professionelle Weise dabei halfen, unter Wahrung ihrer künstlerischen Ansprüche ihr finanzielles Interesse zu realisieren (s. Wittmann 1991, S. 260). Die in dieser unübersichtlichen Gemengelage stetig steigende ‚Gefahr', unter dem eigenen Niveau zu lesen, animierte die sich primär über ihre Bildung definierende Schicht zur Verschärfung und Präzisierung ihrer Qualitätskriterien.

erste Literaturagenturen

Nicht in der Gefahr, mit anspruchsvolleren Werken verwechselt zu werden, schweben die Romane für die Unterschicht des 19. Jahrhunderts, also die Hintertreppen- oder Kolportageromane als die Vorläufer der heute noch erhältlichen Groschenhefte. An sprachlicher Simplizität, inhaltlicher Klischeehaftigkeit und gedanklicher Schlichtheit sind sie kaum zu unterbieten. Aber dennoch verdienen sie Aufmerksamkeit und Respekt des Literaturwissenschaftlers und des Kulturhistorikers, weil sie einen unverzichtbaren Baustein in der deutschen Bildungsgeschichte darstellen. Um dies zu verstehen, muss man noch einmal die Lebenssituation der großen Bevölkerungsmehrheit zu Beginn und gegen Ende des bürgerlichen Zeitalters miteinander vergleichen. Um 1789 sieht man ein Heer analphabetischer Landarbeiter, die unter kümmerlichsten Bedingungen ihr Dasein fristeten

Kolportageroman

und eine mündlich tradierte Populärkultur besaßen, in der stark grobianische Elemente an der Tagesordnung waren. Um 1918 findet man dagegen eine entpolarisierte Wohlstandsgesellschaft vor, deren weitgehend verkleinbürgerlichte Facharbeiterschaft und deren neue Angestelltenmilieus jener stark angewachsenen Mittelschicht zuzurechnen sind, für die Buchbesitz und regelmäßige Lektüre eine Selbstverständlichkeit darstellen. Der im bürgerlichen Zeitalter erreichte, extreme Anstieg des durchschnittlichen Bildungsniveaus betrifft freilich noch nicht die höhere geistige Kultur, sondern das, was man als Zivilisationsstandard bezeichnen kann. Dazu gehört etwa die Verbesserung der Körperhygiene, der Ernährungsgewohnheiten, der Affektbeherrschungsfähigkeiten, der Manieren oder auch der Höflichkeitsstandards und des moralisch-ästhetischen Feinempfindens. Nicht nur die Lesefähigkeit trennte den Stallknecht von 1789 von den Versicherungsangestellten oder Triebwerksmechanikern der Zeit um 1918. Bedeutende Bildungsanstrengungen waren erforderlich, um innerhalb weniger Jahrzehnte gewissermaßen das Personal zu formen, das man benötigt, um eine technisierte Mittelstandsgesellschaft zu betreiben und am Laufen zu halten. Wäre dies nicht gelungen, hätte Deutschland bis heute ein ökonomisches, technisches und kulturelles Entwicklungsland bleiben können.

Zivilisierungsfortschritte

Die besagten Bildungsanstrengungen schlugen sich natürlich in erster Linie im Ausbau des Schulsystems, in der Durchsetzung der Schulpflicht und in der Verbesserung der Lehrerausbildung nieder. Aber damit war es nicht getan. Denn „bis 1914 lernten neunzig Prozent der Reichsbevölkerung nur die Elementarschule kennen" (Wehler III 1995, S. 1192). Sollte der innerhalb einiger weniger Schuljahre erreichte Bildungs- und Zivilisationsstandard das ganze Leben hindurch aufrechterhalten werden, so bedurfte es einer nachhaltigen Veränderung der für die Unterschichten bis zum Ende des feudalistischen Zeitalters charakteristischen Mediennutzungsgewohnheiten. Illustrierte Bilderbögen und Penny-Magazine leisteten hierzu wichtige Beiträge. Aber den durchschlagendsten Erfolg verzeichneten in dieser Hinsicht die besagten Kolportageromane, die ein Millionenpublikum erreichten und damit die regelmäßige Teilhabe an schriftlicher literarischer Kommunikation erstmals in der deutschen Geschichte zu einem Merkmal der Unterschichtenkultur machten.

Triebkanalisierung

Ihren zivilisationsgeschichtlichen Wert erreichten diese Heftchen gerade durch das, was in den Augen der kultivierteren, gebildeteren Lesergruppen ihr größtes Manko war: die Konzentration auf Sex und Gewalt, Spannung, Tempo und große Gefühle. Das klingt erstaunlich, ist jedoch leicht zu erklären. Denn zur Unterschichtenkultur des feudalistischen Zeitalters hatten noch grobianische Elemente wie das Rülpsen, das Erbrechen, das Ausspucken, das Furzen, das Raufen, das obszöne Gestikulieren, das Grimassieren oder das Fluchen untrennbar hinzugehört. Von solchen Derbheiten ist der Kolportageroman frei. Er kanalisiert die entsprechenden Triebimpulse, indem er sie für die Ausmalung gewalttätiger und erotischer Phantasien instrumentalisiert. An die Stelle der urtümlichen Sinnenlust des Körpers tritt die lustvolle Imagination eines Menschen, der vor seinem geistigen Auge unerhörte Abenteuer erlebt, während er nach außen das gesittete Bild eines stummen, körperlich stillgestellten Lesers abgibt (s. Hanebutt-Benz 1985; Schön 1987). An die Stelle des körperlichen Vergnügens tritt in dieser Schicht noch nicht das geistige, aber doch schon das seelische Vergnügen, was zivilisationsgeschichtlich einen unerhörten, für die ganze weitere Gesellschaftsentwicklung ausschlaggebenden Fortschritt darstellte (s. Prutz 1859, S. 87).

Man wird diesen Fortschritt nicht alleine dem Kolportageroman zuschreiben dürfen. Aber gattungsgeschichtlich ist es jedenfalls von großem Interesse, dass ausgerechnet der Roman dasjenige Format darstellte, das eine solche Kultivierung von Körper- und Triebimpulsen ermöglichte. Seine enge Verwandtschaft mit der Alltagssprache und seine offene weitläufige Form erlaubten es dem Roman offenbar, erotische, rührselige, spannende und gewalttätige Szenen in für die breite Masse unterhaltsamer, phantasieanregend detaillierter Weise darzustellen und damit starke Lektüreanreize zu schaffen. Und dazu kommt natürlich jene Veränderung im Sektor der Literaturdistribution, die dem Kolportageroman allererst zu seinem Namen verhalf. Phantasieanregende Detailliertheit bedeutet vergrößerten Buchumfang. Und tatsächlich erreichen nicht wenige dieser Werke eine Stärke von mehr als 2000 Seiten. Trotz aller Fortschritte in Papierherstellung und Drucktechnik hätte ein durchschnittlicher Industriearbeiter den Preis für ein so dickes Buch nicht aufbringen können. Deshalb erfolgten Lieferung und Bezahlung in vielen kleinen Raten, und zwar über einen Kolporteur, der von Wohnung zu Wohnung ging und die auf einen Roman abonnierten Kunden in regelmäßigen Abständen mit der neuesten Fortsetzung versorgte. Dieses Verkaufssystem war so erfolgreich, dass gegen Ende des 19. Jahrhunderts mehr Personen im Kolportagewesen als im gesamten übrigen Buchhandel tätig waren (Kosch/Nagl 1993, S. 23). *Kolportagesystem*

Was die Inhalte der Kolportageromane betrifft, fällt zunächst ins Auge, dass sie in gewisser Weise eine Synthese aus mündlicher Populärkultur und kleinbürgerlicher schriftlicher Unterhaltungskultur anzustreben scheinen. Stoffe, Motive, Handlungsstrukturen, Schauplätze und Figurenkonstellationen lassen die Vorbilder des Abenteuer-, Liebes-, Reise- und Räuberromans erkennen, aber dazu kommt ein in hohem Maße kolloquialer, d. h. nichtskripturaler Ausdrucksstil, der durch Einfachheit in Wortwahl und Satzbau, durch Häufung von Modal- und Abtönungspartikeln, durch starke Emotionalität und durch die Dominanz von Dialog- und Aktionssequenzen gegenüber Deskriptions- und Reflexionssequenzen gekennzeichnet ist. Kolportageromane klingen deshalb manchmal, als habe jemand protokolliert, wie ein talentierter Alltagserzähler einer geselligen Runde plastisch den Inhalt eines gerade gelesenen Unterhaltungsromans zu vermitteln versucht. Die Schriftlichkeit der Unterschicht stellt sich also anfangs wie eine ‚verschriftlichte Mündlichkeit' dar, wie es angesichts der jahrhundertelangen Gewöhnung an mündliche Literaturtradierung in dieser Rezipientengruppe auch nicht anders zu erwarten war. Das Gespräch der imaginären Romanfiguren musste dem vom Land in die anonyme Stadt gezogenen Industriearbeiter vielleicht nicht selten die Unterhaltung mit seinen vertrauten Freunden und Nachbarn ersetzen. Der Roman war das Format, das aus der neuen, massenhaften Einsamkeitserfahrung eine Lust zu machen verstand. *Kolloquialität*

Diese Form der Lektüre scheint allerdings im Arbeitermilieu häufiger eskapistische oder verkrampft-kompensatorische Züge angenommen zu haben. Lektüre sollte hier nicht nur zerstreuen, sondern entschädigen. Die

Grenze vom spannenden Abenteuer zur überspannten Allmachtsphantasie und vom erotischen Eroberungstraum zum sadistischen Demütigungs- und Folterszenario wird gelegentlich überschritten. Und allgemein spielt das körperliche Kapital eine bedeutend größere Rolle als in der ‚kultivierteren' Unterhaltungsliteratur des Kleinbürgertums. Die Arme sind hier muskulöser, die Brüste draller und die Beine flinker. Auch das ist nicht erstaunlich angesichts eines Leserkreises, für den schwere körperliche Arbeit eine Alltäglichkeit bedeutete. Ein gesunder, kräftiger, leistungsfähiger, begehrenswerter Körper musste hier zu den vordringlichen Wunschobjekten gehören. Kolportageromane führen den Leser deshalb oftmals in das Räubermilieu, in Kriegsszenen oder in den Sklaven- und den Mädchenhandel, wo gestählte Superhelden für die Rechte verfolgter Schönheiten eintreten können. Der geistige Anspruch dieser Texte bleibt gering, ist aber eben kulturgeschichtlich auch ohne Interesse. Die große Leistung des Kolportageromans liegt im Bereich der seelischen und körperlichen Zivilisierung einer Rezipientengruppe, ohne deren schrittweise Kultivierung aus der extrem polarisierten Gesellschaft des feudalistischen Zeitalters niemals die wohlhabende Mittelstandsgesellschaft des 20. Jahrhunderts hätte entwickelt werden können.

Körperbetontheit

Textprobe 6

„Doch nicht lange vermochte Elisabeth von Pahlen sich ihrem Schmerze hinzugeben. Von dem Lagerfeuer, an welchem die Escorte lag, erhob sich einer der Kosaken und, die Knute schwingend, eilte er zu Elisabeth hinüber.
„He", rief er und stieß ihren vollen Arm mit seinem plumpen Fuße an „erhebe Dich, mein Offizier hat ein paar Worte mit Dir zu reden – komm".
Fürst Felix Poniatowski war zusamengefahren [!], als er das rohe Benehmen des Kosaken gegen Elisabeth sah, und er hätte sich am liebsten trotz seiner Ketten dem Soldaten entgegengeworfen, wenn der Alte ihn nicht unbemerkt zurückgehalten hätte. Elisabeth aber stand auf, empfahl Wladimir noch einmal der Aufmerksamkeit der beiden Männer und folgte dann dem Kosaken zu dem Lagerfeuer. Auf einer Bärendecke lag der Offizier, hatte eine Cigarette zwischen die Lippen gepresst und zog das unglückliche junge Weib, dessen Hände mit Ketten belastet waren, an seine Brust.
Schaudernd wand sich Elisabeth in dieser grässlichen Umarmung, der Athem des Kosakenoffiziers war von Branntweindunst erfüllt, und als seine wulstigen Lippen sich auf ihre sammetenen Wangen niedersetzten und sich in dieselben einsaugten, da rief die Unglückliche in herzzerreißendem Ton um Hilfe.
„Oha, Du sträubst Dich, Schätzchen?" stieß der in thierischer Leidenschaft erzitternde Mann hervor, „mache keine Umstände, das rathe ich Dir, sonst habe ich Mittel zur Hand, Dich zahm zu machen. Heran an mich und erwidere meine Küsse, sonst werde ich Dich den Liebkosungen meiner Kosaken preisgeben."
Und fester, wilder, ungestümer drückte er das schamerglühte Weib an sich, und als Elisabeth mit aller ihr zu Gebote stehenden Kraft ihm Widerstand entgegensetzte, da gerieth er in so bestialische Wuth, daß er ihr Kleid an der Brust erfasste und dasselbe auseinanderriß.
Mit einem Schrei, der fast nichts Menschliches mehr hatte, breitete Elisabeth ihre Hände über ihren Busen aus, um ihre Reize nicht den gierigen Blicken der sie umgebenden Männer preiszugeben.
Der Offizier aber wollte sich auf's Neue ihrer bemächtigen, fast trunken vor Wonne streckte er die Hände nach ihr aus und rief: „In meine Arme, Weib, Du mußt mein sein!"

> „Zurück, Elender!" ertönte es in diesem Augenblick, und Fürst Felix Poniatowski schleppte sich in seinen Ketten zu dem Lagerfeuer, an welchem sich die widerwärtige Scene abspielte, „zurück, oder man wird Mittel finden, nach Petersburg zu berichten, wie Du Deine Gefangenen behandelst."
>
> (Aus: Victor von Falk [d. i. Heinrich Sochaczewski]: Unschuldig nach Sibirien verbannt [ca. 1895]. Zit. n. Kosch/Nagl 1993, S. 59–61.)

Aus dem Blickwinkel der akademischen Elite des bürgerlichen Zeitalters konnte der Kolportage freilich keine derartige Bildungsleistung attestiert werden. Vielmehr verschärften sich die Bewertungsmaßstäbe dieser Schicht unter dem Einfluss der Ästhetik des Deutschen Idealismus in Richtung auf eine Vergeistigung und Intellektualisierung, die alles Ungeistige als Trivialität, Schmutz, Schund und geradezu als eine Beleidigung des guten Geschmacks erscheinen ließ. Dieser Tendenz zur Vergeistigung verdanken wir die anspruchsvollsten, gedanklich tiefsten, gestalterisch subtilsten und weltliterarisch wertvollsten Romane, die die deutsche Literatur bis dahin hervorgebracht hatte. Werke wie Friedrich Schlegels *Lucinde* (1799), Hölderlins *Hyperion* (1797–99), Goethes *Wilhelm Meister* (1795f./1821) oder Stifters *Nachsommer* (1857) verlangen dem Leser sowohl ihrer Form als auch ihrem Inhalt nach intellektuelle Kenntnisse und Fähigkeiten ab, wie sie in der Regel nur durch eine höhere, akademische Ausbildung zu erwerben sind. Seelische und erst recht körperliche Lektüreeffekte sind dabei von untergeordneter Bedeutung. Was in erster Linie zählt, ist der geistige Gehalt des Werkes, der die intellektuelle Durchdringung abstrakter philosophischer Themen und Probleme voraussetzt und reflektiert. Dazu gehören beispielsweise der Konflikt zwischen Ideal und Wirklichkeit, das Verhältnis zwischen Individuum und Gesellschaft, die Veränderlichkeit der Realitätsauffassung, die Grenzen der sprachlichen Verständigung, das Wesen der Kunst, das Verhältnis zu Gott, die Entwicklungsrichtung der Geschichte, die Einstellung gegenüber der Natur, die moralische Bewertung von Handlungen, das Funktionieren der menschlichen Psyche, die Schranken der Erkenntnis und ähnliche Grundsatzfragen.

Zur Behandlung derartiger Themen musste auch der anspruchsvolle Roman des Bildungsbürgertums mit konkreten Figuren, Schauplätzen und Handlungsverläufen arbeiten. Um aber die seelischen und körperlichen Lektürewirkungen zu minimieren und damit den geistigen Gehalt in den Vordergrund zu rücken, bediente er sich diverser Gestaltungstechniken, die man unter dem Begriff einer Poetik der Distanzierung subsumieren kann. Dazu gehören die Dominanz von Reflexions- und Deskriptionssequenzen gegenüber Aktions- und Dialogsequenzen, die Entkolloquialisierung der Diktion, die Häufung gelehrter Zitate und Anspielungen, die Entemotionalisierung und die Fiktionsstörung, die den Leser an einer identifikatorischen Versenkung in die fiktionale Welt hindern und sein Bewusstsein für das Gemachte, Artifizielle, Künstlerische der Darstellung schärfen soll. Grundsätzlich können bei der Distanzierung – wie bereits erwähnt – zwei verschiedene Strategien unterschieden werden, die man mit den Verben ‚zeigen' bzw. ‚spielen' zu bezeichnen pflegt. ‚Zeigen' meint die nüchterne, sachliche, geradezu wissenschaftlich-objektiv anmutende Präsentation dessen, was (in den Augen des Autors) der Fall ist. Der Erzähler zieht

Marginalien: Bildungsbürgertum; Vergeistigung; typische Romanthemen; Poetik der Distanzierung; Zeigen vs. Spielen

sich hierbei ganz in den Hintergrund zurück und enthält sich aller Kommentare, selbst wenn er unmoralische, unästhetische oder widerrechtliche Vorgänge und Geschehnisse darstellen muss, um uns – wie im Realismus oder im Naturalismus – die Augen über die ‚Wirklichkeit' zu öffnen. ‚Spielen' meint demgegenüber die Betonung der gestalterischen Souveränität eines allwissenden und allmächtigen Erzählers, der über sein eigenes Tun reflektiert, in das Handlungsgeschehen eingreift, sich selbst korrigiert oder auch mehrere Handlungsalternativen nebeneinander stellt, um das Modellhafte, Fiktive, Erfundene der Figuren und Ereignisse deutlich hervortreten zu lassen. Zeigen und Spielen sollen den Rezipienten daran hindern, das Lesen wie eine Fortsetzung des Lebens mit anderen Mitteln aufzufassen. Stattdessen soll er eine wissenschaftlich-ästhetische Einstellung einnehmen und auf einer Metaebene über die dargestellten Figuren und Geschehnisse reflektieren. Das bedeutet natürlich nicht, dass Emotionalität und Sinnlichkeit im bildungsbürgerlichen Roman keine Bleibe mehr haben. Aber sie werden hier zu nachrangigen Elementen degradiert oder zu Gegenständen der Reflexion transformiert. So ist z. B. Schlegels *Lucinde* kein erotischer Roman, sondern u. a. ein Roman *über* Probleme des Eros, was sich sowohl an der identifikationsverhindernden Gestaltung als auch am anspruchsvollen philosophischen Gehalt dieses Romans nachweisen lässt. Die Literatur und die Künste im Allgemeinen bekommen durch diese Intellektualisierung eine Wichtigkeit und eine Ernsthaftigkeit beigemessen, wie sie vom Standpunkt einer Repräsentations- oder einer Unterhaltungskultur aus kaum vorstellbar erscheint. Ja selbst für den wahrlich bildungsbeflissenen Gelehrtenstand des feudalistischen Zeitalters war die Kunst niemals ein Selbstzweck oder gar die höchste Erscheinungsform des menschlichen Geistes gewesen.

Metaierungstendenz

Textprobe 7

Das Bestimmte und das Unbestimmte und die ganze Fülle ihrer bestimmten und unbestimmten Beziehungen; das ist das Eine und Ganze, das ist das Wunderlichste und doch das Einfachste, das Einfachste und doch das Höchste. Das Universum selbst ist nur ein Spielwerk des Bestimmten und des Unbestimmten und das wirkliche Bestimmen des Bestimmbaren ist eine allegorische Miniatur auf das Leben und Weben der ewig strömenden Schöpfung.
Mit ewig unwandelbarer Symmetrie streben beide auf entgegengesetzten Wegen sich dem Unendlichen zu nähern und ihm zu entfliehen. Mit leisen aber sichern Fortschritten erweitert das Unbestimmte seinen angebornen Wunsch aus der schönen Mitte der Endlichkeit ins Grenzenlose. Das vollendete Bestimmte hingegen wirft sich durch einen kühnen Sprung aus dem seligen Traum des unendlichen Wollens in die Schranken der endlichen Tat und nimmt sich selbst verfeinernd immer zu an großmütiger Selbstbeschränkung und schöner Genügsamkeit. Auch in dieser Symmetrie offenbart sich der unglaubliche Humor, mit dem die konsequente Natur ihre allgemeinste und einfachste Antithese durchführt. Selbst in der zierlichsten und künstlichsten Organisation zeigen sich diese komischen Spitzen des großen Ganzen mit schalkhafter Bedeutsamkeit wie ein verkleinertes Portrait und geben aller Individualität, die allein durch sie und den Ernst ihrer Spiele entsteht und besteht, die letzte Rundung und Vollendung.
Durch diese Individualität und jene Allegorie blüht das bunte Ideal witziger Sinnlichkeit aus dem Streben nach dem Unbedingten.
Nun ist alles klar! Daher die Allgegenwart der namenlosen unbekannten Gottheit. Die Natur selbst will den ewigen Kreislauf immer neuer Versuche; und sie

will auch, daß jeder einzelne in sich vollendet einzig und neu sei, ein treues Abbild der höchsten unteilbaren Individualität.
(Aus: Friedrich Schlegel: Lucinde [1799]. In: F. Sch.: Dichtungen. Hrsg. v. Hans Eichner [= Kritische Friedrich-Schlegel-Ausgabe. Hrsg. v. Ernst Behler. Bd. 5]. Sonderausgabe. Darmstadt 1962. S. 73.)

Bei dieser Aufwertung der Literatur durch das Bildungsbürgertum lassen sich vier Strategien unterscheiden. Erstens wird dem künstlerischen ‚Genie' vom späten 18. Jahrhundert an häufig eine vollständige Emanzipation von den Regeln und Konventionen der Kirche, des Staates, der Familie und ähnlicher Institutionen zugebilligt. Der Künstler soll die Fesseln der bürgerlichen Existenz in seiner Tätigkeit sprengen und ganz für seine Kunst leben dürfen. Zweitens wird die Kunst oft in den Rang einer eigenständigen Erkenntnisform erhoben. Sie gilt nicht länger als Vehikel zur Verbreitung religiöser oder wissenschaftlicher Wahrheiten, sondern als Quelle eigener Erkenntnisse, die mit den geoffenbarten und wissenschaftlichen Wahrheiten auf einer Stufe stehen. Drittens begegnet uns vielfach die Idee einer Autonomie der Kunst, d. h. einer Selbstzweckhaftigkeit, die dem Rezipienten eine ästhetische Einstellung abverlangt. Die Kunst erscheint hierbei als eine selbstständige Institution mit eigenen Regeln und einer eigenen Entwicklungsdynamik, die sich in den im Sinne einer Überbietungsgeschichte angeordneten, auf Repräsentations- und Unterhaltungskulturen nicht anwendbaren und angewendeten Epochenbegriffen der geistesgeschichtlichen Literaturgeschichtsschreibung widerspiegeln soll. Viertens und letztens wird dann die Aufwertung der Kunst in einigen einflussreichen philosophischen Systemen des 19. Jahrhunderts (Schelling, Hegel, Schopenhauer u. a.) dadurch maximiert, dass die Teilhabe an anspruchsvoller künstlerischer Kommunikation zu den höchsten Leistungen des menschlichen Bewusstseins gerechnet, ja in manchen Fällen schlechterdings zum Nonplusultra der menschlichen Existenz deklariert wird. Diese Nobilitierung der Kunst scheint vom Besitzbürgertum lächelnd toleriert und von den bildungsferneren Schichten mit Unverständnis quittiert worden zu sein, was sich aber dadurch korrigieren ließ, dass man sie als historische Kulturleistung der Deutschen nationalistisch überhöhte. Obwohl das Bildungsbürgertum weniger als ein Prozent der Bevölkerung stellte (s. Wehler III 1995, S. 125–129), konnte es damit seinem Kultur- und Bildungsideal zumindest innerhalb der staatlichen Kultur- und Bildungsinstitutionen zu überproportionaler Geltung verhelfen (vgl. Engelhardt 1986). Auch die damals entstehende Germanistik hat leider von der Möglichkeit Gebrauch gemacht, die Abwertung sämtlicher Repräsentations- und Unterhaltungskulturen als Sieg der wesenstiefen deutschen Kulturnation über ‚französische Oberflächlichkeit' und ‚jüdische Sinnlichkeit' auszugeben oder zumindest den Begriff ‚Literatur' exklusiv für jenes Schrifttum zu reservieren, das den hohen intellektuellen Ansprüchen des Bildungsbürgertums gerecht wurde. Letzteres ist in der Germanistik zu einer solchen Selbstverständlichkeit geworden, dass Weltbestseller wie Simmel, Konsalik oder Danella selbst in neueren Studien wie *Der deutsche Roman der Moderne* (Petersen 1991) oder *Der Roman im 20. Jahrhundert* (Schärf 2001) mit keinem Wort

Aufwertungsstrategien

Autonomie

Nationalismus

erwähnt werden. Bei Gattungen, die in der Repräsentations- und in der Unterhaltungskultur keine Rolle spielen, mag eine solche normative Form der Gattungsgeschichtsschreibung zu rechtfertigen sein. Im Falle des Romans führt es jedoch zu starken Verzerrungen, wenn Texte ohne höheren geistigen Wert als vernachlässigbare Schwundstufen der in dieser Hinsicht wertvolleren Produkte aufgefasst bzw. skotomisiert werden. Sein geistiger Ertrag stellt nur eine der vielen Leistungen dar, die der Roman für die deutsche Zivilisations-, Kultur- und Bildungsgeschichte erbracht hat. Und nur in der literarischen Kultur des Bildungsbürgertums wurde diesem geistigen Ertrag bei der Romanlektüre die entscheidende Bedeutung zugemessen.

philosophischer Roman

Die hierdurch erzielte Steigerung des intellektuellen Niveaus war ohne Zweifel immens. Die epische Breite der Gattung wurde ausgenutzt, um schwierige theoretische Fragen oder ernsthafte Lebensprobleme auf vielen Hundert Seiten in aller Detailliertheit zu erörtern. Im Falle des philosophischen Romans konnte dies so weit gehen, dass sich Dialogrepliken in ausführliche Monologe oder Erzählerkommentare in seitenlange Exkurse verwandelten, während die für den Unterhaltungsroman so wichtige Handlung auf der Stelle trat. Beispiele hierfür liefern Hölderlins *Hyperion* (1797–99) mit seiner geschichtsphilosophischen Durchdringung der Problematik des Revolutionszeitalters oder Thomas Manns *Zauberberg* (1924), worin die Widersprüche der bürgerlichen Existenz vom Standpunkt einer überlegenen Selbstironisierung aus auf ihre historischen, psychologischen und philosophischen Wurzeln zurückgeführt werden.

Bildungsroman

An zweiter Stelle ist in diesem Zusammenhang der Bildungsroman zu nennen. Für eine Schicht, die sich hauptsächlich über ihr kulturelles Kapital zu definieren versuchte, war die genaue Explikation ihres Bildungsideals natürlicherweise ein Hauptgegenstand des Interesses. Werke wie Goethes *Wilhelm Meister* (1795f./1821) oder Kellers *Grüner Heinrich* (1854/55) schildern die Lebensläufe suchender Helden, die nach langen Verwicklungen und Auseinandersetzungen zwar nicht unbedingt zu Reichtum oder Ansehen, aber jedenfalls zu einem hohen Grad der Selbsterkenntnis und zu einer Klärung ihrer Position in der Welt gelangen. ‚Bildung' meint hier also in erster Linie die Akkumulation inkorporierten kulturellen Kapitals, während dem institutionalisierten und dem objektivierten kulturellen Kapital sowie dem materiellen und dem sozialen Kapital geringere Bedeutung beigemessen wird. Gleichwohl spielen aber Themen wie die Partnerwahl, die Berufsentscheidung, die gesellschaftliche Etablierung und die Austragung von Generationenkonflikten neben dem zentralen Aspekt der geistigen Reifung naturgemäß eine wichtige Rolle im Bildungsroman, was seine relative Popularität auch außerhalb der im engeren Sinne bildungsbürgerlichen Kreise erklären kann (vgl. Selbmann 1984).

psychologischer Roman

Besonders zu erwähnen ist hier ferner der psychologische Roman, der sich darauf konzentriert, das Denken und Empfinden eines Individuums so differenziert wie möglich darzustellen und damit Einblick in die Triebfedern des menschlichen Handelns zu vermitteln. Die Ständeideologie des Feudalsystems hatte dem Einzelnen relativ geringen Entfaltungsspielraum gegönnt. Die Gesellschaftsordnung des bürgerlichen Zeitalters gestand ihm jedenfalls bedeutend größere Entwicklungschancen und mehr Entscheidungsfreiheit zu. Dieser Individualisierungsschub führte zu einer ausdifferenzierteren Selbstwahrnehmung und zu einer genaueren Analyse des Verhältnisses zwischen Körper, Geist und Seele. Doch die Psychologie konnte sich erst gegen Ende des 19. Jahrhunderts als akademische Disziplin etablieren. So entstand Bedarf an psychologischen Romanen wie Karl Philipp Moritz' *Anton Reiser* (1785–90) oder Friedrich Spielhagens *Problematische Naturen* (1861). Auf der Basis eines dem des Bildungsromans ähnlichen Handlungsverlaufes wird darin die Frage der Identitätsfindung behandelt, die Anlass zu ausführlichen Darstellungen der komplizierten Innenwelt der Titelfiguren bietet. Die Raffinesse der darin erreichten Seelenzergliederung nötigte die neuere Wissenschaftsgeschichte, den psychologischen Roman zu den wichtigsten Vorläufern der wissenschaftlichen Psychologie unserer Tage zu rechnen.

Die letzte typische Spielart des anspruchsvollen bildungsbürgerlichen Romans, von der hier zu reden ist, stellt der Gesellschafts- und Zeitroman dar, der die epische Breite der Gattung ausnutzt, um eine Totalansicht der Gesellschaft in einer bestimmten Epoche zu liefern, wobei oft insbesondere der ‚Zeitgeist' dieser Epoche eingefangen werden soll. Romane dieses Typs bedienen sich häufig historischer Quellen und Materialien, wollen jedoch die Geschichtsschreibung überbieten, indem sie – oft aus einer kritischen Perspektive – die nicht aktenkundig gewordenen, geistigen Strömungen und Tendenzen einer Zeit beschreiben. Beispiele hierfür wären etwa Immermanns *Epigonen* (1836) mit der Darstellung des Kampfes zwischen Feudalismus und Industrialismus sowie Hauptmanns *Narr in Christo Emanuel Quint* (1910), worin der Autor am Beispiel eines in die Gegenwart versetzten Messias zu zeigen versucht, wie sich unter der Oberfläche der modernen Gesellschaft problematische Reste des religiösen Fanatismus und des abergläubischen Irrationalismus, aber gleichzeitig auch einer aufrichtigen Erlösungshoffnung verbergen. Auch Willibald Alexis, Karl Ferdinand Gutzkow und Theodor Fontane haben bedeutende Zeit- und Gesellschaftsromane verfaßt.

Zeitroman

Wenn hier der philosophische Roman, der Bildungsroman, der psychologische Roman und der Gesellschafts- bzw. Zeitroman als vier verschiedene Typen präsentiert wurden, soll damit natürlich nicht verdeckt werden, dass einzelne Romane des 19. (und auch noch des 20.) Jahrhunderts mehreren Typen gleichzeitig zugerechnet werden können. Das entscheidende Kennzeichen des bildungsbürgerlichen Romans bleibt sein hohes intellektuelles Niveau, das sich nicht zuletzt in einem theoretischen Interesse seiner Leser an der Literatur und ihren einzelnen Gattungen niederschlägt. Das nachfolgende Kapitel zur Poetik- und Ästhetikgeschichte (Kap. IV.2) könnte deshalb hier als Exkurs eingefügt werden, wenn nicht im 20. Jahrhundert die große Gruppe der Berufsleser diese Aspekte aus einer neuen Perspektive behandeln würde. Um dies verständlich zu machen, muss hier aber erst die Romankultur des demokratisch-pluralistischen Zeitalters in ihrer ganzen Erscheinungsvielfalt dargestellt werden.

1.3 Demokratisch-pluralistisches Zeitalter

Dabei ist zunächst festzustellen, dass literarische Kommunikation in diesem seit 1918 andauernden, vom ‚Dritten Reich' allerdings für einige Jahre ‚unterbrochenen' Zeitalter unter ganz anderen Bedingungen als im 19. Jahrhundert stattfindet. In der Weimarer Republik und dann wieder nach 1945 entsteht in Deutschland erstmals eine weitgehend entpolarisierte Wohlstandsgesellschaft, in der sich die ganz überwiegende Mehrheit der Bevölkerung dem Mittelstand zurechnen kann (vgl. Vester 1993). Im Verlauf der Jahrzehnte steigt das durchschnittliche Bildungsniveau zudem bis auf einen Grad an, der die kühnsten Hoffnungen der Volksaufklärer des 18. und 19. Jahrhunderts entschieden übertraf. Ein immenser Anstieg der Lebenserwartung und die gleichzeitige starke Absenkung der Lebensarbeitszeit sorgen darüber hinaus für eine Zunahme der zur individuellen Disposition stehenden Mußestunden, die die Redeweise von der Freizeitgesellschaft rechtfertigt. Buchhandel und Bibliothekswesen expandieren schließlich in einem Ausmaß, das es selbst dem Arbeits- oder Obdachlosen im Prinzip ermöglicht, sehr preisgünstig oder gar kostenlos jedes gewünschte Buch einzusehen. Zum ersten Mal in der deutschen Geschichte verfügt theoretisch jedermann über genug Zeit, Geld und Bildung, um in vollem Umfang an schriftlicher literarischer Kommunikation zu partizipieren.

Freilich nur prinzipiell und theoretisch. Denn aus der Kultursoziologie und aus der Leseforschung weiß man seit langem, dass natürlich nur einige soziale Gruppen de facto Gebrauch von den Möglichkeiten der entwickelten Wissens- und Informationsgesellschaft machen (vgl. Schneider 2004). Und unter diesen sind wiederum viele, die den neuen elektronischen Medien den Vorzug vor dem Buch einräumen bzw. die der Bildkommunikation höheren Informations- und Unterhaltungswert zusprechen als der Schriftkommunikation. In den verschiedenen sozialen Schichten spielt die Romanlektüre auch noch im demokratisch-pluralistischen Zeitalter eine höchst unterschiedliche Rolle. Es wäre deshalb naiv, von *dem* Roman des 20. Jahrhunderts im Allgemeinen zu sprechen und damit zu unterschlagen, dass gerade diese so anpassungsfähige und variantenreiche Gattung in den letzten Jahrzehnten eine weitreichende Ausdifferenzierung erfahren hat. Verglichen mit früheren Jahrhunderten sind die Einkommens- und Bildungsunterschiede zwischen den Angehörigen der verschiedenen Schichten zwar tendenziell geringer geworden, aber dennoch lassen sich deutlich bestimmte Rezipientengruppen mit typischen Lektüreanforderungen erkennen. Der Spielraum des individuellen Verhaltens ist zwar merklich angewachsen, wird aber nur selten ausgenutzt. Verlagsmanager haben kaum jemals Schwierigkeiten, ein Romanmanuskript einem bestimmten Marktsegment zuzuordnen und entsprechend zu bewerben. Unterstützt werden sie dabei von der Kultursoziologie, die ihnen – nolens volens – dabei hilft, die einzelnen sozialen Schichten und ihre spezifischen Dispositionen zu erkennen. Eines ihrer wichtigsten Instrumente ist das so genannte ‚SINUS-Modell', das in den 1980er Jahren auf der Basis ausgedehnter empirischer Erhebungen erarbeitet wurde und das die Anregungen der neueren Lebensstilforschung aufnimmt (vgl. Schmitz/Kölzer 1996, S. 180–204). Traditionelle Parameter der Schichtensoziologie wie Bildungsstand, Beruf, Einkommen und Vermögen werden in diesem Modell zwar nach wie vor berücksichtigt, aber zusätzlich werden Aspekte wie das Freizeitverhalten, die politische Orientierung, die Mediennutzungsgewohnheiten, der Bekleidungs- und Einrichtigungsstil, das Geschlechterrollenkonzept, das Konsumverhalten und ähnliche Faktoren ins Kalkül gezogen, die den Lebensstil eines Individuums prägen und seine Position im sozialen Raum mit determinieren (vgl. Flaig/Meyer/Ueltzhöffer 1997, S. 33–69). Bei der Bewertung dieses Modells ist natürlich im Auge zu behalten, dass sich die Ersetzung der Klassenhierarchie des bürgerlichen Zeitalters durch das Milieu-Universum des demokratischen Zeitalters über viele Jahrzehnte hinzog und vielleicht sogar heute noch nicht vollständig abgeschlossen ist.

Zu den für unsere Zwecke wichtigsten Resultaten der SINUS-Studien zählt die Einsicht, dass auch die Lektürepräferenzen in aller Regel vom Lebensstil eines Individuums überformt und damit von seiner Position im sozialen Raum geprägt werden. Ausnahmen sind möglich, aber bei nicht-professionellen Lesern sehr selten. Es ist deshalb sinnvoll, auch bei der nachfolgenden Analyse der Romangeschichte des 20. Jahrhunderts zwischen schichtenspezifischen Gattungsvarietäten zu unterscheiden. Dabei sollen hier zuerst die zwei Unterschichtkulturen, dann die fünf Mittelschichtkulturen und anschließend die zwei Oberschichtkulturen dargestellt werden, die das SINUS-Modell beschreibt. Zuletzt ist dann noch über die Lektürepräferenzen der Berufsleser zu reden, da diese in der modernen Wissens- und Informationsgesellschaft schon rein zahlenmäßig eine sehr bedeutende Gruppe von Rezipienten bilden, deren Lektüreverhalten ausnahmsweise stärker von ihrer Berufstätigkeit als von ihrer sozialen Stellung beeinflusst wird. Ähnliches gilt bis zu einem gewissen Grad auch für die Kinder- und Jugendkultur, die von starken egalitären Motiven geprägt ist und schichtenübergreifend rezipierte Romanbestseller für die noch nicht auf eine soziale Position Festgelegten hervorgebracht hat.

Lebensstil und Lektürepräferenz

Unterschichten

Zu den Unterschichten wurden 1991 nach dem SINUS-Modell das traditionelle Arbeitermilieu mit einem Bevölkerungsanteil von ca. 5% und das traditionslose Arbeitermilieu mit einem Anteil von etwa 12% gerechnet (s. Flaig/Meyer/Ueltzhöffer 1997, S. 143). ‚Tradition' meint hierbei jene spezifische Arbeiterkultur des (späten) 19. Jahrhunderts, die in der Soziologie und in der Historiographie unter dem Stichwort ‚Verkleinbürgerlichung' der Unterschichten diskutiert wird. Tatsächlich wurde in Deutschland selbst von der SPD und von der Gewerkschaftsbewegung eher an einer solchen Angleichung an Wertvorstellungen und Lebensstile des Kleinbürgertums als an der Ausprägung einer genuin proletarischen Kultur gearbeitet. So kommt es, dass im traditionellen Arbeitermilieu häufig auf niedrigerem Niveau die Lebensweise des Kleinbürgertums nachgeahmt wurde, zu der eine konservative Geschlechterrollenkonzeption, ein ausgeprägter Lokalismus und eine Orientierung an Werten wie Sicherheit, Ruhe, Ordnung, Anstand, Disziplin, Pünktlichkeit und Sauberkeit gehören. Das traditions-*lose* Arbeitermilieu stellt demgegenüber jene Fraktion der im gesamtgesellschaftlichen Vergleich bildungsfernen und einkommensschwachen Unterschicht dar, die aufgrund eigenen oder fremden Verschuldens von der (partiellen) Verkleinbürgerlichung ausgeschlossen blieb. Oft findet man in dieser Schicht zerrüttete Sozialbeziehungen, abknickende Schul- und Be-

traditionelles Arbeitermilieu

traditionsloses Arbeitermilieu

rufslaufbahnen, häufige Wohnungswechsel, Suchtprobleme und eine von Sensualismus und Materialismus geprägte Lebenseinstellung.

Literatur spielt in beiden Milieus keine bedeutende Rolle. Wenn es hier überhaupt zur Romanlektüre kommt, dient sie nicht der geistigen Orientierung, der Belehrung oder der Kultivierung, sondern der Unterhaltung, dem träumerischen Zeitvertreib oder – stärker im traditionslosen als im traditionellen Arbeitermilieu – dem anregenden Nervenkitzel. Mit den Angeboten des Fernsehens und des Videofilms kann die Literatur in dieser Hinsicht kaum konkurrieren. Tatsächlich handelt es sich in beiden Fällen um ausgesprochene TV-Milieus, die in ihrer Freizeit Shows, Familienserien, Sportsendungen sowie – wiederum stärker im traditionslosen Arbeitermilieu – Actionvideos konsumieren (vgl. Flaig/Meyer/Ueltzhöffer 1997, S. 95). Dass viele der von diesen Nutzergruppen favorisierten Spielfilmformate auf Handlungsstrukturen, Figurenkonstellationen, Konfliktthemen und Motive des traditionellen Abenteuer-, Kriminal- und Liebesromans zurückgreifen, sei hier nur am Rande vermerkt. Gattungsgeschichtlich bedeutsamer ist der Umstand, dass die Kulturindustrie für diese eigentlich literaturfernen Schichten spezielle Romanformen entwickelt hat, die sich als erstaunlich resistent gegenüber dem Konkurrenzdruck der neuen Medien erwiesen haben, nämlich den Illustriertenroman und den Heftchenroman.

Illustriertenroman

> **Textprobe 8**
>
> *Bin ich vielleicht überhaupt nur die dumme Ossi-Maus für ihn, der er meint sagen zu müssen, wo es langgeht?*
> *Kerstin seufzt leise.*
> *Ja, ich liebe ihn, gesteht sie sich ein. Von ganzem Herzen sogar. Aber ich bin nicht mehr unbefangen genug, um mich Hals über Kopf in eine Beziehung zu stürzen, von der ich mir nicht einmal sicher bin, ob sie Steffi und mir überhaupt guttut.*
> *„Frierst du?" Er umfaßt sie fester und zieht sie noch ein wenig enger zu sich heran. Zärtlich greift er nach ihrer Hand und streichelt sie. Spürt er ihre innere Zerrissenheit?*
> *Der Tag geht zu Ende. Vor ihnen liegt die weite See und am Horizont sinkt die Sonne tiefer und tiefer. Schon scheint sie in das Wasser einzutauchen.*
> *Schweigend, dicht aneinander geschmiegt, sehen sie dem Schauspiel der Natur zu. Erst ist das Abendrot wie eine sanfte Berührung, als die Sonne das Meer erreicht und sich ein zartes Leuchten ausbreitet. Doch dann glüht es auf, steigert sich zu einem aufflammenden leuchtenden Orange, das sich auf dem Höhepunkt bis zur Unendlichkeit auszudehnen scheint und die Grenze zwischen Himmel und Wasser verwischt. Sie scheinen eins zu sein, sind kaum noch voneinander zu trennen.*
> *„Kann man dieses Schauspiel nicht mit dem Zusammengehen zweier Menschen vergleichen, die sich wirklich lieben, nicht nur begehren? Sie streben einander zu, wollen eins werden, bis es nur noch ein Miteinander für sie geben kann, sie gehören zusammen. Dann ist immer einer bei dem anderen, selbst unsichtbar, wenn er nicht da sein kann. Sie sind nicht mehr allein, ein Leben lang, vielleicht sogar bis über den Tod hinaus." Leise, fast beschwörend dringen seine geflüsterten Worte an ihr Ohr.*
> *Unwillkürlich wendet sie den Kopf und sieht ihn an.*
> *Warum nur mache ich mir das Herz so schwer, fragt sie sich selbst. Er liebt mich doch. Ist das nicht das Einzige, was zählt. Werden wir nicht, Kraft unserer Liebe, alles Trennende beseitigen können?*

Sanft legt sie ihren Kopf auf seine Schulter. Vielleicht schaffen wir es ja, auch noch die letzte Fremdheit zwischen uns zu überwinden.
Als wüßte er um ihre Gedanken, neigt er sich ihr zu. Liebevoll berühren seine Lippen ihr Haar und Stirn. Sie sieht zu ihm auf und lächelt ihm zu.
(Aus: Antje Windgassen: Liebe kennt keine Grenzen. In: Neue Welt für die Frau, Nr. 11, 5. März 2003, S. 58.)

Das Durchblättern von Illustrierten gehört zu den bevorzugten Freizeitaktivitäten besonders des traditionellen Arbeitermilieus, und diese Zeitschriften druckten früher und drucken teilweise auch heute noch Fortsetzungsromane ab, die ursprünglich ein besonderes Instrument der Kundenbindung darstellten, schon in der Weimarer Republik jedoch zu einem Standardangebot der bunten Blätter wurden. Die deutsche Presse der 1930er-Jahre soll nicht weniger als 29 000 bis 35 000 Romane jährlich abgedruckt haben, was zu einem regen Lizenzhandel und zur Entstehung von literarischen Agenturen führte, die den Zeitungen ständig neue Fortsetzungsromane vermittelten (s. Bachleitner 1999, S. 127). Autoren wie Otfried von Hanstein, Gertrud Jähne und Axel Rudolph verfassten viele, ja manchmal viele Dutzend dieser Romane, die sich auch in der NS-Zeit ungebrochener Beliebtheit erfreuten und die das im 19. Jahrhundert entwickelte Schema des psychologisch realistischen, spannenden oder sentimentalen Kriminal-, Liebes-, Abenteuer-, Heimat- oder Geschichtsromans variierten. Die meisten dieser Produkte stehen auf dem Niveau des für die Familienblätter des 19. Jahrhunderts charakteristischen Unterhaltungsromans, was bedeutet, dass sich die traditionelle Arbeiterschaft auch hinsichtlich ihrer Lektürepräferenzen und Mediennutzungsgewohnheiten allmählich ‚verkleinbürgerlicht' hat.

Damit ist klar, dass der im Verhältnis zum Illustriertenroman noch anspruchslosere Heftchenroman seine Domäne im traditions*losen* Arbeitermilieu besitzt, obwohl er in manchen seiner Spielarten (Krimi, Liebesroman) bis in die Nachbarmilieus der unteren Mittelschicht ausstrahlt. Will er mit den starken Reizen des Actionfilms konkurrieren, muss er die Spannung bis zum Horror, die Emotionalität bis zur Sentimentalität, das Faszinierende bis zum Bizarren, die Identifikation bis zum Fankult steigern. Heftchenserien wie *Geisterjäger John Sinclair*, *Silvia*, *Der Landser* und *Perry Rhodan* scheinen diese Anforderungen in hohem Maße zu erfüllen (vgl. Geiger 1975). Jedenfalls wurden zu Beginn der 1990er Jahre wöchentlich ca. 6 Millionen Heftromane verkauft (s. Nusser 1991, S. 39). Wie die Erfolgsautoren des Illustriertenromans sind auch die Verfasser der Heftchenromane in der Literaturwissenschaft praktisch unbekannt, was auch mit der fließbandartigen, arbeitsteiligen Herstellungsweise dieser Serienromane zu tun hat, die oft von eingespielten Teams fest angestellter, strengen Verlagsrichtlinien unterworfener Schreiber hergestellt werden (vgl. Strobel 2000). Formal wie inhaltlich knüpft der Heftchenroman an die Tradition des Kolportageromans an, dessen Umfang pro Heft jedoch im Durchschnitt geringer war und der auf dem Wege des active selling förmlich in die in Frage kommenden Haushalte hineingedrückt wurde (vgl. Galle 1998). Insgesamt bleibt die freiwillige Teilhabe an schriftlicher litera-

Heftchenroman

rischer Kommunikation jedoch in den Unterschichten des demokratischen Zeitalters auf ein Minimum reduziert. Aber selbst hier ist es offenbar der Roman, der unter allen literarischen Gattungen diejenige darstellt, die aufgrund ihrer Wandlungs- und Anpassungsfähigkeit sowie der Breite ihres Niveauspektrums am ehesten ein attraktives, zielgruppengerechtes Angebot zu entwickeln erlaubte.

Textprobe 9
Wir machten uns auf den Weg.
Eine menschliche Stimme erreichte uns nicht. Wir hörten immer nur unsere eigenen Geräusche. Dann und wann segelte ein schon faul gewordenes Blatt zu Boden. Kastanien lagen noch in ihrem dicken Stachelmantel, und als wir die letzte Stufe hinter uns gelassen hatten, da öffnete sich der Himmel, als wäre dort eine Tür geöffnet worden. Das bleiche Mondlicht sah kalt aus und verteilte keine Spur von Wärme. Aber es gab den Blick frei für das Wesentliche, und das war das seltsame Grabmal.
Suko blieb zuerst stehen. Ich hatte ihm das Grab zwar beschrieben, doch nun, als er es aus der Nähe sah, da staunte er schon. Das Mondlicht hatte einen kalten Glanz auf dem Pyramidendach hinterlassen, während der untere Teil mehr von der Dunkelheit umschlungen wurde.
„Da muss sie schon etwas Besonderes gewesen sein, wenn sie ein derartiges Grab bekommt", bemerkt Suko.
„Das kannst du laut sagen." Ich ging zwei Schritte weiter. „Sie war jemand, die sich der Herrschaft der Männer entzogen hat und ihren eigenen Weg ging. Ihr Interesse galt der Wissenschaft und der Magie. Da hat sie wohl auch einige Erfolge errungen."
„Das glaube ich dir unbesehen, John. Ich frage mich nur, warum sie töten will."
„Will oder muss?"
„Du meinst, dass sie töten muss?"
„Daran denke ich. Sie muss töten. Sie muss sich die Männer holen. Es gibt ihr etwas. Nur dann ist sie in der Lage, auch normal zu existieren. So etwas glaube ich fest. Sie hat auf ihre Weise den Tod überwunden, und sie hat sich dabei Methoden bedient, die sie der Magie der alten Ägypter abgeschaut hat. Aber das ist alles Theorie. Ich möchte nur, dass wir sie stellen."
„Ich auch. Andere Frage, John. Sollen wir uns trennen?"
„Warum?" „Falls sie uns beobachtet, wird sie denken, dass sie es leichter hat, wenn nur ein Gegner vor ihr steht."
„Das Grab schauen wir uns gemeinsam an."
„Wie du willst."
Wir brauchten nur eine kurze Strecke zu gehen, bis wir vor der Tür des Grabmals standen. Bisher war nichts vorgefallen. Niemand hatte sich gezeigt, aber in mir zog sich schon der Magen zusammen, als ich nach dem Griff fasste und die schwere Tür aufzog.
(Aus: Jason Dark [d. i. Helmut Rellergerd]: Todesruf der Geisterfrau [= Geisterjäger John Sinclair. Bd. 1286]. Bergisch Gladbach 2003. S. 55 f.)

Mittelschichten

Mittelschichten

Als nächstes sind die literarischen Kulturen jener fünf modernen Mittelschichten zu betrachten, die sich aus dem Kleinbürgertum als der ‚Mittelstandsminderheit' des bürgerlichen Zeitalters ausdifferenziert haben. Dabei handelt es sich um das kleinbürgerliche Milieu, das 1991 einen Bevölkerungsanteil von 22 % erreichte, sowie um das aufstiegsorientierte Milieu (25 %), das neue Arbeitnehmermilieu (5 %), das alternative (2 %) und das hedonistische Milieu (12%). Zusammen stellen diese Mittelschichten etwa zwei Drittel der Bevölkerung (s. Flaig/Meyer/Ueltzhöffer 1997, S. 143). Typisch für die Angehörigen dieser Mehrheit sind durchschnittliche Einkommens- und Vermögensverhältnisse, abgeschlossene Schul- und Berufsausbildungen sowie relativ stabile Sozialbeziehungen zu Familienangehörigen, Kollegen oder Freunden. Die Voraussetzungen für die Rezeption literarischer Werke sind also durchaus nicht ungünstig. Doch die einzelnen Milieus machen in sehr unterschiedlichem Ausmaß von den ihnen gegebenen Möglichkeiten und Fähigkeiten Gebrauch.

Was zunächst das kleinbürgerliche Milieu betrifft, dessen Werteordnung und Lebensstil noch als weitgehend traditionalistisch einzustufen sind, so ergibt die SINUS-Studie ein besonderes Interesse an jenen konventionellen Romanbestsellern, für die Namen wie Konsalik, Danella, Simmel, Marie Louise Fischer oder Willi Heinrich stehen. Die Romane dieser Autoren folgen im Wesentlichen den schon im 19. Jahrhundert entwickelten Aufbau- und Gestaltungsprinzipien des Unterhaltungsromans. Dazu gehören eine leicht nachvollziehbare, meist einsträngige Handlungsführung, eine übersichtliche Zeitstruktur, klare Figurenkonstellationen, eine alltagsnahe Sprache, der Verzicht auf Kohärenzstörungen, auf Montagetechniken und auf ähnliche moderne Darstellungselemente, die Beschränkung auf aktuelle, alltägliche Lebensprobleme und die Vermeidung von Tabubrüchen. Es wird durchaus Problembewusstsein demonstriert, was sich in der Behandlung von Themen wie Umweltverschmutzung, Gentechnik, Waffenhandel, Frauenemanzipation, Kindesmissbrauch, Vetternwirtschaft, Korruption usw. niederschlagen kann. Aber eine ernsthafte intellektuelle Durchdringung dieser Fragen und Probleme wird nicht angestrebt. Dominierend bleibt immer das Unterhaltungsinteresse, wobei allerdings Wert auf die Abgrenzung zum als niveaulos und kitschig empfundenen Groschenroman gelegt wird (vgl. Teuscher 1999). Romanlektüre soll nicht mehr, aber auch nicht weniger als ‚gepflegte' Unterhaltung vermitteln; Intellektualität und Primitivität werden gleichermaßen abgelehnt. Erstaunlich ist der große internationale Erfolg, den die genannten Autoren mit diesem Credo der Normalität erzielten. Die Werke von Konsalik, Simmel, Danella u.a. wurden in Dutzende von Sprachen übersetzt und erreichten Weltgesamtauflagen, die weit über denen eines Grass, Böll oder Thomas Mann lagen und liegen. Innerhalb dieses Marktsegments ist Deutschland im 20. Jahrhundert gewissermaßen von einer literarischen Import- zu einer Exportnation geworden. Genauere Analysen zur internationalen Wirkung dieser deutschen Spielart von kleinbürgerlicher Weltkultur stehen noch aus, weil die ganz andersartigen Lektürepräferenzen der Berufsleser nach wie vor eine wichtige Rolle bei der Auswahl der wissenschaftlicher Untersuchung gewürdigten Werke spielen.

kleinbürgerliches Milieu

Textprobe 10
Nur achtundvierzig Stunden trennten Bradcock und Semjonow voneinander. Und in Jakutsk saß Karpuschin wie eine Spinne im Netz und wartete auf die einfliegenden Motten.
So klein ist die Welt, selbst in Sibirien.
Wer einmal mit einem russischen Güterzug durch Sibirien gerattert ist, der hat ein Abenteuer hinter sich, das nicht so leicht zu übertreffen ist.

> *Nicht daß es lebensgefährlich wäre wie auf bundesdeutschen Straßen, o nein, dazu hat man zuviel Platz in der Taiga, aber wer mit der Uhr in der Hand seinen Waggon besteigt und sich ausrechnet, in drei Tagen sei er zum Beispiel in Uwarowo, und sich aufregt, daß er in fünf Tagen immer noch nicht dort ist, der steige lieber erst gar nicht ein! Und Komfort, ich bitte, Freunde, wer denkt an Komfort? Dafür ist es warm in den Waggons, denn Hühner und Ferkelchen reisen mit, die Großmutter sitzt auf einer Kaninchenkiste, und wenn ein gelber, scharfriechender Bach durch den Wagen fließt, so ist das ein Beweis, daß irgendwo in einer der vielen Kisten ein Zickelchen lebt und geregelte Verdauung hat.*
>
> *Im Winter zu reisen, ist unsinnig, denn ein Frost von vierzig Grad dringt selbst durch den dichtesten Waggonmief. Im Sommer glüht die Sonne, im Herbst ist es unsicher, wann der erste Schnee fällt – also reist man im Frühjahr, wenn die Straßen unpassierbar sind. Im Frühjahr beginnt die große Wanderung vom Norden zum Süden und vom Süden nach Norden. Dann sind ganze Völkerstämme unterwegs, und die Bahnbediensteten verfluchen den Tag, an dem sie auf den Gedanken kamen, sowjetische Beamte zu werden.*
>
> *Auch Ludmilla und Semjonow waren unter den Scharen, die nach Norden fuhren. Sie hockten zwischen Hühnern und Schweinen, Karnickeln und Hunden in den mit Stroh ausgelegten Waggons, nahmen teil am nächtlichen ungenierten Familienleben der anderen Waggoninsassen und teilten mit allen ihre Mahlzeit, denn man war ja, solange man gemeinsam durch die Taiga fuhr, eine einzige große Familie.*
>
> *Es war eine ziemlich einsame Strecke zwischen den beiden Holzfällerdörfern Schatzilski und Mulatschka. Sie führte mitten durch einen noch unerschlossenen, verfilzten Nadelwald, den nur die Schienenleger mit einer fünf Meter breiten Schneise durchforstet hatten. Was links und rechts der Eisenbahn lag, wußte niemand. Vielleicht trafen sich in zwei oder drei Jahren die Einschlagbrigaden irgendwo in der Wildnis und feierten dann mit Tanz und Schnaps die Vereinigung von Schatzilski und Mulatschka.*
>
> (Aus: Konsalik, Heinz G.: Liebesnächte in der Taiga [1966]. München 1995. S. 181 f.)

aufstiegsorientiertes Milieu
neues Arbeitnehmermilieu

Auf geringeres Interesse stoßen solche konventionellen Romanbestseller auch im aufstiegsorientierten Milieu und im neuen Arbeitnehmermilieu, die sich in ihren Lektüreanforderungen so weit gleichen, dass sie hier zusammenbehandelt werden können. Nach Bildungs- und Einkommensniveau ähneln sie stark dem kleinbürgerlichen Milieu, nicht jedoch in puncto Werteordnung und Lebensstil. Geschlechterrollenkonzeption, Gesellungsformen, Einrichtungs- und Bekleidungsstile sowie Freizeitverhalten und Mediennutzungsgewohnheiten weisen sie als Kern jener neuen gesellschaftlichen Mitte aus, die dem Modernismus weitgehend aufgeschlossen gegenübersteht, ohne jedoch als dezidiert modernistisch bezeichnet werden zu können. Computerspiel, Weltreise und Freundeskreis stehen hier höher im Kurs als Vorabendserie, Eigenheim und Kernfamilie. Man ist aufgeschlossen, tolerant, neugierig und engagiert und leistet sich auch die eine oder andere Verrücktheit. Kunst und Kultur gehören zum Leben, müssen aber Spaß machen und dürfen nicht zu viel Zeit kosten. Denn man entwickelt einen gewissen beruflichen Ehrgeiz und hat auch in der Freizeit viele verschiedenartige Interessen und Verpflichtungen. Orientierung gewinnt man im Gespräch mit guten Freunden und Lebenspartnern. So bleibt für die Kunst und die Literatur nicht viel mehr zu tun als zu unterhalten und hier oder dort ein wenig zu provozieren und anzuregen. Man hat also wenig Neigung, Ernst mit der Kunst zu machen und die Lektüre in Arbeit ausarten zu lassen. Unter Umständen findet man sowieso nur in den Ferien Zeit, einen Roman durchzulesen.

Flott geschriebene, mit kleineren Tabubrüchen gewürzte und in stilistischer Hinsicht gemäßigt avantgardistische Texte kommen den Lektüreanforderungen dieser Klientel in besonderem Maß entgegen. Und so beobachtet man im 20. Jahrhundert die Entstehung eines neuen Typs unterhaltsamer Bestseller, die das bekannte Repertoire der Unterhaltungsromane aufgreifen und in spezifischer Form weiterentwickeln. In erster Linie sind in diesem Zusammenhang der Sciencefiction- und der Fantasy-Roman, der Kriminalroman, der Reportageroman und der neue Frauenroman zu nennen.

Was zunächst den modernen Sciencefiction- und den Fantasy-Roman betrifft, so wäre etwa an Texte von James Hilton (*Lost Horizon*; 1933), John Ronald Reuel Tolkien (*The Lord of the Rings*; 1954/55), Stanisław Lem (*Solaris*; 1961), Carl Amery (*Der Untergang der Stadt Passau*; 1975) oder Michael Ende zu denken, dessen Jugendroman *Die unendliche Geschichte* (1979) auch bestimmte Fraktionen des erwachsenen Publikums erreichte. Moderne Erfahrungen der Fremdartigkeit und der Unbehaustheit kommen in diesen Werken in einer Deutlichkeit zur Sprache, die den prima facie ganz ähnlichen Produkten eines Jules Verne bezeichnender Weise noch fehlt. Dessen Helden zeichnen sich gerade dadurch aus, dass sie dieses Fremde nicht an sich herankommen lassen, dass sie also an den Quellen des Nils nicht anders als unter den Polkappen oder hoch in der Stratosphäre stets Gentlemen vom Scheitel bis zur Sohle bleiben und kleinbürgerliche Kardinaltugenden wie Ordnung, Disziplin, Fleiß und Pünktlichkeit umso rigider exerzieren, umso exotischer ihre Situation sich darstellt. Die phantastische Unterhaltungsliteratur der neuen Mittelschichten ist in dieser Hinsicht offener, flexibler, ‚ungemütlicher'. Die Grenzen der Persönlichkeit werden fließender, das Mögliche spielt stärker ins Wirkliche hinein, die Mauern zwischen dem Normalen und dem Anormalen werden brüchig.

Textprobe 11
Die Symmetriade ist Million, nein, potenzierte Milliarde, die Unvorstellbarkeit an sich. Was nützt es, dass wir tief innen in einem ihrer Querschiffe stehen, das ein verzehnfachter Kroneckerscher Raum ist, und uns wie Ameisen an die Falten des atmenden Gewölbes klammern, im Licht unserer Flares grau opalisierender Ebenen sehen, die Weichheit und unfehlbare Vollkommenheit der Problemlösung, die doch nur ein Moment ist – denn alles fließt hier, der Gehalt dieser Architekturkomposition ist die Bewegung, die gesammelte, zielbezogene Bewegung. Wir beobachten einen Krümel des Prozesses, das Beben einer einzigen Saite in einem Symphonieorchester von Super-Riesen, und nicht genug damit, wir wissen – aber wir wissen nur, ohne zu begreifen –, dass gleichzeitig über und unter uns, in gestreckten Abgründen, außerhalb der Grenzen unseres Blicks und unserer Vorstellungskraft Unmengen, Millionen simultaner Umgestaltungen vor sich gehen, wie Noten miteinander verbunden durch den mathematischen Kontrapunkt. Daher hat jemand von einer „geometrischen Symphonie" gesprochen. Aber in diesem Fall sind wir ihre tauben Zuhörer.
Um hier irgend etwas wirklich zu sehen, müßte man weglaufen, in irgendeine ungeheure Ferne zurücktreten – aber in der Symmetriade ist ja alles Innenraum,

> *Vermehrung, die Lawinen von Geburten auswirft, unaufhörliche Gestaltung, wobei die Gestaltung zugleich das Gestaltende ist; und keine Mimose reagiert so empfindlich auf Berührungen, wie ein Teil der Symmetriade, der eine Meile von unserem Standort entfernt liegt und durch hunderte Stockwerke von ihm getrennt ist, auf die Veränderungen, die unser Platz hier durchmacht. Jede Augenblickskonstruktion mit ihrer Schönheit, die sich jenseits der Grenzen des Blicks vollendet, ist hier Mitkonstrukteur und Dirigent aller anderen, die gleichzeitig geschehen; diese wiederum wirken modellierend an jener mit. Eine Symphonie – gut, aber eine, die sich selbst schafft und sich selbst abwürgt. Das Ende der Symmetriade ist gräßlich. Niemand, der es gesehen hat, erwehrte sich des Eindrucks, Zeuge einer Tragödie zu sein, wenn nicht gar eines Mordes. Nach etwa zwei, höchstens drei Stunden (dieses explosive Aufwuchern, diese Selbstvervielfachung und Selbstzeugung dauert nie länger) geht der lebende Ozean zum Angriff über. Das sieht so aus: die glatte Oberfläche runzelt sich, die schon zur Ruhe gekommene, mit verkrustetem Schaum bedeckte Brandung beginnt zu sieden, von den Horizonten aus preschen konzentrische Wellenzüge heran, genau solche muskulöse Krater, wie sie die Geburt eines Mimoids begleiten, aber diesmal sind ihre Ausmaße unvergleichlich größer. Der unterseeische Teil der Symmetriade wird zusammengedrückt, langsam hebt sich der Koloß, als sollte er aus dem Bereich des Planeten fortgeschleudert werden; die obersten Schichten der Ozean-Masse beginnen aktiv zu werden, kriechen immer höher, die Seitenwände hinauf, überziehen sie, fester werdend, und verstopfen die Ausgänge, aber das alles ist nichts gegen das, was sich gleichzeitig tief innen abspielt.*
> (Aus: Stanisław Lem: Solaris [1961]. Deutsche Übers. v. Irmtraud Zimmermann-Göllheim. München 2002. S. 163 f.)

neuer Frauenroman

Ähnliche Entwicklungen beobachtet man auch im modernen Kriminalroman und im neuen Frauenroman, wobei sich die epochentypische Flexibilisierung hier primär im Bereich der Geschlechterrollenkonzeption bemerkbar macht. Sowohl bei Kriminalschriftstellerinnen wie Joy Fielding, Sara Paretsky oder Ingrid Noll als auch bei Autorinnen wie Irmgard Keun, Hera Lind, Doris Dörrie, Andrea Parr oder Elke Heidenreich begegnet uns ein neuer Typus selbstständiger, schlagfertiger, aktiver, die Initiative ergreifender Frauenfiguren, die eine Männerdomäne nach der anderen erobern und dabei oft auch einen neuen Ausdrucksstil pflegen, der durch demonstrative Keckheit, Unartigkeit, Flapsigkeit oder Ungezwungenheit gekennzeichnet ist und der die Selbstverständlichkeit weiblicher Gleichberechtigungsansprüche verdeutlicht. Die modernisierten Frauenrollen, Partnerschaftskonzepte und Familienmodelle werden auf diese Weise in den Rang einer neuen Normalität erhoben, die den veralteten Normalitätsbegriff der alten, kleinbürgerlichen Mittelschicht zu verlachen erlaubt.

Textprobe 12

„Hallo", sagte ich matt.
„Gut siehst du aus", sagte Wilhelm Großkötter.
„Ich weiß", sagte ich selbstbewußt.
Wahrscheinlich hatte Will Groß geglaubt, daß ich ohne ihn allmählich verblassen und beim leisesten Wort, das er an mich richtete, welk vom Stengel fallen würde.
„Wo kommst du denn her?" fühlte ich mich bemüßigt zu fragen, weil das alle Ehefrauen fragen, die ihren Gatten länger als sieben Stunden nicht mehr gesehen haben. Und ich hatte meinen über sieben Monate nicht mehr gesehen.
„Karibik", sagte Will Groß.

"Aha", sagte ich. "Willste 'n Bier?"
"Schampus haste nicht?"
Blödmann, dachte ich. Wahrscheinlich erwartest du, daß ich dir jetzt einen exotischen Drink mixe, wie das die dunkelhäutigen mandeläugigen Mädels in deiner Sunshine-Club-Hotelbar auch immer tun.
"Bier oder Leitungswasser", sagte ich gefühlskalt.
Will Groß ließ sich gnädigst auf ein Bier ein. Wir öffneten zwei Flaschen und stießen sie in alter kumpelhafter Verbundenheit aneinander.
"Prost."
"Wie du meinst."
"Ziehst du gerade hier ein?"
"Ja. Heute."
"Dann bin ich ja genau richtig gekommen." Will Groß lehnte sich wohlig gegen meine frisch lackierte amerikanische Küchentheke. Er war so braun gebrutzelt wie eins von diesen Brathähnchen vom Wienerwald, das der Straßenverkäufer im Eifer des Gefechts ganz vergessen hat, vom Grill zu nehmen, und das er nun zum halben Preis verkaufen muß.
Jeder Menschenfresser würde seine Haut angewidert an den Tellerrand schieben oder, falls er ihn im Restaurant bestellt hätte, umgehend den Geschäftsführer zu sprechen wünschen.
(Aus: Hera Lind: Das Superweib. Roman [1994]. Frankfurt a.M. 1996. S. 132 f.)

Schließlich ist in diesem Zusammenhang an das weite Feld der modernen Sachliteratur zu erinnern, das sich im aufstiegsorientierten Milieu und im neuen Arbeitnehmermilieu außerordentlicher Beliebtheit erfreut. Für die Gattungsentwicklung des Romans ist dies deshalb relevant, weil sich in Gestalt des Reportage- und des Tatsachenromans im 20. Jahrhundert eine journalistisch-literarische Mischform von Sachbuchbestsellern entwickelt, die auf Popularisierung durch Literarisierung setzen und die dabei auf romantypische Gestaltungsmittel zurückgreifen. Beispiele für derartige Erfolgstitel sind – um hier nur einige neuere Werke anzuführen – *Wir Kinder vom Bahnhof Zoo* (1978) von Christiane F., Günter Wallraffs *Ganz unten* (1986), Jostein Gaarders *Sofies Welt* (1991; dt. 1993) und Dava Sobels *Längengrad* (1995; dt. 1996). Unter Weiterentwicklung der von Egon Erwin Kisch, C. W. Ceram (d. i. Kurt W. Marek) und anderen Sachbuchautoren schon Jahrzehnte früher erprobten Darstellungstechniken präsentieren die Verfasser dieser Werke ‚wahre Geschichten' in literarischem Gewand. Von der im Sachbuch eigentlich unmöglichen Innenweltdarstellung über eine auf Spannung angelegte Kompositionsstruktur bis hin zur alltagsnahen Sprache werden dabei alle Register der Erzählkunst gezogen, um soziale, ökonomische, geographische und ähnliche Tatsachen wie faszinierende Abenteuer erscheinen zu lassen. So wird aus dem sozialen Faktum ein ergreifendes Schicksal, aus dem philosophischen System ein faszinierendes Gedankenexperiment und aus einer geographischen Entdeckung ‚die wahre Geschichte eines einsamen Genies, welches das größte wissenschaftliche Problem seiner Zeit löste' (Untertitel des Buches von Sobel). Der Roman erobert die Realität, um das Unterhaltungsbedürfnis der neuen Mittelschicht zu befriedigen, die nicht mehr dezidiert anti-intellektualistisch eingestellt ist, die aber nicht genug Energie erübrigen kann, um sich in der Freizeit wissenschaftliche Kenntnisse oder höhere philosophische und literarische Bildung anzueignen.

Marginalie: Tatsachenroman

Äußerlich ganz anders, aber strukturell doch sehr ähnlich stellt sich die Situation im Falle der am intensivsten modernisierten Mittelschichtmilieus dar, nämlich des hedonistischen und des alternativen Milieus. Obwohl politisch und weltanschaulich stark voneinander unterschieden, teilen sie doch zwei Dispositionen, die ihr Lektüreverhalten stark prägen und die auch im Bereich der Romanliteratur ihre Spuren hinterlassen haben, und zwar den prinzipiellen Nonkonformismus und das Pochen auf Involvement. Nonkonformismus meint hierbei die Vorliebe für das Nicht-Kanonische, für das nicht allgemein Bekannte und Akzeptierte. Man interessiert sich für ‚Geheimtipps', studiert das Angebot von Klein-, Alternativ- und Nischenverlagen, kauft lieber in Szenebuchläden als in Medienkaufhäusern. Stil- und Tabubrüche werden toleriert, wenn nicht gar gefordert. Auch Kohärenz- und Fiktionsstörungen, Collagen und Montagen werden nicht als Lesehemmnis, sondern als Modernitätssignale wahrgenommen. Man rechnet sich zur geistigen und kulturellen Avantgarde, die Anderssein vorlebt und ihre Freizeitgestaltung nicht dem Diktat der Mattscheibe unterwirft. Involvement als zweite Hauptdisposition meint die Entstehung innerer Beteiligung als wichtige Lektüreanforderung. Der Text soll nicht nur zerstreuen und amüsieren, sondern dem Leser etwas sagen, ihn erreichen und ansprechen. Als probate Mittel hierzu gelten ‚Authentizität' oder – stärker im hedonistischen als im alternativen Milieu – jene intensivierte Leseerfahrung, die man als symbiotisches Lesen bezeichnet und die den Leser für eine Weile ganz in den Bann des Werkes schlägt, so dass er u.U. die ganze Nacht durchliest, ‚das Buch in einem Zug verschlingt'.

Geheimtipps dieses Typs waren z.B. Romane wie *Die tanzende Törin* (1910) von Albrecht Paris Gütersloh, *Perrudja* (1929) von Hans Henny Jahnn, *Tauben im Gras* (1951) von Wolfgang Koeppen, *Die Palette* (1968) von Hubert Fichte oder auch *Breitenbach* (1986) von Herbert Achternbusch. Dass diese Werke und Autoren inzwischen ihren Platz in der Literatur- und Kulturgeschichtsschreibung gefunden haben, veranschaulicht den großen Einfluss des alternativen und des hedonistischen Milieus, deren Vorlieben mit einer gewissen zeitlichen Verzögerung in den Nachbarschichten nachgeahmt werden, was sich nicht nur an den Bekleidungsmoden, Einrichtungsstilen und Ernährungsgewohnheiten, sondern eben auch an Trends in der Freizeitgestaltung festmachen lässt. Aus ehemaligen Geheimtipps wurden auf diese Weise Klassiker, die in anderen Milieus freilich bedeutend seltener gelesen und anders verstanden wurden.

Zur Geschichte des Gegenwartsromans gehört also auch die paradox erscheinende Etablierung einer ‚Kultur der Antikultur', die sich gezielt von der offiziellen, kanonisierten, etablierten Hochkultur abzusetzen versucht und die gerade dadurch eine der wichtigsten Voraussetzungen erfüllt, um à la longue in diesen offiziellen Kanon aufgenommen zu werden. Kanonisierung bedeutet in diesen Fällen jedoch fast niemals Popularisierung. Denn die Durchbrechung von Normen und Tabus, die Achronie, die Inkohärenz und andere moderne Spezifika dieser Texte bleiben vorerst mit den Lektüreanforderungen der meisten anderen Milieus unvereinbar. Durch Kanonisierung wird der Geheimtipp deshalb nicht zum Bestseller, sondern zunächst nur zum Longseller, zum ‚ewigen' Geheimtipp.

Textprobe 13

In der Nacht gegen drei hat die Palette für Jäcki was Rabelesiensisches. Etwas von Mettwurst meint Jäcki damit auch. Alles ist schwer und rauchig und baxig – die Wände, die Kleidung. Auch die Typen mettwurstartig.
Engelhardt Telemann, den Jäcki Raskolnikow nennt, von dem Reimar Renaissancefürstchen sagt:
– Er macht alles, was er will, ohne Rücksicht. Seine Mutter ist tot und sein Vater in der Lungenheilanstalt.
Jürgen Frühlingswind und Engelhardt Telemann sollen sich ganz plötzlich gegenseitig einen Schluck aus der Pulle genommen haben; Jürgen, die Schneeflocke, erzählt es voller Ergriffenheit – auch Raskolnikow Telemann erzählt es, aber nicht ergriffen, sondern peinlich berührt und um die Schuld auf Jürgen abzuschieben – Engelhardt Raskolnikow Telemann ruft die Mettwürste auf:
– Wenn wir jetzt mal alle in den Botanischen Garten – fischen?!
Um drei Uhr morgens schläft der Stephansplatz im vorigen Jahrhundert – eine Postkarte aus Jäckis Omas Fotoalbum und Jäckis Opa macht als einsamer Polyp die Runde. Er und Jäcki warten auf Kutschen und Einbrecher mit Chapeauclaque. Des Altmodlers Hans Welt.
Am Drahtzaun des Botanischen Gartens spielen die geilen Igel.
– Sehr vorsichtig.
Urwald aus den Gründerjahren. Regendicke Blätter.
Arnim, Heidi, Viertripper, selbstverständlich der bucklige Fischgrätenmann, Do you know Basel, der immer dicker werdende, Halleluja, ohne Schluckauf, Barbara, Bernhardt.
– Nous étions vingt ou trente.
Engelhardt Raskolnikow Telemann führt sie.
– Brigants de même bande.
Das Liedchen, gerührt sur place gehört und dann mit Mühe während der norddeutschen Landwirtschaftslehre in Abschrift besorgt.
– Nous étions vingt ou trente.
Brigants de même bande.
Die Fische springen im Botanischen Garten.
Die Fische sprangen aus dem Fluß morgens. Die Lastwagen fuhren, fahren zu den Gemüsehallen, den Halles.
Vor dem Louvre weißer Nebel.

(Aus: Hubert Fichte: Die Palette. Reinbek bei Hamburg 1968. S. 154f.)

Da die traditionalistischen Milieus schrumpfen, während die (teil-)modernisierten expandieren, kann sich dies jedoch langfristig durchaus ändern. Freilich ist dabei in manchen Fällen eine besonders steile Klippe zu überwinden, die sich aus der Neigung relativ vieler Fraktionen des alternativen und des hedonistischen Milieus zur Esoterik ergibt. Die Kritik an der (klein-)bürgerlich geprägten alten Gesellschaftsordnung kann sich zur Aussteigermentalität entwickeln und dabei auch eine Frontstellung gegen Wissenschaft und Logik implizieren, die dann als bloße Instrumente einer profitorientierten, technikgläubigen, funktionalistischen, naturfernen und egozentrischen Leistungsethik wahrgenommen und abgelehnt werden. Beträchtliche Marktanteile erzielen hier deshalb solche esoterischen Schriften, die der harten ‚westlichen' (oder auch ‚männlichen') Naturwissenschaft eine künstlerisch-ganzheitliche Erkenntnisform entgegenstellen wollen. Unter Rückgriff auf die Lehren der Schamanen, der Druiden, der Hopi-Indianer, der Yanoama, der Tantristen, der Yogi usw. präsentieren diese Texte

esoterische Romane

alternative Lebensentwürfe, die sich zu Initiationsberichten, Lebensbeschreibungen und legendarischen oder gleichnishaften Darstellungen verdichten können und die sich hierbei nicht selten einer der traditionelleren Romanformen bedienen. Bestseller dieses Genres sind z. B. Dion Fortunes *Avalon of the Heart* (1934), Lobsang Rampas *The Third Eye* (1956) und Richard Bachs *Jonathan Livingston Seagull* (1970). Nicht die literarische Qualität dieser Werke, sondern ihre Fähigkeit zur Stabilisierung und Tröstung verbürgt den Erfolg. Das veranschaulicht indirekt, dass die Pioniere des Modernisierungsprozesses bei aller zur Schau gestellten Zuversicht und Lebensfreude an den Nachteilen ihrer gesellschaftlichen Sonderstellung schwer zu tragen haben. Romanlektüre kann unter diesen Voraussetzungen zu einem wichtigen inneren Bedürfnis werden, ja für diesen und jenen kann ein bestimmtes Buch geradezu zur persönlichen Bibel werden, aus der er Kraft, Orientierung und Selbstbestätigung schöpft. Das vereint manche dieser Werke wieder mit jenem Erbauungsschrifttum, das der Roman am Ende des 19. Jahrhunderts aus dem Lektürekanon der Mittelschicht verdrängt hatte. Und es zeigt darüber hinaus, dass Literaturrezeption unter bestimmten Bedingungen in den neuen, *nicht*-traditionalistisch orientierten Mittelschichten nicht nur bzw. nicht vorwiegend der Unterhaltung dienen soll.

Textprobe 14

Ich dachte..., doch da fühlte ich, dass etwas meine Gedanken störte. Ich schien nicht mehr allein zu sein. Teile von Gesprächen traten in mein Bewußtsein, Bruchstücke unausgesprochener Gedanken. Verstreute Bilder begannen in meiner Vision aufzuzucken. In weiter Entfernung schien jemand eine große, tiefe Glocke zu läuten. Schnell kam sie näher und näher, bis sie schließlich in meinem Kopf zu zerplatzen schien, ich sah Tropfen von farbigem Licht und Blitze in unbekannten Farben. Mein Astralleib wurde hin und her geschleudert und getrieben wie ein Blatt im Winterwind. Fetzen von rotglühendem Schmerz peitschten im Sturm durch mein Bewußtsein. Ich fühlte mich allein, einsam, ein herrenloses Gut im wankenden Weltall. Schwarzer Nebel senkte sich auf mich nieder, und mit ihm eine Ruhe, die nicht von dieser Welt war.
Langsam verzog sich die schwere Finsternis, die mich umhüllte. Von irgendwoher tönte das Brausen des Meeres und das klirrende Rasseln von Strandkieseln unter dem Ansturm der Wellen. Ich roch die salzhaltige Luft und den Tang. Das war mir eine wohlbekannte Situation, wie ich mich im sonnendurchwärmten Sand träge auf den Rücken drehte und zu den Palmbäumen hinaufblickte. Doch ich hatte, sagte ein Teil meines Ich, das Meer nie gesehen, niemals von Palmbäumen auch nur gehört! Aus einer nahen Grotte erklangen lachende Stimmen, Stimmen, die lauter wurden, als ich ein paar heitere, sonnenverbrannte Leute herankommen sah. Riesen! Lauter Riesen. Nun merkte ich, als ich hinabblickte, daß auch ich ein „Riese" war. In mein Astralbewußtsein traten die Eindrücke: vor unzähligen Jahrhunderten kreiste die Erde in größerer Nähe der Sonne, in entgegengesetzter Richtung. Die Tage waren kürzer und wärmer. Große Kulturen entstanden, und die Menschen wußten mehr, als sie jetzt wissen. Von außen her kam ein Komet, der die Erde streifte und an sie anprallte. Durch den Stoß wurde sie aus ihrer Bahn geschleudert und begann nun in entgegengesetzter Richtung zu kreisen. Winde erhoben sich und stürmten über die Gewässer bei veränderten Wirkungen der Schwerkraft, das Land türmte sich auf, und die Fluten stiegen, überall waren Überschwemmungen. Länder versanken in den Meeren und andere tauchten

empor. Das schöne, warme Land, das Tibet war, hörte auf, an der Küste zu liegen und stieg drei- bis viertausend Meter über den Meeresspiegel empor.
(Aus: Lobsang Rampa: Das dritte Auge. Ein tibetanischer Lama erzählt sein Leben [1956]. Aus d. Engl. übertrag. v. Herbert u. Waltraut Furreg. München 1957. S. 308 f.)

Oberschichten
In dieser Hinsicht ergibt sich eine Parallele zur literarischen Kultur der beiden Oberschichten des demokratisch-pluralistischen Zeitalters, nämlich des älteren konservativ-gehobenen Milieus (8% Bevölkerungsanteil) und des neueren sowie im Durchschnitt etwas jüngeren technokratisch-liberalen Milieus (9%). Bildung, Einkommen und Vermögen der Angehörigen beider Schichten liegen deutlich über dem gesamtgesellschaftlichen Durchschnitt. In aller Regel handelt es sich um Akademiker, die als Selbstständige, als leitende Beamte und Angestellte, als Notare, Architekten, Manager, Ärzte usw. tätig sind, die dabei besondere Erfolge erzielen und die einen entsprechenden Lebensstil pflegen, für den auch die Teilhabe an höherer Kultur charakteristisch ist. Demgemäß besucht man Museen und Galerien, Opern- und Konzertaufführungen, Theater- und Ballettdarbietungen. Zwar handelt es sich auch hier – wie schon bei den Oberschichten des feudalistischen und des bürgerlichen Zeitalters – nicht um eine Gelehrten-, sondern um eine Repräsentationskultur, aber aufgrund der weiteren Steigerung des Bildungsniveaus kann es in diesen gesellschaftlichen Eliten zu einer weitgehenden Intellektualisierung der Literaturrezeption kommen. Gewiss arbeitet man in aller Regel nicht mit Bibliographien, mit wissenschaftlicher Sekundärliteratur und mit editionsphilologisch einwandfreien Textausgaben. Aber man interessiert sich u. U. durchaus für Dichterbiographien, Briefwechsel, Tagebücher und ähnliche Textsorten, deren Studium einen ersten Schritt auf dem Weg zu einem vertieften Verständnis literarischer Werke darstellt. Statusbewusstsein, Bildungsdünkel und Nationalstolz, die im Verhalten der Führungsschicht des 19. Jahrhunderts noch deutlich erkennbar sind, treten in den Hintergrund. Man sitzt nicht im Theater, um seinen gesellschaftlichen Status zu demonstrieren oder das nationale Kulturerbe zu feiern, sondern weil es dem eigenen Lebensideal entspricht.

Zwischen dem konservativ-gehobenen und dem technokratisch-liberalen Milieu gibt es in dieser Hinsicht freilich noch immer gewisse Unterschiede. In der älteren der beiden Oberschichten spielen traditionelle Werte wie Ordnung, Korrektheit, Dezenz, Seriosität oder Solidität eine bedeutende Rolle, was sich bis in die favorisierten Bekleidungs- und Einrichtungsstile hinein verfolgen lässt. Auch die Geschlechterrollenverteilung folgt älterem Muster, und das Kultur- bzw. Bildungsideal ist noch deutlich von der Orientierung an christlich-humanistischen Werten geprägt. Im technokratisch-liberalen Milieu sind dagegen Ideale wie Freiheit, Kreativität, Selbstverwirklichung und Pluralismus stärker verbreitet. Die Gleichberechtigung der Geschlechter wird in Beruf und Familie weitgehend verwirklicht. Und bei der Freizeitgestaltung und der Mediennutzung spielen der Kinofilm und das Computerspiel eine wesentlich größere Rolle als in der älteren Oberschicht, die recht häufig vor dem Fernsehapparat anzutreffen ist (vgl. Flaig/Meyer/Ueltzhöffer 1997, S. 59 f., 66 f., 94, 97).

Hinsichtlich der Lektüreanforderungen bedeutet dies, dass im konserva-

konservativ-gehobenes Milieu
technokratisch-liberales Milieu

alte Oberschicht

tiv-gehobenen Milieu ein Schwergewicht auf dem klassischen Kanon liegt. Während man dem Avantgardistischen, Modernistischen und Experimentellen mit größerer Zurückhaltung begegnet, werden Autoren wie Stefan Zweig, Thomas Mann und Hermann Hesse als Lieblingsschriftsteller genannt. Auch an ganz traditionalistische Werke wie Hans Carossas *Der Arzt Gion* (1931) oder Werner Bergengruens *Das Feuerzeichen* (1949) darf in diesem Zusammenhang erinnert werden.

> **Textprobe 15**
> *Das war das Verlöbnis. Ich hatte die Liebende nicht nach bewußter Überlegung geküßt – eine reine Ergriffenheit hatte es für mich getan. Es war geschehen ohne Wissen und Wollen; aber ich bereute die kleine Zärtlichkeit nicht. Denn nicht drängte sie mir wild wie damals die pochende Brust entgegen, nicht hielt die vor Glück Erglühende mich fest. Demütig, wie ein großes Geschenk, nahmen ihre Lippen die meinen. Die andern schwiegen. Da kam aus der Ecke ein schüchternes Geräusch. Ein verlegenes Räuspern schien es zuerst, aber als wir aufblickten, war es der Diener, der in der Ecke leise schluchzte. Er hatte die Flasche hingestellt und sich abgewandt; wir sollten seine ungehörige Ergriffenheit nicht merken, aber jeder von uns fühlte diese fremden unbeholfenen Tränen warm im eigenen Auge. Auf einmal spürte ich Ediths Hand an der meinen. „Laß sie mir einen Augenblick."*
> *Ich wußte nicht, was sie beabsichtigte. Da schob sich etwas Kühles und Glattes an meinen vierten Finger. Es war ein Ring. „Damit du an mich denkst, wenn ich fort bin", entschuldigte sie sich. Ich blickte den Ring nicht an; ich nahm nur ihre Hand und küßte sie.*
> *An jenem Abend war ich Gott. Ich hatte die Welt erschaffen, und siehe, sie war voll Güte und Gerechtigkeit. Ich hatte einen Menschen erschaffen, seine Stirn glänzte rein wie der Morgen und in seinen Augen spiegelte sich der Regenbogen des Glücks. Ich hatte die Tafel gedeckt mit Reichtum und Fülle, ich hatte die Früchte gezeitigt, den Wein und die Speisen. Herrlich gehäuft boten diese Zeugen meines Überflusses sich mir wie Opfergaben dar, sie kamen in blinkenden Schüsseln und in fülligen Körben, und es blitzte der Wein, es blinkten die Früchte, süß und köstlich boten sie sich meinem Mund. Ich hatte Licht getan in die Stube und Licht in das Herz der Menschen. In den Gläsern funkelte die Sonne des Lüsters, wie Schnee glänzte der weiße Damast, und ich fühlte mit Stolz, die Menschen liebten dies Licht, das von mir ausging, und ich nahm ihre Liebe und berauschte mich an ihr. Sie boten mir Wein, und ich trank ihn bis zur Neige. Sie boten mir Früchte und Speisen, und ich erfreute mich ihrer Gaben. Sie boten mir Ehrfurcht und Dankbarkeit, und wie Speiseopfer und Trankopfer nahm ich ihre Huldigung hin.*
> (Aus: Stefan Zweig: Ungeduld des Herzens. Roman [1938]. Frankfurt a.M. 1963. S. 318f.)

neue Oberschicht

Das ist im technokratisch-liberalen Milieu anders, das aufgrund seiner Fortschritts- und Modernitätsorientierung bestrebt ist, auch in kultureller Hinsicht möglichst ‚auf dem Laufenden zu bleiben'. Tabubrüche, Inkohärenzen, Fiktionsstörungen und ähnliche Gestaltungsmerkmale der anspruchsvollen Gegenwartsliteratur werden hier weitaus häufiger toleriert. Schnitzler, Kafka und Döblin genießen höhere Wertschätzung als Bergengruen oder Carosa. Aufgrund des Kosmopolitismus und der Polyglottie beider Oberschichten muss dieser Namenskatalog um zahlreiche Einträge aus dem Bereich der kanonisierten Weltliteratur erweitert werden. Nicht selten werden in diesen Führungsschichten anspruchsvolle literarische Werke der ‚Weltliteratur' in der jeweiligen Originalsprache gelesen.

Trotz ihres auch in dieser Hinsicht beachtlichen Niveaus ist jedoch die

Oberschichtenkultur der Gegenwart keine Berufsleserkultur in dem Sinne, dass sie auf einer literaturwissenschaftlichen Erarbeitung der rezipierten Texte basieren würde. Literarische Bildung ist hier ein selbstverständliches Element einer höheren Kultur, zu der in gleicher Weise Malerei und Musik, Konversationskunst, Wohn- und Esskultur, Gartenkunst, Reisekultur und manches andere gehören, so dass Literatur und Lektüre in ihrer Bedeutung relativiert werden und ein bestimmtes Niveau zwar nicht unter-, aber in der Regel auch nicht überschreiten.

Textprobe 16
Oben auf der kleinen Vortreppe des Hauses stand, ihm sehr willkommen, der Wirt und leuchtete mit erhobener Laterne ihm entgegen. Flüchtig an den Fuhrmann sich erinnernd blieb K. stehn, irgendwo hustete es im Dunkel, das war er. Nun, er würde ihn ja nächstens wiedersehn. Erst als er oben beim Wirt war, der demütig grüßte, bemerkte er zu beiden Seiten der Tür je einen Mann. Er nahm die Laterne aus der Hand des Wirts und beleuchtete die zwei; es waren die Männer, die er schon getroffen hatte und die Artur und Jeremias angerufen worden waren. Sie salutierten jetzt. In Erinnerung an seine Militärzeit, an diese glücklichen Zeiten, lachte er. „Wer seid Ihr?" fragte er und sah von einem zum andern. „Euere Gehilfen", antworteten sie. „Es sind die Gehilfen", bestätigte leise der Wirt. „Wie?" fragte K., „Ihr seid meine alten Gehilfen, die ich nachkommen ließ, die ich erwarte?" Sie bejahten es. „Das ist gut", sagte K. nach einem Weilchen, „es ist gut, daß Ihr gekommen seid." „Übrigens", sagte K. nach einem weiteren Weilchen, „Ihr habt Euch sehr verspätet, Ihr seid sehr nachlässig." „Es war ein weiter Weg", sagte der eine. „Ein weiter Weg", wiederholte K., „aber ich habe Euch getroffen, wie Ihr vom Schlosse kamt." „Ja", sagten sie ohne weitere Erklärung. „Wo habt Ihr die Apparate?" fragte K. „Wir haben keine", sagten sie. „Die Apparate, die ich Euch anvertraut habe", sagte K. „Wir haben keine", wiederholten sie. „Ach, seid Ihr Leute!" sagte K., „versteht Ihr etwas von Landvermessung?" „Nein", sagten sie. „Wenn Ihr aber meine alten Gehilfen seid, müßt Ihr das doch verstehn", sagte K. Sie schwiegen. „Dann kommt also", sagte K. und schob sie vor sich ins Haus.
(Aus: Franz Kafka: Das Schloß [1926]. Hrsg. v. Malcolm Pasley [= Kritische Ausgabe. Hrsg. v. Jürgen Born u. a.]. Lizenzausgabe. Darmstadt 1982. S. 31 f.)

Berufsleser
Wieder anders sind die Lektüreanforderungen und Mediennutzungsgewohnheiten in der Gruppe der Berufsleser, die hier als nächstes anzusprechen ist, obwohl es sich bei ihr nicht um eine eigene soziale Schicht handelt. Darin liegt ein wesentlicher Unterschied gegenüber dem bürgerlichen Zeitalter, in dem höhere Bildung ein derart seltenes Privileg war, dass die Gebildeten neben dem Besitzbürgertum eine zweite gesellschaftliche Führungselite, das Bildungsbürgertum, darstellten und einen eigenen Lebensstil pflegten. In der Wissensgesellschaft des demokratisch-pluralistischen Zeitalters ist höhere Bildung demgegenüber zu einem Allgemeingut geworden. Nicht nur in den Ober-, sondern auch in den Mittelschichten verfügen viele Menschen über gymnasiale und akademische Bildungsabschlüsse. Und selbst in der Nachkommenschaft der Unterschichten finden sich zahlreiche Bildungsaufsteiger, die trotz ungünstiger Voraussetzungen einen Zugang zur literarischen Hochkultur finden. Literarische Kultur wird in der Gruppe der Berufsleser nicht als Bestandteil einer schichten-

Berufsleser

Bildung als Beruf spezifischen Form der Daseinsgestaltung auf natürliche Weise gelebt, sondern unter den Bedingungen einer mehr oder minder entfremdeten Berufstätigkeit erarbeitet (vgl. Goldmann 1964). Diese Entkopplung von gelebter und erarbeiteter Kultur bringt zwei Vor- und zwei Nachteile mit sich, die für die Entwicklung der Romangattung – wie gleich zu zeigen sein wird – von großer Bedeutung sind.

Autonomie Der erste Vorteil besteht in einer Stärkung des Autonomiegedankens. Da Sprachlehrer, Philologieprofessoren, Feuilletonredakteure und andere Angehörige der heute nach Hunderttausenden zählenden Berufsleserschaft in ihrem Kollegenkreis Menschen aus allen Sozialschichten vorfinden, können sie der fruchtbaren Illusion verfallen, dass die Höhenkamm- oder Weltliteratur eben jedermann ohne Ansehen seiner Herkunft oder Lebenssituation angehe und offen stehe. Dieser eigentlich naive Kuluregalitarismus entspricht den Gegebenheiten eines demokratischen Zeitalters und befördert eine tolerante Literaturpädagogik, die nach der Devise ‚allen das Beste' und nicht nach dem Motto ‚quod licet jovi, non licet bovi' verfährt. Während die Verfasser und Verleger von Trivial- und Unterhaltungsromanen ihre Klientel genau kennen und zielgenau ansprechen, beharren die kanonisierten Autoren der Gegenwart folgerichtig fast immer darauf, dass sie im Prinzip jedermann ansprechen. Das bedeutet nicht zuletzt, dass sie auf keinerlei schichtenspezifische Geschmacksdispositionen, Weltanschauungen oder Wertesysteme Rücksicht nehmen und deshalb de facto gedanklich so frei sind, wie dies kein Autor des bürgerlichen und erst recht des feudalistischen Zeitalters von sich hätte behaupten können. Tatsächlich beobachtet man in der modernen anspruchsvollen Romanliteratur eine Rückhaltlosigkeit bei der Infragestellung und Durchbrechung moralischer, politischer, gesellschaftlicher und sonstiger Tabus, die vom eingeschränkten Standpunkt der einzelnen schichtenspezifischen Kulturen aus schlechterdings unverständlich bleibt. Und auch in gestalterischer Hinsicht kennen viele moderne Vertreter der Höhenkammliteratur keine anderen Regeln als jene, die sich aus rein künstlerischen Überlegungen und aus der inneren Entwicklungsdynamik dieser Literatur selbst ableiten lassen. So wurde die Höhenkammliteratur endgültig frei von jeder gesellschaftlichen Bevormundung. Und so konnten extrem sperrige, schwer verständliche Texte entstehen, denen man schon nach einer Seite anmerkt, dass sie nur unter Zuhilfenahme gelehrter Kommentare und Nachschlagewerke gelesen werden können. Damit ist bereits der zweite große Vorteil der beschriebenen Entkoppelung angesprochen. Denn die Spitzenprodukte dieser Literatur für

Niveausteigerung Berufsleser erreichen ein stilistisches Niveau und einen philosophischen Tiefgang, die ohne entsprechende Fachkenntnisse nicht mehr zu realisieren und zu rezipieren sind. Der Ausdruck ‚Literatur für Berufsleser' meint hierbei einerseits die mehrfachcodierte, auch auf niedrigeren Verständnisebenen dechiffrierbare Literatur der Grass, Bachmann, Jelinek usw., andererseits aber auch die auf solche Fachkenntnisse regelrecht angewiesenen Texte eines Heißenbüttel, einer Friederike Mayröcker, eines Jürgen Becker

typische Themen etc. Zu den wichtigsten Gegenständen dieser Werke zählen die Entstehung des Faschismus, das Verhältnis der Geschlechter, die Auflösung der individuellen Identität unter den Bedingungen des Pluralismus, die Entauthentifizierung der Sprache im Zeitalter der Massenmedien, die Absurdität des

Daseins in einer vollständig entzauberten Welt, die Funktionslosigkeit der nicht mehr gelebten Hochkultur, die Perpetuierung obsoleter Machtverhältnisse in der Gestalt subtiler Denk- und Sprechverbote, die Unterschiede zwischen den Kulturen und Religionen und ähnliche aktuelle Grundfragen. Was moderne Romanautoren, von denen die meisten selbst studierte oder gar promovierte Geisteswissenschaftler sind, über diese Probleme geäußert haben, rechtfertigt jede Anstrengung, die man zur Erarbeitung ihrer Werke auf sich nehmen muss. Bevor dies genauer erörtert wird, seien hier aber noch die zwei Nachteile der oben beschriebenen Entkopplung genannt.

Erstens ist dies die oft sowohl bei Autoren als auch bei Berufslesern anzutreffende Verkennung der Möglichkeiten und Grenzen literarischer Kommunikation, und zwar in den beiden Spielarten einer extremen Unterschätzung oder einer nicht minder extremen Überschätzung dieser Möglichkeiten. Die besagte Entkopplung wird dabei einseitig als Verlust der gesellschaftlichen Verankerung und damit aller Wirkungskraft oder umgekehrt als Universalisierung (,geht jeden etwas an') wahrgenommen. Für die Entwicklung der modernen Romankultur hat dies zur Folge, dass man einerseits Versuche beobachtet, sich eine soziale Verankerung zurückzuerobern und populäre Genres wie den Krimi oder den Liebesroman im Sinne der Hochkultur zu veredeln. Auf der anderen Seite sieht man gerade im Fall der Romangattung immer wieder die Vorstellung, dass es den Romanautoren vorbehalten sei, die letzte und höchste, allgemein verbindliche Wahrheit über bestimmte Sachverhalte auszusprechen. In diesem Sinne ist z. B. nach 1989 in deutschen Feuilletons immer wieder der Ruf nach *dem* Roman der Wende bzw. *dem* Roman der deutschen Wiedervereinigung laut geworden, so als könne und müsse ein Romancier das Geschehen abschließend deuten und sakrieren.

Fehleinschätzung von Lektürewirkungen

Der zweite Nachteil der beschriebenen Entkopplung von gelebter und erarbeiteter Kultur ergibt sich aus der häufig damit verknüpften Monopolisierung des Literaturbegriffs durch die Berufsleser, die als Nachfolger des Bildungsbürgertums die Kanonisierungshoheit genießen und dabei u.U. ihre eigenen Dispositionen verabsolutieren (vgl. Bohnsack/Foltin 1999). So begegnen uns bis heute gattungsgeschichtliche Darstellungen, in denen die de facto gelesene Literatur nicht nur unterrepräsentiert ist, sondern größtenteils schlechterdings unerwähnt bleibt (z. B. Petersen 1991, Schärf 2001). Nicht die historische Realität der literarischen Kommunikation wird in diesen Studien abgebildet, sondern die Eigendynamik der autonomen Hochkultur, die unter fortwährender Selbstüberbietung zu einem jeweils aktuellen Höchststand gelangt, auf dem die ganze vorherige Kultur- und Gattungsentwicklung mitbedacht wird. So entsteht das geschönte, außerordentlich glänzende Bild einer großartigen deutschen Romankultur, die in jeder Epoche mit Spitzenleistungen aufwarten konnte und die alleine des Ehrentitels ,Literatur' würdig ist.

Monopolisierung des Literaturbegriffs

Gefahr der Geschichtsschönung

Um diesen Ehrentitel soll hier nicht gestritten werden. Aber im Falle des Romans führt eine solche Betrachtungsweise unausweichlich zu groben Verzerrungen, weil es für diese Gattung – wie bereits erwähnt – anders als für Ode, Hymne oder Elegie gerade charakteristisch ist, dass sie vom 19. Jahrhundert an für alle Schichten der Bevölkerung ein ihren jeweiligen Lektüreanforderungen entsprechendes Angebot bereithielt. Darin liegt die spezifische Leistung dieser Gattung und nicht darin, dass sie in einer ihrer vielen Erscheinungsformen jene geistige Entwicklungsbewegung nachvollzog, die auch dem Fortschritt der anderen Gattungen abzulesen ist. Damit ist klar, dass die traditionellen Epochenbegriffe der Literaturgeschichtsschreibung nicht mit Gewinn auf den Roman anwendbar sind, wenn man darunter nicht nur den Roman des Bildungsbürgertums und der Berufsleser versteht. Weder in der Repräsentationskultur der Oberschichten noch in der Unterhaltungskultur der Unter- und Mittelschichten gibt es Epochen wie Sturm und Drang, Klassik, Romantik, Realismus usw. Dennoch mit diesen Kategorien zu arbeiten ist so sinnlos, als wollte man umgekehrt Schlegels *Lucinde* auf ihren Gebrauchswert für Industriearbeiter hin beurteilen oder Scheerbarts *Liwûna und Kaidôh* (1901) als misslungenen Fantasy-Roman auffassen. Repräsentations-, Gelehrten- und Unterhaltungskultur haben jeweils ihre eigenen Funktionen und folgen ihren eigenen Gesetzen. Punktuelle Grenzüberschreitungen sind dabei möglich, ändern aber nichts an diesem Befund.

<small>Unzulänglichkeit traditioneller Epochenbegriffe</small>

Wenn wir nun vor diesem Hintergrund die Entwicklung des intellektuell anspruchsvollen Romans im 20. Jahrhundert nachverfolgen, können wir von dem bei der Analyse der bildungsbürgerlichen Literatur benutzten Begriffspaar ‚zeigen' versus ‚spielen' ausgehen. Vorausgreifend ließe sich sagen, dass diese beiden Optionen zugespitzt und verschärft worden sind.

Unter dem Aspekt einer Zuspitzung des Zeigens sollen hierbei die vielen Versuche in der anspruchsvollen Romanliteratur des 20. Jahrhunderts betrachtet werden, unter Anknüpfung an den Realismus und den Naturalismus Wirklichkeitsdarstellungen zu liefern, die dem neuen Wirklichkeitsverständnis des demokratisch-pluralistischen Zeitalters gerecht werden. Zu diesem Wirklichkeitsverständnis gehört erstens die Einbeziehung tabuierter Themen und Probleme im Sinne einer Radikalisierung des Naturalismus. Beispiele hierfür liefern Alfred Döblins *Berlin Alexanderplatz* (1929) mit seiner Darstellung der Gedanken und Empfindungen eines Zuchthäuslers sowie Erich Kästners *Fabian* (1931) mit seinem schonungslosen Porträt der von Irrsinn, Verbrechertum, Not und Unzucht geprägten Metropole Berlin. Zweitens findet man im ‚zeigenden' Roman eine Vielzahl von Versuchen, bestimmte Tatsachen oder Sachverhalte bis in ihre sozial- und mentalitätsgeschichtlichen Tiefendimensionen auszuleuchten, wie dies der wissenschaftlichen Geschichtsschreibung schon aufgrund der Begrenztheit ihres Quellenmaterials niemals möglich wäre. So entwirft Günter Grass in seiner *Blechtrommel* (1959) aus der Perspektive eines pikaresken Außenseiters und seiner Vorfahren das Panorama einer bis zur Groteske widersprüchlichen deutschen Gesellschaft des frühen 20. Jahrhunderts, die auch nach zwei selbst verschuldeten Weltkriegen noch unfähig zur Etablierung eines demokratischen Pluralismus ist. Heinrich Bölls *Gruppenbild mit Dame* (1971) entlarvt am Beispiel des Lebensweges der madonnenhaft tugendsamen Leni Pfeiffer die versteckten Machtmechanismen in Staat, Kirche, Familie und anderen sozialen Institutionen. Und Martin Walsers *Verteidigung der Kindheit* (1991) klärt in ähnlich kritischer Absicht über die geistigen und seelischen Folgen der deutschen Teilung auf. Eine vergleichbare Intention zur Aufdeckung verborgener, von Historikern und Journalisten übersehener Missstände prägt viele weitere deutsche Romane des 20. Jahrhunderts, von denen hier nur noch Heinrich Manns *Untertan* (1918), Siegfried Lenz' *Deutschstunde* (1968) und Jurek Beckers *Jakob der Lügner* (1970) erwähnt seien. Zum neuen Wirklichkeitsverständnis der Intellektuellen des 20. Jahrhunderts gehört schließlich drittens die Skepsis gegenüber einer teleologischen Geschichtsauffassung, die aus dem Nacheinander ein Wegeneinander macht und vereinzelte Daten und Fakten zu sinnvoll erscheinenden Abläufen zusammenbindet. Die Überbietung des Geschichtsschreibers durch den Romancier besteht in dieser Hinsicht darin, dass dieser die einzelnen Daten, Fakten, Wahrnehmungen oder Dokumente in ihrer Vereinzelung stehen lässt, ohne eine ‚große Erzählung', eine zusammenhängende Geschichte daraus zu entwickeln. Beispiele für derartige Formen eines chronikalischen, oft als ‚dokumentaristisch' bezeichneten Schreibens sind die vierbändigen *Jahrestage* (1970–83) von Uwe Johnson, die dreibändige *Ästhetik des Widerstands* (1975–81) von Peter Weiss sowie das mit vier Bänden ebenfalls recht umfangreiche *Echolot* (1993) von Walter Kempowski. Dem Leser bleibt es überlassen, das in allen drei Werken zu findende Mixtum compositum aus unterschiedlichsten Textsorten und Materialien vor seinem geistigen Auge zu ordnen und in einen inneren Zusammenhang zu bringen. Dass ihm hierbei das künstlerische Arrangement des Autors zu Hilfe kommt, lässt den Kunstcharakter derart ‚objektiver' Chroniken hervortreten und zeigt in besonders deutlicher Form, was auch für die anderen Formen des dokumentarischen Erzählens im Gegenwartsroman gilt, dass nämlich Gestaltungstechniken wie die Polyperspektivik, die Montage oder die Collage dafür benutzt werden, die im bürgerlichen Zeitalter noch ganz und ausschließlich für Zwecke des ‚Spielens' (und nicht des ‚Zeigens') eingesetzt wurden. Das ist weiter nicht erstaunlich, weil eben das zu Zeigende selbst im 20. Jahrhundert als etwas Disparates und in sich Zersplittertes wahrgenommen wird. Es bedeutet deshalb keine Zurückweisung, sondern eine Modernisierung des realistisch-mimetischen Prinzips, wenn zur adäquaten Abbildung einer als inkohärent wahrgenommenen Wirklichkeit das Gestaltungsprinzip der Inkohärenz verwendet wird (auch wenn dieses Prinzip oft nicht ganz so konsequent durchgehalten wird, wie es bei erstem Lesen den Anschein hat).

Eine bewusste Abkehr vom Ideal der Wirklichkeitserfassung begegnet uns demgegenüber in den verschiedenen Varianten des ‚Spielens'. Dass der Übergang vom Zeigen zum Spielen allerdings fließend ist, beweisen jene Werke, die auf eine Infragestellung erstarrter Denk- und Sprechmuster abzielen, um den Weg für neue Formen der Wirklichkeitswahrnehmung zu bereiten. Als Beispiele hierfür wären etwa die Kritik der vorpluralistischen Identitätskonzeption in *Mein Name sei Gantenbein* (1964) von Max Frisch, die Zurückweisung konventioneller Geschlechterrollenstereotype in *Malina* (1971) von Ingeborg Bachmann sowie die Bezweiflung und Zerstörung gängiger Phrasen und Denkklischees in Friederike Mayröckers *Reise durch die Nacht* (1984) zu nennen.

S. Lenz
Jurek Becker

Johnson
P. Weiss

zwischen Zeigen und Spielen

Textprobe 17

Ein anderes Leben –?
Ich stelle mir vor:
Ein Mann hat einen Unfall, beispielsweise Verkehrsunfall, Schnittwunden im Gesicht, es besteht keine Lebensgefahr, nur die Gefahr, daß er sein Augenlicht ver-

> liert. Er weiß das. Er liegt im Hospital mit verbundenen Augen lange Zeit. Er kann sprechen. Er kann hören: Vögel im Park vor dem offenen Fenster, manchmal Flugzeuge, dann Stimmen im Zimmer, Nachtstille, Regen im Morgengrauen. Er kann riechen: Apfelmus, Blumen, Hygiene. Er kann denken, was er will, und er denkt ... Eines Morgens wird der Verband gelöst, und er sieht, daß er sieht, aber schweigt; er sagt es nicht, daß er sieht, niemand und nie.
> Ich stelle mir vor:
> Sein Leben fortan, indem er den Blinden spielt auch unter vier Augen, sein Umgang mit Menschen, die nicht wissen, daß er sie sieht, seine gesellschaftlichen Möglichkeiten, seine beruflichen Möglichkeiten dadurch, daß er nie sagt, was er sieht, ein Leben als Spiel, seine Freiheit kraft eines Geheimnisses usw.
> Sein Name sei Gantenbein.
> Ich probiere Geschichten an wie Kleider!
> Ich sitze in einem Landgasthof.
> Ich hatte Glück, ich könnte jetzt nicht nur tot sein, sondern schuldig am Tod von elf Kindern, ohne strafbar zu sein – statt dessen also sitze ich in einem Landgasthof und bestelle einen Kirsch, während der Wagen (es ist nicht einmal meiner, sondern der Wagen von Burri) drüben in der Garage wartet auf Ersatzteile; ich wage nicht auszudenken, was hätte sein können ...
>
> (Aus: Max Frisch: Mein Name sei Gantenbein [1964]. Frankfurt a. M. 1975. S. 20.)

Wenn in Texten dieses Typs Elemente des Phantastischen erscheinen, so stehen sie im Zeichen einer Standortsuche, die das Wirkliche vom Nichtwirklichen aus zu erkennen ermöglicht. Das Konstruieren steht hier noch im Dienst des Dokumentierens, zielt also indirekt auf Wirklichkeitsfindung ab. Dies ist schon etwas weniger der Fall, wenn wie in Robert Musils *Mann ohne Eigenschaften* (1930–43) oder in Dieter Wellershoffs *Schattengrenze* (1969) das nicht zur Wirklichkeit gewordene Mögliche thematisiert wird, um das Bewusstsein des Rezipienten für jene Handlungsalternativen zu sensibilisieren, deren Existenz in der Geschichtswissenschaft wenn nicht bestritten so doch weitgehend skotomisiert wird (vgl. Wellershoff 1988). Insofern Musil und Wellershoff nicht auf erfundene Alternativen, sondern auf tatsächlich möglich Gewesenes rekurrieren, haben sie die Grenze zum freien Konstruieren noch nicht vollständig überschritten. In gewissem Sinne gilt dies auch noch für jene phantastischen Geschichten, die sich als Parabeln interpretieren lassen und die auf diese Weise einen – wenn auch abstrakten – Bezug zur geschichtlichen Wirklichkeit behalten. Das lässt sich unter anderem an Franz Kafkas *Schloss* (1926) und Hermann Kasacks *Stadt hinter dem Strom* (1947) verdeutlichen, denn trotz ihrer phantastischen Handlungen, Schauplätze und Figurenkonstellationen können beide Texte u. a. als komplexe Gleichnisse aufgefasst werden, die auf das Anwachsen der Anonymität, die Verwandlung personaler in funktionale Macht, die Gefahren der Technokratie und andere Probleme der modernen Gesellschaft verweisen. Gleichwohl wird bei der Lektüre derartiger Texte sofort erkennbar, dass sie sich nicht in solcher Parabolik erschöpfen. Das Phantastische erhält hier einen eigenen Wert und eine eigene Dynamik, die nicht mehr interpretatorisch stillzustellen ist. Das wird noch deutlicher, wenn wir uns den verschiedenen Spielarten der abstrakten Prosa zuwenden, in denen der Phantasie freier Lauf gelassen wird und in denen die Sprache nur noch

,spielende' Romane

der autonomen ästhetischen Gestaltung dient. Romane wie Carl Einsteins *Bebuquin oder die Dilettanten des Wunders* (1912), Gottfried Benns *Roman des Phänotyp* (1949) und Helmut Heissenbüttels *D'Alemberts Ende. Projekt Nr. 1* (1970) können als Beispiele hierfür genannt werden. In ihnen treten Handlungen und Figuren ganz in den Hintergrund, sofern sie überhaupt noch als solche zu erkennen sind. Statt dessen wird die Sprache selbst zum Gegenstand der Darstellung, wobei im Extremfall jeder Wirklichkeitsbezug abgewiesen und das Ton- oder Buchstabenmaterial nach musikalischen, malerischen oder völlig frei erfundenen ästhetischen Prinzipien rekombiniert wird. Aufgrund seines Umfangs eignet sich der Roman allerdings prinzipiell nur in geringerem Grad für eine bis zur letzten Konsequenz getriebene Entreferentialisierung. Auch das vielleicht berühmteste deutschsprachige Werk dieses nicht-dokumentarischen, konstruierenden Texttyps, *Zettels Traum* (1970) von Arno Schmidt, erschöpft sich nicht in reiner, schnell langweilig werdender Selbstreferentialität, sondern behandelt durchaus weltliche Themen wie Liebe und Sexualität, das Problem der Übersetzung, Werk und Person Edgar Allan Poes und anderes mehr. Das freie experimentelle Konstruieren der abstrakten oder absoluten Prosa wird also im Roman so gut wie immer auf bestimmte Schichten oder Abschnitte des Textes begrenzt. Das hängt gewiß zunächst mit dem Rezeptionsvermögen selbst der gebildetsten Leserschaft zusammen, die sich ein Werk wie *Zettels Traum* zu erarbeiten bereit ist. Der abstrakte Roman ist jedenfalls in der deutschsprachigen Literatur eine Rarität geblieben, ja seit den 1980er Jahren gibt es eine ‚Rückkehr zum Erzählen', bei der auf bewährte Gestaltungsprinzipien des populären Unterhaltungsromans zurückgegriffen wird. So bedient sich etwa Patrick Süskinds *Parfüm* (1985) des Instrumentariums der Kriminalgeschichte, und Christoph Ransmayrs *Letzte Welt* (1988) ähnelt in puncto Kompositionsstruktur einem traditionellen Detektivroman. Die im 20. Jahrhundert erfolgte Zuspitzung des Spielens bis hin zum freien Konstruieren scheint also in Gestalt der vollkommen entreferentialisierten, absoluten Prosa an eine Grenze zu stoßen, von der an – zumindest im Roman – keine Fortführung dieses Entwicklungszweiges der Gattung mehr durchsetzbar zu sein scheint (vgl. Scholl 1990).

Rückkehr zum Erzählen

Zum Abschluss der kurzgefassten Gattungsgeschichte lässt sich festhalten, dass der Roman zuerst die Repräsentationskultur der Oberschichten, dann die intellektuelle Kultur der gebildeten Schichten und schließlich auch die Unterhaltungskultur der Mittel- und Unterschichten erobert hat. Innerhalb dieser drei Hauptformen von literarischer Kultur hat es im Verlauf der Jahrhunderte erhebliche Veränderungen gegeben, aber der Roman hat sich – vielleicht als einzige von allen literarischen Gattungen – den Lektüreanforderungen sämtlicher Schichten und Epochen anpassen können. Eine Gattungsgeschichtsschreibung, die ihren Namen verdient und alle Erscheinungsformen des Genres in ihrer ganzen Vielfalt berücksichtigt, ist deshalb ein gleichermaßen anspruchsvolles wie lohnendes Unternehmen. Sie weitet sich zu einer Gesamtgeschichte der verschiedenen literarischen Kulturen in Deutschland aus und führt den Leser in alle Höhen und Tiefen der literarischen Kommunikation. Dabei zeigt sich auch, dass Freizeitverhalten und Mediennutzungsgewohnheiten der einzelnen Gesellschaftsschichten Phänomene der longue durée sind, die sich nicht inner-

Anpassungsfähigkeit des Romans

halb weniger Jahre oder Jahrzehnte verändern lassen. Das ist im Hinblick auf die Entwicklung der Gattung während der NS-Zeit zu unterstreichen, die zum Glück nicht lang genug dauerte, um eine *nachhaltige* Veränderung der Sozialstruktur, des Bildungsstandes, der zivilisatorischen Standards und damit auch der kulturellen Dispositionen herbeizuführen (vgl. Barbian 1995, S. 843 f. u. 855). Die damals vielgelesenen Kolonial-, Geschichts- und Kriegsromane eines Hans Grimm, eines Erwin Guido Kolbenheyer oder eines Edwin Erich Dwinger waren nicht erfolgreich, weil sie für den Faschismus agitierten, sondern weil sie längst etablierte Erzähltraditionen weiterführten, die ihr Publikum fanden, auch wenn die Trennungslinie zwischen Gut und Böse darin plötzlich anders verlief. Bezeichnend jedenfalls, dass Arnolt Bronnens Roman *O.S.* (1929), der faschistisches Denken in moderne literarische Formen zu kleiden versuchte, ein intellektuelles Experiment ohne größeren Widerhall blieb. Die Leser konventioneller Unterhaltungsromane konnten nicht plötzlich ihren Habitus wechseln und Montageromane lesen, selbst wenn sie politisch und weltanschaulich mit Bronnen übereinstimmten. Ähnlich verhält es sich im Falle der DDR-Literatur, wenngleich unter dem SED-Regime die Modernisierung der Gesellschaft verzögert und damit die Schichtenverteilung geringfügig verändert wurde (vgl. *Outfit 3*, 1994, S. 116). Nicht anders als von einem schweizerischen und österreichischen lässt sich deshalb auch von einem NS- oder DDR-Roman nur mit Bezug auf die Dominanz bestimmter Themen und Motive sprechen (vgl. Nutz 1999).

2. Poetikgeschichte, Ästhetikgeschichte

Anders als die Produkte der Repräsentations- und der Unterhaltungskultur haben die Romane für den Gelehrtenstand, für das Bildungsbürgertum und für die Berufsleserschaft zahlreiche intellektuelle Kommentare und Erläuterungen auf sich gezogen. Diese stammen zum größten Teil aus der Feder gebildeter Autoren oder Kritiker und wollen meistens im Sinne einer Normpoetik Regeln für die Abfassung ‚guter' Literatur entwerfen. Dazu kommt ein kleinerer Anteil von Stellungnahmen bedeutender Philosophen, die den einzelnen Künsten und Gattungen ihre Stellung und ihren Rang innerhalb des Gesamtsystems einer theoretischen Ästhetik anzuweisen versuchen. Die Wirkung derartiger Texte auf die tatsächliche Entwicklung der Romangattung wird von den Kennern der Materie als gering eingestuft (vgl. Steinecke 1984, S. 11–16 u. ö.). Nicht selten hat man es hier mit Stellvertreterkriegen zu tun, bei denen auf dem Schlachtfeld der Romanpoetik allgemeine weltanschauliche Fehden oder die Kämpfe der Gelehrtenkultur gegen die Repräsentationskultur der Oberschichten einerseits und gegen die Unterhaltungskultur der Mittel- und Unterschichten andererseits ausgefochten werden. Gerade deshalb verdienen die Romanpoetik und die Romanästhetik aber auch unser Interesse, denn sie geben damit, gegen den Strich gelesen, wertvolle Aufschlüsse über Selbstverständnis und Wirkungsabsichten jener Bevölkerungsschichten, die den intellektuell anspruchsvollsten Beitrag zur Entwicklung des deutschsprachigen Romans geleistet haben. Kosmopolitismus und Polyglottie dieser Schichten machen es erforderlich, dabei gelegentlich auch fremdsprachige Werke mit zu berücksichtigen.

Die Forschung hat sich – wie nach dem oben Gesagten nicht anders zu erwarten – sehr gründlich mit der Geschichte der Romanpoetik und -ästhetik auseinandergesetzt. Insbesondere in Gestalt der kommentierten Anthologien von Hartmut Steinecke und Fritz Wahrenburg bzw. von Eberhard Lämmert u. a. liegen zuverlässige Textsammlungen vor, die es jedem Interessierten erlauben, sich gründlich und schnell über die historische Entwicklung der deutschen Romantheorie zu informieren (Lämmert u. a. 1971 + 1975; Steinecke 1984; Steinecke/Wahrenburg 1999). Im Rahmen der vorliegenden Darstellung können nur einige zentrale Aspekte dieser weitläufigen, hochgradig ausdifferenzierten Theoriediskussion angesprochen werden. Das ist deshalb relativ leicht möglich, weil bestimmte Argumente für und gegen den Roman im Verlauf der letzten vier Jahrhunderte wieder und wieder ausformuliert und erörtert wurden. Sie kreisen hauptsächlich um das ästhetische Problem der ‚Kunstlosigkeit' des Romans, um die ethische Frage seiner ‚Unsittlichkeit', um den wirkungspsychologischen Verdacht der Beförderung von Eskapismus und Realitätsverlust, um die politischen Vorbehalte gegen sein demokratisch-revolutionäres Potential und schließlich um die wissenschaftstheoretischen Schwierigkeiten bei der Unterscheidung zwischen Roman und Geschichtsschreibung. Diese fünf Aspekte sollen nachfolgend detaillierter dargestellt werden.

fünf Hauptprobleme

Was zunächst das ästhetische Problem der vermeintlichen ‚Kunstlosigkeit' des Romans betrifft, so müssen wir uns ins Gedächtnis zurückrufen, dass die Kultur der Gelehrten des feudalistischen Zeitalters in den Werken der Griechen und Römer zeitlos gültige Vorbilder erkannte. Nur in Ausnahmefällen schrieben Gelehrte deshalb Romane, denn trotz der Werke von Heliodor, Longos oder Petronius war der Roman in der Antike keine verbreitete und respektierte Gattung gewesen. Insbesondere hatte er in der Poetik des Aristoteles und in der des Horaz keine Erwähnung gefunden, und er besaß in Gestalt des Versepos eine unmittelbare Konkurrenzgattung, deren wichtigste Exponenten, Homer und Vergil, zudem im humanistischen Kanon die allerobersten Ränge einnahmen. So kann es nicht verwundern, dass die Abwertung des Romans gegenüber dem Epos zu einer Konstante der Romanpoetik wurde. Die Auswirkungen dieser Debatte lassen sich bis in die Gegenwart hinein verfolgen. So werfen Leo Berg und Paul Ernst dem Roman noch zu Beginn des 20. Jahrhunderts seine im Vergleich zum Epos angeblich geringere Tiefe und Anschaulichkeit vor; Carl Spitteler, Richard Dehmel und andere bemühen sich – allerdings erfolglos – um eine Neubelebung des Versepos, und selbst Alfred Döblin, immerhin Verfasser eines der berühmtesten Gegenwartsromane, engagiert sich in Theorie und Praxis für dieses Ziel (vgl. Lämmert u. a. 1975; S. 60 f. u. 149 f.).

Vorwurf der Kunstlosigkeit

Können diese Positionen bereits als Reaktionen auf die im 19. Jahrhundert erfolgte Vermassung des Genres interpretiert werden, so waren es beim Übergang vom feudalistischen zum bürgerlichen Zeitalter zu einem guten Teil Bedenken hinsichtlich der Kunstlosigkeit der Prosa im Allgemeinen, die einer Etablierung der Gattung – neben dem erwähnten Mangel an bedeutenden antiken Mustern – zunächst im Weg standen. So wird der

Gottsched Roman z. B. in Gottscheds *Versuch einer Critischen Dichtkunst* (1730) in der Hierarchie der literarischen Gattungen ganz weit unten eingeordnet, ja es dauert bis zur vierten Auflage dieses Standardwerks der Aufklärungspoetik, bis dem Roman überhaupt einige kurze Bemerkungen gewidmet werden. *Schiller* Auch noch in Schillers Briefen an Goethe, z. B. in seinem Schreiben vom 20. Oktober 1797, wird der Roman als schlechterdings unpoetisch bezeichnet. Dass diese Gattung allzu sehr dem Konkreten, Partikulären, *Hegel* Ungeistigen verhaftet bleibe, ist auch der Tenor von Hegels damals kaum beachteten, erst im 20. Jahrhundert viel diskutierten Äußerungen in seinen *Vorlesungen über die Ästhetik* (1818–28). Mit spöttischem Unterton charakterisiert er den damals modernen Typus des Bildungs- und Entwicklungsromans:

„Mag einer auch noch so viel sich mit der Welt herumgezankt haben, umhergeschoben worden seyn, zuletzt beköммt er meistens doch sein Mädchen und irgend eine Stellung, heiratet, und wird ein Philister so gut wie die Anderen auch; die Frau steht der Haushaltung vor, Kinder bleiben nicht aus, das angebetete Weib, das erst die Einzige, ein Engel war, nimmt sich ohngefähr ebenso aus wie alle Anderen, das Amt giebt Arbeit und Verdrüßlichkeiten, die Ehe Hauskreuz, und so ist der ganze Katzenjammer der Uebrigen da" (zit. n. Steinecke/Wahrenburg 1999, S. 296 f.).

Der Roman erscheint hier als eine besonders prosaische, nüchterne Gattung, die sich in der Beschreibung alltäglicher Banalitäten und Partikularitäten erschöpft. Die Kunstlosigkeit der Form wird zu einem Indiz für die Geistlosigkeit des Inhalts erklärt, der sich auf die umständliche Beschreibung bürgerlicher Lebensverhältnisse beschränkt und gar nicht erst bis zum höheren Geistigen, zur intellektuell anspruchsvollen Erörterung philosophischer Grundsatzfragen durchdringt.

Gegenargumente Gegen diese Argumente ist freilich schon vom 17. Jahrhundert an vorgegangen worden, wobei sich im Wesentlichen drei Strategien unterscheiden lassen, nämlich eine didaktisch-funktionalistische, eine historische und eine im engeren Sinne gattungstheoretische. Das didaktisch-funktionalisti- *Huet* sche Argument wurde zuerst von Pierre-Daniel Huet in seiner Schrift *De l'Origine des Romans* (1670) formuliert, die den von Jean Desmarets, Madeleine de Scudéry und Gautier de Coste La Calprenède begründeten Trend zu schlankeren, klassizistischen Romanen aufgreifen und poetologisch fundieren wollte. In Eberhard Guerner Happels Roman *Der Insulanische Mandorell* (1682) erschien eine Übersetzung des Traktates von Huet, der im 18. Jahrhundert seine Wirkung in Deutschland entfaltet. Über den Zweck des Romanschreibens äußert sich Huet in der Übersetzung Happels wie folgt:

„Sie [die Romane] mussen mit Kunst / und nach gewissen Regeln geschrieben sein / sonsten wurde es ein verwirretes Misch-Masch ohne Ordnung und annehmlichkeit sein. Den vornehmsten Zweck der Romanen / oder welches zum wenigsten derselbe sein solte / und welches ihnen die Lesere allemahl vorstellen mussen / ist die Unterrichtung in einigen Dingen und Wissenschafften / da man dan allemahl die Tugent rühmen und das Laster straffen muß.
Gleich wie aber des Menschen gemüth von Natur eine feindin ist der Unterrichtungen / und die eigene Liebe den Menschen jederzeit beweget / der Unterweisung zu wiederstreben / also muß man ihn locken / und betriegen durch die vergnugung / die Strengigkeit der unterweisung versüssen durch die angenehme Vorbildung / und

seine gebrechen verbessern / in dem man sie an einem andern verdammet. Solcher gestalt ist der Luste des Lesers / welchen der Roman[-]schreiber zu seinem ziel setzet / nicht anders alß ein nothwendiger zweck zu unterweisung des Geistes und unterweisung der Sitten. Und die Romanen seind weniger oder mehr geregulieret / nach dem sie weniger oder mehr von diesen Gräntzen und End-zweck abweichen". [Zit. n. Steinecke/Wahrenburg 1999, S. 77.]

Huets Argumentation richtet sich gleichermaßen gegen die Exponenten der opulenten höfischen Romankultur wie gegen die gelehrten Verächter des Genres im Allgemeinen. Ein Roman kann belehren und bessern, wenn er klassizistische Regeln und Maße beachtet, und er kann dies sogar besser als andere Gattungen, weil er die strenge Unterweisung versüßt und die unterstellte natürliche Bildungsfeindlichkeit des Menschen überwindet. Die Gattung erscheint damit nicht mehr als intellektuell belangloses Produkt der Repräsentations- oder Unterhaltungskultur, sondern als Vehikel zum Transport geistiger Konterbande, die dem Leser eingeträufelt wird, ohne dass er es womöglich selbst bemerkt. Spätestens im Zeitalter der Aufklärung, als der standesbewusste Gelehrte zum volkspädagogisch ambitionierten Intellektuellen wurde, musste diese Botschaft auf Interesse und Widerhall stoßen.

Die zweite Strategie bei der Bekämpfung der ästhetisch fundierten Romankritik wurde im 18. Jahrhundert entwickelt und basierte auf dem Prinzip der Historisierung. Literarische Gattungen, so wurde hier argumentiert, gedeihen nur unter bestimmten kulturellen und gesellschaftlichen Rahmenbedingungen. Wandelten sich diese, müssten sich also auch jene verändern. Das Epos habe seine Zeit gehabt. Jetzt sei die Epoche des Romans angebrochen, der unter anderen Voraussetzungen anders vorgehen müsse, der aber gleichrangige Leistungen erbringe. Die wichtigsten Schriften, in denen dieser Gedankengang entwickelt wird, sind Christian Garves *Betrachtung einiger Verschiedenheiten in den Werken der ältesten und neuern Schriftsteller, insbesondre der Dichter* von 1770 sowie Friedrich von Blanckenburgs *Versuch über den Roman* von 1774. Bis in die Romantheorie des 20. Jahrhunderts hinein wird das historistische Argument, z. B. bei Otto Flake und Thomas Mann, immer wieder benutzt werden, um dem Versepos seinen Rang als überzeitlich gültiges Ideal streitig zu machen (vgl. Lämmert u. a. 1975, S. 151; Steinecke/Wahrenburg 1999, S. 444).

Historisierung

Das aus der Sicht eines eingefleischten Gelehrten gewiß schlagkräftigste Gegenargument gegen den Vorwurf der Kunstlosigkeit und der intellektuellen sowie ästhetischen Minderwertigkeit des Romans war aber das dritte, das im engeren Sinn gattungstheoretische Argument. In der achten Sammlung seiner *Briefe zu Beförderung der Humanität* (1796) wird Johann Gottfried Herder diesen Einwand formulieren, der dann besonders bei frühromantischen Romantheoretikern wie Friedrich Schlegel und Friedrich Ast auf Zustimmung und Unterstützung trifft (s. Steinecke/Wahrenburg 1999, S. 236, 264 u. 288). Die natürliche Schwäche des Romans, seine Unförmigkeit, Zuchtlosigkeit, Unkonturiertheit, wird hierbei geschickt zu einer Stärke umgedeutet. Herder sieht in ihm eine Synthese aller Gattungen, die epische, dramatische und lyrische Elemente in sich vereinigen und dadurch zu einer Supergattung werden kann, in der alle traditionellen Dich-

Synthese aller Gattungen

tungsformen aufgehen. Dagegen war wenig einzuwenden. Und tatsächlich stößt man gerade in den anspruchsvollen Romanklassikern von Schlegel, Tieck, Novalis und Goethe immer wieder auf Liedeinlagen und auf lange, dramenähnliche Dialogpassagen, die der synthetisierenden Kraft des Romans ein glänzendes Zeugnis ausstellen. Noch bei modernen Romantheoretikern wie Dieter Wellershoff und Hans-Josef Ortheil wird diese Vielseitigkeit der Gattung hervorgehoben und als Antidotum gegen die geistige Verödung des Menschen im Zeitalter der Massenmedien und der Bewusstseinsindustrie dargestellt (vgl. Steinecke/Wahrenburg 1999, S. 496f. u. 505). Das so lange zum Vorbild erhobene klassische Versepos erscheint aus diesem Blickwinkel defizitär und unzeitgemäß.

Vorwurf der Unmoral

Neben der Ästhetik war lange Zeit die Ethik die Hauptquelle, aus der die Einwände und Vorbehalte gegen den Roman gespeist wurden. Dabei zielte die Kritik nicht nur nach unten, gegen ‚Schmutz und Schund' der Kolportage, sondern gerade anfangs meistens nach oben, also gegen die Frivolität und die erotische Raffinesse der großen höfischen Romane. Tatsächlich war die Hofkultur – wenn auch nicht allerorten und jederzeit – eine stark sexualisierte Kultur, was sich nicht nur in den Bekleidungsstilen und im Konversationston, sondern auch in der literarischen Kommunikation niederschlug. Petronius, Boccaccio, Aretino und andere Meister der erotischen Dichtung waren hier nicht unbekannt, und gerade der Roman galt – noch bei Huet – als diejenige Gattung, in der vor allen Dingen Liebesgeschichten darzustellen waren und dargestellt wurden. Die gelehrte Kritik am höfischen Roman wurde deshalb nicht zuletzt von einem Affekt gegen das freie, frivole, ‚lasterhafte' Hoftreiben gespeist, dem die keuschere, asketischere Lebensweise des Geistesaristokraten entgegenstand.

Noch vehementer als nach oben wurde diese Kritik aber nach unten hin gerichtet. Die Unterhaltungskultur der Mittel- und Unterschichten wurde immer wieder mit dem Argument bekämpft, dass sie die Sitten verderbe, die Jugend gefährde, die Frau ihrer angeblich natürlichen Rolle als Mutter und Gattin entfremde und überhaupt Sand in das Getriebe der Familien- und Gesellschaftsmaschinerie streue. Der Roman galt und gilt in dieser Hinsicht als die verdächtigste unter allen Gattungen, und kaum ein Kritiker aus den Reihen der Gebildeten hat es versäumt, auf die mit seiner Lektüre verbundenen Gefahren warnend hinzuweisen. So schreibt etwa Johann Georg Heinzmann 1795 in seinem *Appell an meine Nation. Ueber die Pest der deutschen Literatur*:

„So lange die Welt stehet, sind keine Erscheinungen so merkwürdig gewesen als in Deutschland die *Romanenleserey*, und in Frankreich die *Revolution*. Diese zwei Extreme sind ziemlich zugleich mit einander großgewachsen, und es ist nicht ganz unwahrscheinlich, dass die Romane wohl eben so viel im Geheimen Menschen und Familien unglücklich gemacht haben, als es die so schreckbare französische Revolution öffentlich thut. Wenn man bedenkt, daß Sittenlosigkeit, Spott über ernsthafte Gegenstände, Leichtsinn, der alles zu unternehmen im Stande ist, Religions=Verachtung und thierische Triebe der Wollust in unsern neu aufblühenden Geschlechtern durch die Romanenlektür ausserordentlich verbreitet worden; so kann man warlich die Folgen nicht geringer berechnen – als daß eine Total=Revolution in der bescheidenen, alttreuherzigen Denkungsart vorgehen müsse, und die Nachkommen noch weit elender seyn werden, als wir es jetzt schon sind." [Zit. n. Wittmann 1991, S. 186.]

Derartige Tiraden konnten sich noch bis weit ins 19. Jahrhundert zur pauschalen Verdammung einer angeblichen Lesewut oder Lesesucht steigern, was insofern überrascht, als die Alphabetisierung zu den Basisforderungen der Aufklärung gehörte und außerdem – wie im vorherigen Kapitel geschildert – gerade in den Unterschichten eine beträchtliche Verfeinerung der Scham- und Peinlichkeitsstandards erreicht wurde, wobei dieser zivilisierende Aspekt zu einem Teil auch auf Inhalte und Verbreitungsgrad der Trivialromane zurückgeführt werden darf. Wenn E.T.A. Hoffmann gegen Ende seiner Erzählung *Des Vetters Eckfenster* (1822) feststellte, dass Anstand und Sitten des gemeinen Volkes in den letzten Jahrzehnten stark verbessert worden seien, so sprach er damit jedoch eine Wahrheit aus, die sich im Bewusstsein vieler Romankritiker nur sehr allmählich breit machen sollte.

Gleichwohl gab es von Beginn an auch Gegenstimmen, die um eine ethische Rehabilitierung der solcherart verfemten Gattung bemüht waren. Eine zentrale Rolle spielt hierbei der Begriff der Bildung. Dem Roman wurde die Fähigkeit zugesprochen, seine Leser auf effiziente Weise zu belehren, ihre Sitten zu verfeinern, ihr intellektuelles Niveau zu steigern. Und gleich zu Beginn dieser Debatte, noch im Barockzeitalter, wird hierbei ein äußerst schlagkräftiges Argument eingesetzt, dem die Zeitgenossen wenig entgegensetzen konnten, nämlich der Hinweis auf die strukturelle Verwandtschaft von Roman und biblischer Geschichte. Tatsächlich handelt es sich ja auch bei Bibelübersetzungen um längere Prosaerzählungen in allgemeinverständlicher Sprache, und nur der Fiktionscharakter des Romans unterschied ihn von diesen heiligen Schriften. Das ethische Argument war damit weitgehend entkräftet; es stand außer Frage, dass in der Form des Romans auch höchst ehrenwerte Inhalte transportiert werden konnten. Religiös-biblische Romane wie Grimmelshausens *Histori vom keuschen Joseph* (1667) oder Philipp von Zesens *Assenat* (1670) lieferten den praktischen Beweis für diese These und trugen in erheblichem Maß zur Steigerung der Gattungsreputation bei. Johann Rists *Gespräch über Romane* (1668) sorgte für eine poetologische Fundierung des religiösen Arguments.

Eine zweite Stoßrichtung der Argumentation ging von der Vorstellung aus, dass nicht die religiöse, wohl aber die gesellige Bildung des Menschen durch Romanlektüre befördert werden könne. Erdmann Neumeister hat diesen Gedanken in seinem *Raisonnement über die Romanen* (1708) erstmals ausformuliert, wobei noch die Vorstellung im Vordergrund steht, dass der Leser vor allen Dingen Anstand, Manieren, gutes Betragen und eine elegante Ausdrucksweise erlernen solle. Georg Friedrich Meier wird diese vom Galanterieideal geprägte Bildungsauffassung 1750 in seiner Antwort auf die Frage *Ob es erlaubt sey, die so genanten Romainen oder erdichteten Geschichte zu lesen?* psychologisch vertiefen und damit eine Argumentationslinie verfolgen, die sich bis in die Gegenwart hinein nachzeichnen lässt. Der Roman erscheint danach als das am besten zur Herzensbildung und Seelenerforschung geeignete Medium, und in der Tat entstehen ja vom 18. Jahrhundert bis in die Gegenwart hinein zahlreiche Romane, in denen die Psyche der Protagonisten bis in ihre feinsten Verästelungen hinein ausgeleuchtet wird. Die breite, von Denkern wie Moses Mendelssohn und Johann Georg Hamann beförderte Diskussion über die Romankonzeption

Gegenargumente

religiöse Bildung

gesellige Bildung

Herzensbildung

Jean-Jacques Rousseaus, der im 21. Brief des zweiten Teils seiner *Nouvelle Héloise* (1761–64) für eine derartige Psychologisierung eingetreten war, unterstützte diesen Trend. Der Roman konnte auf diese Weise zu einer Schule des Empfindens werden.

Aus der Sicht eines eingefleischten Gelehrten war aber auch in ethischer Hinsicht gewiss wieder die letzte der hier anzusprechenden Argumentationsstrategien ausschlaggebend, nämlich jene, die im Roman ein Vehikel nicht der geselligen oder psychologischen, sondern der geistigen Bildung im engeren Sinn erblickte. Der Vortrag des Ästhetikprofessors Karl Morgenstern *Ueber das Wesen des Bildungsromans* (1819) verwendet erstmals den – später durch Dilthey allgemein eingebürgerten – Begriff ‚Bildungsroman' und bricht eine Lanze für philosophische Romane in der Art von Wielands *Agathon*, Goethes *Wilhelm Meister* und Hardenbergs *Heinrich von Ofterdingen*. Reflexion und philosophischer Tiefgang sollen an die Stelle äußerer Handlungsfülle treten. Unter Anknüpfung an diesbezügliche Forderungen im 228. Paragraphen von Schopenhauers *Parerga und Paralipomena* (1851) wird Thomas Mann noch 1940 in seinem Vortrag *Die Kunst des Romans* dieses Argument zur Geltung bringen:

geistige Bildung

„Es wäre eine kühne Behauptung, daß der Schritt zum Prosa-Roman ohne weiteres eine Erhöhung, Verfeinerung des Lebens der Erzählung bedeutet hätte. Zunächst war der Roman wirklich eine krause und willkürlich-abenteuerliche Ausartung gebundener Epik. Aber er trug Möglichkeiten in sich, deren Verwirklichung auf seinem langen Entwicklungsgange von den spät-griechischen und indischen Fabel-Monstren bis zur *Education sentimentale* und den *Wahlverwandtschaften* uns berechtigt, im Epos nur eine archaische Vorform des Romans zu sehen. Das Prinzip aber, das den Roman diesen menschlich bedeutenden Weg hat gehen lassen, ist das der *Verinnerlichung*. [...] Das Prinzip der Verinnerlichung muß im Spiele sein bei jenem Geheimnis, daß wir atemlos auf das an und für sich Unbedeutende lauschen und darüber den Geschmack am grob aufregenden, robusten Abenteuer ganz und gar vergessen." [Zit. n. Steinecke/Wahrenburg 1999, S. 441 f.]

Der in diesem Sinne verfeinerte Geschmack des gebildeteren Teils der Leserschaft erlaubte es, Romane beinahe zu philosophischen Traktaten mutieren zu lassen und den Darstellungsschwerpunkt ganz auf die subtilen Abenteuer des Denkens zu verlegen. Die Gattung erfuhr dadurch eine intellektuelle Aufwertung, die den Vorwurf der Sinnlichkeit gegenstandslos werden ließ. Gleichzeitig wurde damit aber auch der Blick auf die Leistungen einer identifikatorischen Lektüre ‚grober' Abenteuer- und Liebesgeschichten verstellt. Die Intellektualisierungsstrategie blieb ein Defensivmanöver, das den Hütern der Sittlichkeit nicht in ihrer Bewertung des Romans, wohl aber in ihrer Vorstellung von Moral teilweise Recht gab.

Vorwurf der Eskapismusförderung

Der dritte traditionelle Haupteinwand gegen den Roman war psychologischer Natur und bezog sich auf die Gefahr eines drohenden Realitätsverlustes. Heute begegnet uns ein ähnliches Argument im Zusammenhang mit der Frage nach den schädlichen Auswirkungen gewaltbetonter Computerspiele. Auch hierbei wird befürchtet, dass manche Rezipienten die Grenze zwischen Wirklichkeit und Fiktion irgendwann nicht mehr erkennen können und womöglich sogar die Schreckenstaten nachahmen, die ihnen auf dem Bildschirm vorgeführt werden; dem Roman wurde Ähnliches unterstellt, als im frühen 19. Jahrhundert die Alphabetisierung zunahm und

Fiktivitätserkennungskompetenz

– wie im vorherigen Kapitel gezeigt wurde – größere Teile der Mittel- und Unterschichten zum Buch zu greifen begannen (vgl. Bonfadelli 1999).

Die Argumente der besorgten Volkspädagogen richteten sich dabei nicht auf die grundsätzliche, eher erkenntnistheoretische als psychologische Frage nach den allgemeinen Unterschieden zwischen Wirklichkeit und Fiktion. Schon seit Aristoteles war ja unumstritten, dass literarische Texte nicht die Wirklichkeit abbilden, sondern das tatsächlich Mögliche, das eine gewisse Wahrscheinlichkeit besaß, darstellen sollten. Nur vereinzelt traten deshalb Eiferer wie der Schweizer Theologe Gotthard Heidegger auf den Plan, die den Roman grundsätzlich der Lügenhaftigkeit ziehen und die Lektüre wahrhaftiger Geschichtsdarstellungen einforderten (vgl. Steinecke/Wahrenburg 1999, S. 87, 109; Lämmert u. a. 1971, S. 51). Weiter verbreitet war hingegen die Sorge, dass viele Leser nicht über eine ausreichende Fiktivitätserkennungskompetenz verfügen könnten, so dass ihnen subjektiv die objektiv gegebenen Unterschiede zwischen Fiktion und Wirklichkeit entgehen könnten. In dieser Situation schien es aus gelehrter Perspektive angeraten, nicht den Roman als solchen zu verbieten, aber doch jene Formen der Lektüre zu unterbinden, die mit derartigen Wahrnehmungs- und Erinnerungsstörungen einhergehen konnten. Distanzierung lautete die Formel, die hierbei in Anwendung gebracht wurde. Stilistisch äußerte sich dies in Fiktionsstörungen, Verkomplizierungen der Zeitstruktur und ähnlichen Kunstgriffen, die dem Leser immer wieder das Gemachte, Künstliche, Artifizielle des Textes vor Augen stellen sollten, so wie es im ersten Teil des vorliegenden Buches detailliert beschrieben wurde. Aber auch inhaltlich sollte der Roman gewissermaßen mit beiden Beinen auf dem Boden der Wirklichkeit bleiben, und so begegnen uns seither diverse Konzepte, die besonders praktische und realitätsbezogene Anforderungen an die Gattung stellen.

emotionale vs. intellektuelle Evidenz

Postulat der Distanzierung

lebenspraktische Funktionen

So liest man etwa in Christian Garves schon erwähnter *Betrachtung einiger Verschiedenheiten in den Werken der ältesten und neuern Schriftsteller, insbesondre der Dichter* (1770):

„Unsre Schauspiele, unsre Romanen, warum sind sie uns itzt so reizend, oder vielmehr so nothwendig geworden? Zum Theil deßwegen, weil sie uns in die menschliche Gesellschaft wieder versetzen, von der wir gewissermaßen ausgeschlossen sind; weil sie uns Menschen von allerley Ständen, und in weit wichtigern Auftritten ihres Lebens handelnd und redend zeigen, als wir selbst zu sehen Gelegenheit haben; weil sie uns wieder in die Häuser der Großen führen, zu denen wir keinen Zutritt mehr haben, und uns mit der Vorstellung schmeicheln, dass dort diese Großen uns ähnlicher, und weniger über uns erhaben sind, als sie zu seyn scheinen, wenn wir bloß die Mauern ihrer Palläste ansehen; weil sie uns in den niedrigsten Klassen, zu denen wir uns aus Vorurtheil und Stolz und angewöhntem Ekel nicht herablassen wollen, eben die Aeusserungen der Natur zeigen, die uns bey uns selbst gefallen. Mit einem Worte, weil sie uns das Vergnügen unter Menschen und unter Menschen aller Art zu seyn, das wir in der Wirklichkeit verloren haben, in der Erdichtung wieder verschaffen; und weil sie daher zugleich den Theil unsrer Kenntnisse ergänzen, den wir durch Erfahrung nicht mehr einsammeln können." [Zit. n. Steinecke/Wahrenburg 1999, S. 167.]

Der Roman bekommt hier die höchst lebenspraktische Aufgabe zugewiesen, Einblicke in das Leben der anderen Gesellschaftsschichten zu vermitteln und dadurch imaginär jene soziale Synthese zu erzeugen, die in der Realität der Ständeschranken und Klassenunterschiede nicht mehr herzustellen ist. In seiner Schrift *Beleuchtung des Romanes oder Was ist der Roman?* (1825) wird Hermann Münzenberger ähnlich argumentieren und dem Roman ganz praktische Belehrungsfunktionen zuweisen. Bei Julian Schmidt, einem der wichtigsten Theoretiker des Realismus lesen wir dann 1855, in der zweiten Auflage des dritten Bandes seiner *Geschichte der Deutschen Literatur im neunzehnten Jahrhundert*, dass der Schriftsteller das Volk bei der Arbeit aufsuchen und seine Berufswelt in die Darstellung einbeziehen solle.

Theodor Fontane hat 1875 in seiner kritischen Besprechung von Gustav Freytags Geschichtsroman *Die Ahnen* (1.–3. Teil, 1872–74) diesen Pragmatismus zu einem Gipfel geführt:

„Was soll ein Roman? Er soll uns, unter Vermeidung alles Uebertriebenen und Häßlichen, eine Geschichte erzählen, an die wir *glauben*. Er soll zu unserer Phantasie und unserem Herzen sprechen, Anregung geben, ohne aufzuregen; er soll uns eine Welt der Fiktion auf Augenblicke als eine Welt der Wirklichkeit erscheinen, soll uns weinen und lachen, hoffen und fürchten, am Schluß aber empfinden lassen, theils unter lieben und angenehmen, theils unter charaktervollen und interessanten Menschen gelebt zu haben, deren Umgang uns schöne Stunden bereitete, uns förderte, klärte und belehrte. [...] Der Roman soll ein Bild der Zeit sein, der wir selber angehören, mindestens die Wiederspiegelung [sic!] eines Lebens, an dessen Grenze wir selbst noch standen, oder von dem uns unsere Eltern noch erzählten." [Zit. nach Steinecke/Wahrenburg 1999, S. 376.]

Das vorübergehende Sichverlieren des Lesers in der Fiktion kann hier gestattet werden, weil diese Fiktion nichts Bedenkliches und Befremdliches mehr an sich hat. Wer in sie eintaucht, steht mitten in der Wirklichkeit, ja sogar in einer verklärten, von allem Anstößigen gereinigten Wirklichkeit. Gewiß gibt es auch hier den Irrtum, das Versehen, die menschliche Schwäche. Aber das Böse, Gemeine und Niedrige findet in dieser Welt keine Bleibe; fast wäre es besser, in Fontanes Berlin als in der wirklichen Großstadt Berlin zu leben. Die Phantasie ist dermaßen gezähmt, dass die Fiktion die Wirklichkeit an Dezenz und Wohlanständigkeit überbietet. Die Gefahr des Realitätsverlustes ist hier keine Gefahr mehr. Der psychologisch motivierte Vorbehalt gegen die Romanlektüre fällt in sich zusammen.

Und doch ist hiermit das zugrunde liegende Problem noch nicht endgültig gelöst gewesen. Denn auch der Realismus überlebte sich als literarische Epoche, und die Phantasie eroberte das verlorene Terrain des anspruchsvollen Romans schnell zurück. Das hängt mit der Veränderung des Wirklichkeitsverständnisses beim Übergang vom bürgerlichen zum demokratisch-pluralistischen Zeitalter, mit den Herausforderungen der Psychoanalyse, mit dem Konkurrenzdruck der neuen elektronischen Medien, mit einer veränderten Definition des ‚Uebertriebenen und Häßlichen', aber auch mit einer neuen ethischen Bewertung des Fiktionalitätsproblems zusammen. Als Beispiel hierfür seien einige Auszüge aus Wolfgang Hildesheimers Frankfurter Poetik-Vorlesung über *Die Wirklichkeit des Absurden* (1967) zitiert, in denen er für die Ersetzung des Romans durch absurde Prosa plädiert:

neues Wirklichkeitsverständnis

„Ich möchte Adornos Wort, daß nach Auschwitz ein Gedicht zu schreiben barbarisch sei, in sein Gegenteil verkehren, nämlich, daß nach Auschwitz *nur noch* das

Gedicht möglich sei, dazu allerdings auch die dem Gedicht verwandte ‚absurde Prosa'. Ich möchte weiterhin behaupten, daß nach Auschwitz der Roman nicht mehr möglich sei. Auschwitz und ähnliche Stätten haben das menschliche Bewußtsein erweitert, sie haben ihm eine Dimension hinzugefügt, die vorher kaum als Möglichkeit bestand. […] Aber der Roman bagatellisiert diese Dimension, indem er sie schweigend übergeht oder Teil-Aspekte behandelt wie das geteilte Deutschland oder die Unzulänglichkeit seiner Kirche. […] Ich trete nicht für den Konzentrationslagerroman ein, nicht für den Roman über Kollektivschuld und Sühne, auch das wären Teilaspekte, sondern für das weite Panorama eines an allen Schrecken und Grauen, an aller Tragik und Komik des Lebens geschulten Bewußtseins, und dafür kann der Roman nicht der Ort sein, denn er konstruiert den Einzelfall und bietet ihn dem Leser zur Identifikation an." [Zit. n. Steinecke/Wahrenburg 1999, S. 473f.].

Fontanes verklärte Wirklichkeiten erscheinen aus dieser Perspektive wie die eigentliche, größte Lüge. Das Sichverlieren in der Fiktion ist wieder fragwürdig geworden, weil diese Fiktion die neuen Bewusstseinsdimensionen, von denen Hildesheimer spricht, nicht mehr erfassen kann. Man mag darüber streiten, ob ein Text wie Hildesheimers *Masante* (1973) nicht dennoch als Roman bezeichnet werden kann. Aber von diesem Einzelfall abgesehen bleibt das Faktum zu konstatieren, dass die zwischenzeitlich vom Roman des bürgerlichen Realismus beantwortete Frage des Eskapismus in der (Höhenkamm-)Literatur des 20. Jahrhunderts aufgrund der historischen Entwicklung neue Bedeutung erlangt hat. Und was die populäre Kultur betrifft, so hat (zuerst das Fernsehen und danach) das Computerspiel zwar den Roman als den Hauptgegenstand der Kritik abgelöst. Aber weder in der Literatur- noch in der Medienpsychologie gibt es ein Einvernehmen darüber, ob und unter welchen Voraussetzungen eine identifikatorische Rezeption in Eskapismus umschlagen oder sogar zu echtem Realitätsverlust führen kann.

Das vierte Hauptargument der Romankritiker kann demgegenüber als geschichtlich überholt und erledigt bezeichnet werden. Es speiste sich aus politischen Bedenken und Vorbehalten gegen das demokratisch-revolutionäre Potential des Romans und schlug sich in diversen Zensurverfahren nieder, unter denen der Prozeß gegen Karl Gutzkow wegen seines typischen Verlaufs besondere Beachtung verdient und hier als Beispiel dienen kann. Gutzkows Skandalroman *Wally, die Zweiflerin* (1835) schildert die letzten Jahre der Selbstmörderin Wally, die sämtliche Normen und Werte der Gesellschaft in Frage stellt, einen nonkonformistisch-libertinen Lebensstil pflegt und auch die Wahrheiten der christlichen Offenbarung nicht mehr gelten lässt. Der Erzähler beschreibt ihren Niedergang in ironisch-distanzierter, ja streckenweise geradezu gefühlskalter Weise, gibt dabei jedoch auch die Konventionen und Institutionen der bürgerlichen Gesellschaft ätzendem Spott preis. Nur wenige Wochen nach dem Erscheinen wird *Wally, die Zweiflerin* in Preußen und Württemberg verboten. In München, Frankfurt und anderen Städten werden Konfiskationen durchgeführt. Und Gutzkow selbst wird im Januar 1836 wegen Gotteslästerung, Verächtlichmachung des christlichen Glaubens und der Kirche sowie Darstellung unzüchtiger Gegenstände angeklagt und zu einem Monat Gefängnishaft verurteilt. Der am 15. November 1835, drei Monate nach Erscheinen des Romans verfasste Geheimbericht eines Spitzels gibt zu erkennen, welche Befürchtungen der Zensurbehörden hierbei im Hintergrund standen:

<small>Vorwurf der politischen Subversion</small>

<small>*Wally, die Zweiflerin*</small>

<small>Zensurspitzel</small>

"Sobald der Kirche in Romanen und dergleichen Schriften, welche heruntersteigen in die Mitte des Volkes und von ihm, der gefälligen Einkleidung wegen, mit nie gekannter Begierde gelesen werden (wie mit der ‚Wally' wirklich geschieht, die von Hand zu Hand auch bei gebildeten Ungelehrten wandert), der Kampf erklärt wird, wird er in seinen Folgen äußerst gefährlich, er ist nicht allein der Kirche, nein er ist dem Staate – ja dem Staate erklärt. Wenn das Volk erst einmal die Kirche mit herzlichem Verachten anblickt, so wird es den Staat (die Regierung) mit Mißtrauen betrachten, da der Staat eine Stütze in der Kirche sucht und wirklich auch findet. Ist es aber einmal erst so weit gekommen, dann bedarf es nur einer geschickten Anregung, und die Anarchie fängt an zu glimmen, um vielleicht bald in hellen Flammen aufzuschlagen." [Zit. n. Gutzkow 1998, S. 260f.]

Wie uns die moderne Wirkungspsychologie lehrt, dürften derartige ‚Befürchtungen' unbegründet sein. Aber in den Augen der Zensurbehörden war und blieb der Roman eine besonders einflussreiche und deshalb besonders verdächtige Gattung, die es scharf zu kontrollieren galt. Das zeigte sich auch in der Nazi-Zeit, als wieder einmal nach Alternativen zu der ‚unzuverlässigen' Romangattung gesucht wurde. Saga und Epos wurden ins Spiel gebracht und als höherwertige dichterische Ersatzformen für den ‚zivilisationsliterarischen', undeutschen Roman empfohlen. Als dies nicht gelang, bemühte man sich – ebenfalls weitgehend erfolglos – um eine Germanisierung der Gattung (vgl. Lämmert u. a. 1975, S. 206–215). Ganz ähnlich zielte auch die Kulturpolitik der SED auf eine ideologische Instrumentalisierung der wirkungsmächtigsten aller literarischen Gattungen; Bodenreformromane, Betriebsromane, Ankunftsromane und weitere vergleichbare Formen der affirmativen Großerzählung sollten veranschaulichen, dass und wie die Probleme des Sozialismus zu lösen sind (vgl. ebd., S. 285–287).

‚die demokratische Gattung' Unerachtet solcher Versuche zur direkten Indienststellung ist der Roman seit dem 19. Jahrhundert immer wieder als ‚demokratische' Gattung bezeichnet und behandelt worden. Wolfgang Menzels Aufsatz *Walter Scott und sein Jahrhundert* (1827) wandte dieses Attribut zunächst nur auf den historischen Roman an, der nicht mehr einzelne Individuen, sondern ganze Völker in ihrer geschichtlichen Entwicklung porträtiere. Doch schon *Heinrich Laube* sechs Jahre später wird der liberale Jungdeutsche Heinrich Laube ein Entwicklungsprogramm für den deutschen Roman entwerfen, das ganz im Gegensatz zu Menzel direkte Zeitbezogenheit fordert und den Roman zu einem Katalysator der politisch-gesellschaftlichen Modernisierung erhebt:

„[...] der Roman ist die schön herausgeputzte Idee der jedesmaligen Gesellschaft, all ihre Vorzüge, all ihre Unarten werden ihm auf die Zunge gelegt, und doch – es klingt wie ein Wunder und ist doch keins – und doch ist im allgemeinen unser jetziger Roman ein Roman von gestern, d. h. aus der vorigen Zeit. Und wenn die Helden auch Jakobinermützen auf dem Kopfe, Constitutionsjacken auf dem Leibe, Republicanerhosen an den Beinen haben: es ist nur auswendig, darunter steckt der unveränderliche deutsche Philister mit der Pietät, dem Sonntagschristenthume, der Liebäugelei mit dem Tode, der Unterwürfigkeit unter den Ehepantoffel, mit der Mappe von der Universität, mit seinem ganzen Respecte vor Accis- und Zollbeamten, romantischer Vergangenheit und altem Krame. Schon ist die Jugend neu, schon ist die Atmosphäre erfüllt mit jungen Ideen, schon zappelt's Millionen in Händen und Füßen, modern zu handeln, begierig hören sie hier und da von socialer Umgestaltung, die mit der politischen Hand in Hand gehe – funfzehn Romane, und die

Millionen sind auf den Weg gebracht; wer schreibt sie?" [Zit. n. Steinecke/Wahrenburg 1999, S. 335 f.]

Es kann nicht überraschen, dass solche Formulierungen den Argwohn der Zensurbehörden weckten. Ein Jahr nach Erscheinen des oben zitierten Artikels in der von ihm redigierten *Zeitung für die elegante Welt* (vom 23.5.1833) wurde Laube für neun Monate in Untersuchungshaft genommen. Doch seine Appelle verhallten nicht ungehört. Von Hermann Marggraff über Heinrich Mann und Georg Lukács bis hin zu Christa Wolf und Heinrich Böll gibt es seither eine Vielzahl von Gattungstheoretikern und Romanschriftstellern, die den Roman als wichtiges Instrument der politisch-literarischen Aufklärung und Demokratisierung verstehen.

Laubes en passant formulierte Idee, dass der Roman „die schön herausgeputzte Idee der jedesmaligen Gesellschaft" sei, können wir als Überleitung benutzen, um das fünfte und letzte der hier darzustellenden Hauptthemen der Romanpoetik anzuschneiden. Dabei handelt es sich um die genauere Bestimmung des Unterschiedes zwischen (Geschichts-)Roman und geschichtswissenschaftlicher Darstellung. Bis in das Barockzeitalter hinein galt hierbei fast durchgängig als Communis opinio, was schon Aristoteles im dritten Kapitel seiner *Poetik* dargestellt hatte, nämlich dass der Historiker beschreibt, was tatsächlich geschah, während der Dichter ausmalt, was (tatsächlich) hätte geschehen können. Letzteres galt für Aristoteles und die meisten seiner Nachfolger als die höhere der beiden Künste. Denn der Geschichtsschreiber bleibe auf das Partikuläre beschränkt, während der Schriftsteller das Allgemeine, Wesentliche, Typische und Wahrscheinliche ergründen könne. Von Sigmund von Birken über Christian Thomasius bis hin zu Hermann Kurz weist die Geschichte der Romanpoetik eine Vielzahl derartiger Argumentationen auf, die den Vorrang des Romans oder zumindest die Gleichrangigkeit von Roman und Geschichtsdarstellung dadurch nachzuweisen versuchen, dass sie die intellektuelle oder stilistisch-künstlerische Leistung des Romanciers ganz grundsätzlich als größer darstellen (vgl. Lämmert u.a. 1971, S. 24, 40f. u. 310).

Es stellt deshalb eher die Ausnahme als die Regel dar, wenn der Schweizer Theologe Gotthard Heidegger 1698 eine Philippika gegen den Roman publiziert, in der sämtliche Vorurteile und Negativargumente gegen die Gattung zusammengefasst sind. Die angebliche Lügenhaftigkeit der Romane spielt eine Hauptrolle in dieser Schrift mit dem Titel *Mythoscopia Romantica oder Discours Von den so benanten Romans*:

Vorwurf der Geschichtsfälschung

Gotthard Heidegger

„Bißher wurden die Roman, als Heydnischer Tand / und Zeitverderber verfolgt. Forthin müsten sie sich auch als Lügen und Fablen betrachten lassen. Denn (raisoniert man) ist das ohne Zweifel ein gar wichtig bedencken / daß wer Romans list / der list Lügen. [...]
Die Roman-Schreiber betriegen uns / wie die schlechte Mahler und Wand-Dorcker / welche Schlösser / Bösche / See / Brücken / Gärten etc. umher schmieren / die nirgend seyn! [...]
Es seyn einige Romans, die den Zettel auß wahrhafften Historien entlehnen / wie der Arminius, Cleopatra, Statira etc. aber indem sie ihn mit erlognen Umständen durchweben / oder auch wahrhaffte Historien under alten Nammen / mit falschen Circumstanzen beymengen / wie der Arminius, werden sie vil schlimmer / als die vorigen / denn sie machen die wahrhaffte Geschichten zu Lügen / sie liegen nicht allein / sonder affrontieren auch höchlich die unschuldige Wahrheit / und indem sie

mit ihrem Lügenschmier dieselbige verstellen / und / was einem nachsinnenden Gemüth / das ärgste und unerleidlichste ist / fälschen und erstücken sie auß eignem Stör-Kopff die Eventus und Verläuffe / die der Höchste der in dem Himmel ist / und *schaffet was Er will* / auß geheimem Raht-Schluß / zu seiner Ehr / auff seine Weise geordnet." [Zit. n. Steinecke/Wahrenburg 1999, S. 90–92.]

Neben den bekannten Topoi der Fiktionskritik (s. o.) findet man bei Heidegger zusätzlich den Vorwurf der Selbstüberhebung, also der Hybris, ausformuliert. Der Romanautor kränkt und beleidigt den Schöpfer, indem er eine Gegengeschichte zur einzig wahren, gottgewollten Geschichte entwirft und sich damit auf eine Stufe mit dem ‚Höchsten im Himmel' stellt. Im Zeitalter der Aufklärung wird man über diesen Vorwurf hinwegschreiten, und das 19. Jahrhundert wird uns von Balzac bis zu Proust eine Fülle wahrhaft hochambitionierter Romanprojekte bringen, deren Ausführung beinahe übermenschliche Kraftanstrengungen erforderte. Das moralisch-theologische Argument fand in der Kritik an diesen Großprojekten jedoch keine Verwendung mehr. Schon nach wenigen Jahrzehnten wurde Heidegger fast nur noch von seinen Gegnern zitiert, die seine *Mythoscopia Romantica* als Musterbeispiel für eine fortschrittsfeindliche, moralistische Normpoetik darstellten. Erst im demokratisch-pluralistischen Zeitalter wird der Romanschriftsteller wieder der Lüge bezichtigt werden, und zwar aufgrund einer veränderten Wirklichkeitsauffassung, die – besonders nach den Erfahrungen des ‚Dritten Reiches' – jede angeblich authentische Widerspiegelung des Wirklichen als naive, wenn nicht gar als ideologisch-manipulative Illusion erscheinen lässt. In seinem Vortrag über den *Standort des Erzählers im zeitgenössischen Roman* (1954) hat Theodor W. Adorno dies wie folgt formuliert:

neuer Lügenvorwurf

„Wer heute noch, wie Stifter etwa, ins Gegenständliche sich versenkte und Wirkung zöge aus der Fülle und Plastik des demütig hingenommenen Angeschauten, wäre gezwungen zum Gestus kunstgewerblicher Imitation. Er machte der Lüge sich schuldig, der Welt mit einer Liebe sich zu überlassen, die voraussetzt, daß die Welt sinnvoll ist, und endete beim unerträglichen Kitsch vom Schlage der Heimatkunst." [Adorno 1954, S. 41.]

Der moderne Roman müsse deshalb, so Adorno, die Prinzipien des bürgerlichen Realismus endgültig verabschieden. Das Fehlen eines vorgegebenen Sinns müsse als Realität erkannt werden, von der aus die Wirklichkeit zerrissen erscheine und auch im Roman erscheinen müsse. Nur der in diesem Sinn modernisierte Roman entgehe dem Vorwurf der Lügenhaftigkeit. Abzulehnen sind deshalb chronologische Zeitkonzeptionen, eine illusionistische Schauplatzbeschreibung, eine alltagssprachlich-leichtverständliche Diktion und ähnliche Gestaltungsmittel, die eine identifikatorische Versenkung in die heile Welt einer geordneten Fiktion ermöglichen.

Mit diesem Hinweis auf Adorno haben wir allerdings schon weit vorausgegriffen, denn im bürgerlichen Zeitalter gab es zunächst noch ganz andere, zum Teil recht simple Erörterungen zum Verhältnis zwischen Geschichte und Romankunst. Das vielleicht einfachste Argument geht von einer Komplementärrelation aus; wie der Historiker für das Vergangene so sei der Romancier für das Gegenwärtige zuständig, das sich dem analysierenden Zugriff des Geschichtswissenschaftlers in seiner unübersichtlichen Fülle und Widersprüchlichkeit entziehe. Bei Ludolf Wienbarg und Fried-

Gegenargumente

rich Spielhagen, aber auch in den bereits zitierten Schriften Heinrich Laubes und Theodor Fontanes (s. o.) finden sich diesbezügliche Äußerungen, die freilich nicht ausschließen, dass auch der historische Roman, etwa unter didaktischen Gesichtspunkten, als nützlich erachtet wird. Die eigentliche Domäne des Romanautors soll jedoch die von ihm selbst erlebte Gegenwart sein. Die Konkurrenz mit dem Historiker wird dadurch auf gleichsam natürliche Weise zu einer partnerschaftlichen Zusammenarbeit umgedeutet.

_{Komplementärrelation}

Anders verhält es sich bei jenen Autoren, die weniger eine zeitliche als vielmehr eine aus den Darstellungsgegenständen sich ergebende Grenze zwischen Romankunst und Geschichtsschreibung fixieren wollen. Das geschieht insbesondere dort, wo Fragen der Alltagsgeschichte und der Mentalitätsgeschichte berührt werden, wie sie in der Historiographie des bürgerlichen Zeitalters tatsächlich noch kaum eine Rolle spielten. Obliegt dem Geschichtswissenschaftler die Beschreibung der ‚großen', offiziellen Ereignisse und Persönlichkeiten, so kann sich der Romancier mit der Fülle des ‚kleinen', privaten Alltagsgeschehens auseinandersetzen. In Karl Gutzkows Vorstellung von einem ‚Roman des Nebeneinander', der das gesamte Spektrum der sozialen Schichten abzubilden hätte, in Gustav Freytags und Julian Schmidts Plädoyers für die Thematisierung der modernen Berufswelt, aber auch und besonders in der von Wilhelm Bölsche und anderen Naturalisten geforderten Hinwendung zu den tabuisierten Abgründen des psychischen und des gesellschaftlichen Lebens macht sich diese Idee im 19. Jahrhundert immer wieder geltend (vgl. Lämmert u. a. 1971, S. 323, 326 f. u. 359; Lämmert u. a. 1975, S. 41–46). Die teilweise erbitterten publizistischen Fehden zwischen den vier genannten Autoren veranschaulichen, dass derartige Konzepte sehr unterschiedlich begründet sein konnten. Doch in unserem Kontext ist daran nur von Bedeutung, dass so oder so eine Erweiterung des literarischen Themenspektrums in jene Bereiche hinein postuliert wurde, die dem Zugriff und der Aufmerksamkeit des Historikers damals entzogen blieben.

Alltags- und Mentalitätsgeschichte

Im Gefolge der deutschen Zola-Rezeption kam es gegen Ende des 19. Jahrhunderts zu einer von Georg Brandes, Arno Holz, Hermann Bahr, Wilhelm Bölsche u. a. geführten Diskussionen über die Möglichkeiten und Grenzen eines naturwissenschaftlich verfahrenden Romans (vgl. Lämmert u. a. 1975, S. 31–46). Zolas Aufsatz *Der Experimentalroman* (1879) hatte bekanntlich die These enthalten, dass der moderne, ‚naturalistische' Romancier in der Art eines Mediziners objektive Tatsachen des (sozialen) Lebens darzustellen habe, zu denen insbesondere der Einfluß erb- und milieubedingter Faktoren auf das Individuum gehöre. Auch wenn umstritten blieb, ob Zolas eigene Werke dem Ideal einer ‚kalten', objektiv-wissenschaftlichen Schreibweise genügten, war damit doch ein neuer Gegenstandsbereich für die Romankunst erobert. Alkoholismus, Prostitution, Gewalt in der Familie, Idiotismus und ähnliche Phänomene, die in der Geschichtsschreibung allenfalls einer Fußnote gewürdigt wurden, konnten und sollten thematisiert und wissenschaftlich-künstlerisch erforscht werden. Am Ende des bürgerlichen Zeitalters war der Roman damit de facto zu einer Universalgattung geworden, die schlechterdings alles, vom Höchsten bis zum Niedrigsten und vom Alltäglichsten bis zum Exzentrischsten, darzustellen erlaubte.

Einfluss von Zola

Totalität So konnte Georg Lukács wenige Jahre später in seiner *Theorie des Romans* (1916) mit Recht konstatieren, dass der Roman als „die Epopöe der gottverlassenen Welt" die Aufgabe erfülle, „die verborgene Totalität des Lebens aufzudecken und aufzubauen" (zit. n. Lämmert u. a. 1975, S. 118f.). Über Sinn und Bedeutung des Begriffs ‚Totalität' ist seither in der Romantheorie ausdauernd gestritten worden (vgl. Schärf 2001, S. IX u. XV f.). Bei Lukács meinte er ein organisches Zusammenspiel, wie es die Wirklichkeit in der Gegenwart selbst nicht mehr enthalte und wie es deshalb nur noch durch die Subjektivität eines alles ironisierenden Erzählers vom Typ Thomas Manns künstlich herzustellen sei. Darin unterschied er sich von einem Autor wie Theodor Mundt, der 1837 in seiner Schrift *Die Kunst der deutschen Prosa* postuliert hatte, dass der Roman „ein Totalbild der menschlichen Richtungen in jeder Ausdehnung" zu liefern habe (zit. n. Steinecke/Wahrenburg 1999, S. 342). Von Proust und Kafka bis hin zu Joyce und Johnson lassen sich die unterschiedlichsten Romankonzepte als Auseinandersetzung mit dem Totalitätsideal verstehen, das die Erkenntnisgrenzen und -absichten der Historiographie transzendiert und damit die Konkurrenz zwischen Romancier und Geschichtsschreiber endgültig zu Gunsten des Ersteren entscheiden will.

Historiographie als Fiktion

3. Aktuelle Entwicklungen

Zuletzt sollen hier die wichtigsten Tendenzen im anspruchsvolleren deutschsprachigen Roman der letzten zwei Jahrzehnte untersucht werden. Dabei sind neuartige Phänomene wie der Migrantenroman, der Wenderoman und der postmoderne Roman in den Blick zu nehmen. Aber vorausgreifend lässt sich schon jetzt feststellen, dass alle diese Neuerungen auch weiterhin mit Hilfe der Begriffsopposition Spielen versus Zeigen beschrieben werden können. Dabei wird in der Forschungsliteratur zu diesem Thema – auch wenn darin nicht ausdrücklich auf diese Begriffspaare Bezug genommen wird – nicht selten der Eindruck erweckt, als dominierten im Gegenwartsroman jene besonders ins Auge fallenden, spektakulären Varietäten des Genres, die man dem postmodernen, experimentierenden, eher spielenden als zeigenden Typus zuzurechnen hat (z. B. Eisele 1984, Midgley 1993, Schärf 2001). Dies entspricht jedoch nicht den Tatsachen. Vielmehr kommen auf einen ‚spielenden' etwas mehr als zwei ‚zeigende' Romane. Das mag damit zusammenhängen, dass der spielende, konstruierende Typus nach wie vor in den Augen der meisten Rezipienten sperriger ist als sein Gegenpart. Gestaltungstechniken wie die Kohärenzstörung, die Fiktionsstörung, die Achronie oder der Ich-/Er-Wechsel, die im zeigenden, dokumentierenden Roman der Gegenwart zwar auch auftauchen, aber ganz erheblich sparsamer eingesetzt werden, sind außerhalb der Berufsleserschaft nicht dermaßen eingebürgert, dass ihre Verwendung als Selbstverständlichkeit bezeichnet werden könnte. Und dazu kommt, dass der zeigende Roman fast immer ein nachvollziehbares, fassliches Anliegen hat, also auch inhaltlich geringeres Irritationspotential aufweist.

Trends seit 1980

Dominanz der ‚zeigenden' Romane

Was zunächst die verschiedenen Spielarten des zeigenden, dokumentierenden Romans betrifft, so lässt sich konstatieren, dass hier immer noch der Typus des gesellschaftskritischen Romans dominiert, der sich mehr oder minder offen für die Aufdeckung gesellschaftlicher Missstände, für die Bekämpfung von Vorurteilen, für die Durchsetzung der modernen pluralistischen Werteordnung, kurzum: für die ‚innere', geistig-seelische Demokratisierung engagiert. Das früheste der hier zu berücksichtigenden Beispiele lieferte die 1943 geborene Erzählerin Angelika Mechtel mit ihrem sechsten Roman, der den Titel *Die andere Hälfte der Welt oder Frühstücksgespräche mit Paula* trägt und 1980 publiziert wurde. Am Beispiel der aufrechten Demokratin Paula, die als Bibliothekarin in Konflikt mit einer konservativen Kulturbürokratie gerät und schließlich nach Spanien auswandert, wird darin die atmosphärische Kälte im Alltagsleben der süddeutschen Kleinstadt D. (= Dachau) dargestellt, einer Stadt, deren traurige Rolle in der NS-Zeit noch längst nicht ausreichend aufgearbeitet zu sein scheint. Eine selbstbewusste, sensible Frauenfigur dient auch Joseph Zoderer in seinem zwei Jahre später veröffentlichten Roman *Die Walsche* zur Demonstration gesellschaftlicher Missstände. Die Südtirolerin Olga kehrt darin zur Beerdigung ihres Vaters in ihr Heimatdorf zurück, wo sie mit der gleichen Engstirnigkeit und Kleinlichkeit konfrontiert wird, die schon ihren Vater in den Alkoholismus getrieben hatten. Brigitte Kronauers *Berittener Bogenschütze* (1986) bemüht sich hingegen um die Gewinnung einer etwas optimistischeren Perspektive. Ihr Protagonist, der Literaturdozent Roth, droht zwar auch der Routine des tristen Alltagslebens in einer provinziellen norddeutschen Universitätsstadt zu erliegen, gewinnt jedoch durch die intensive Auseinandersetzung mit den Werken von Joseph Conrad eine neue Sensibilität, die ihm in bestimmten Augenblicken zu einer authentischen Natur- und Liebeserfahrung verhilft.

Lassen sich die bisher genannten Werke stilistisch wie inhaltlich der Tradition eines gesellschaftskritischen Neorealismus zurechnen, so finden sich in Hans-Joachim Schädlichs *Tallhover* (1986) Züge des Phantastischen, Satirischen, Allegorischen und Makabren, die von der Erscheinungsvielfalt und Wandlungsfähigkeit des zeigenden Romantyps ein beredtes Zeugnis ablegen. Schädlich erzählt die beklemmende Geschichte eines Geheimdienstspitzels, der in seiner mehr als 100 Jahre währenden Berufslaufbahn fünf deutschen Regierungen dient und dabei stets der gleiche Macht- und Ordnungsfanatiker bleibt, der den Staat zur letzten und einzigen Rechtfertigungsinstanz erhebt. Von seiner Aversion gegen alles Abweichlerische wird auch Tallhovers Sprache erfasst, die zuletzt ganz in den entindividualisierenden Phrasen und Formeln der deutschen Amtssprache aufgeht. Sprachkritische Elemente sind auch charakteristisch für jene feministischen Texte, die wie z. B. *Lust* (1989) von Elfriede Jelinek oder *Verführungen, 3. Folge, Frauenjahre* (1996) von Marlene Streeruwitz auf die noch immer andauernde Domestizierung des weiblichen Denkens, Sprechens und Empfindens sowie der weiblichen Sexualität und des weiblichen Verhaltens aufmerksam machen. Die Erneuerung der Sprache wird hierbei allerdings nie zum spielerischen Selbstzweck, sondern bleibt erkennbar den Zielen eines aufklärerischen, emanzipatorischen Engagements verpflichtet. Insgesamt dominiert im Bereich des gesellschaftskritischen Gegenwartsromans freilich die weiter oben beschriebene, konventionellere, neorealistische Schreibweise, die noch in zahlreichen ähnlichen Werken wie Robert

Menasses *Selige Zeiten, brüchige Welt* (1991), Uwe Timms *Kopfjäger* (1991), Herta Müllers *Herztier* (1994) und Reinhard Lettaus *Flucht vor Gästen* (1994) anzutreffen ist.

autobiographischer Roman
Dokumentarismus

Am Beispiel der genannten Werke von Müller und Lettau ließe sich bereits – wenn auch in noch abgeschwächter Form – eine weitere wichtige Entwicklungstendenz im Bereich des dokumentierenden Gegenwartsromans aufzeigen, nämlich die Hinwendung zum Autobiographischen und Biographischen. Zu den meistgelesenen Texten dieses Genres gehört zweifellos Leonie Ossowskis Romantrilogie *Weichselkirschen* (1976), *Wolfsbeeren* (1987), *Holunderzeit* (1991). Die durch ihren mustergültig verfilmten und preisgekrönten Jugendroman *Die große Flatter* (1977) zu Ansehen gelangte Autorin schildert darin über einen Zeitraum von drei Generationen hinweg das Leben einer/ihrer aus Schlesien stammenden Familie, die sich nach Krieg, Flucht und Aussiedlung letzten Endes erfolgreich in die bundesrepublikanische Gesellschaft integriert. Ähnlich konventionell wie Ossowskis sich der Heimatliteratur nähernde Trilogie ist Erwin Strittmatters dreiteiliger autobiographischer Roman *Der Laden* (1983/87/92) gestaltet. Darin dürfte einer der Hauptgründe dafür liegen, dass dieses Werk zu den wenigen gesamtdeutschen Bucherfolgen eines (ehemaligen) DDR-Autors zu rechnen ist, eines Autors, der zeitweise immerhin recht intensiv mit der Stasi zusammengearbeitet hatte. Erheblich experimentierfreudiger zeigten sich demgegenüber zwei österreichische Verfasser autobiographischer Prosawerke, nämlich Norbert Gstrein mit seinem Roman *Das Register* (1992) sowie Gerhard Roth mit seinem siebenbändigen, verschiedene literarische Gattungen kombinierenden Textzyklus *Die Archive des Schweigens* (1980–91). Während bei Gstrein trotz seiner avantgardistischen Erzählweise die Grundmuster und Hauptmotive autobiographischen Schreibens immer klar erkennbar bleiben, weitet sich Roths monumentales Textkorpus zu einem kritischen Panorama der jüngeren Geschichte Österreichs aus, in dem die autobiographische Perspektive gezielt als eine unter vielen gleichrangigen Alternativperspektiven dargestellt und damit relativiert wird.

Wende- und Vereinigungsroman

Zweifellos das wichtigste oder jedenfalls meistbehandelte Thema im gesellschaftskritischen Roman der letzten Jahre war aus naheliegenden Gründen der Fall der Mauer. Es entstanden zahlreiche Wende- bzw. Vereinigungsromane, die sowohl im Feuilleton als auch in der Literaturwissenschaft starken Widerhall fanden und die noch einmal das Bild des Romans als der synthetisierenden, eine Gesamtschau liefernden Gattung zur Geltung brachten. Alle hier zu nennenden Werke sind nicht dem spielenden, sondern dem zeigenden Typus zuzurechnen, wollen also auf die eine oder andere Weise Orientierungshilfen liefern, für bestimmte Sichtweisen werben bzw. zumindest bestimmte Wahrheiten über das historisch-politische Geschehen formulieren und vermitteln. Unter den bedeutenderen Werken dieses Genres sind zuerst Monika Marons *Stille Zeile sechs* (1991) und Martin Walsers *Die Verteidigung der Kindheit* (1991) zu nennen. Beide Texte sind noch keine Vereinigungsromane im engeren Sinne, sondern Beschreibungen typischer Lebensläufe unter den Bedingungen der deutschen Teilung. Marons Protagonistin Rosalind Polkowski soll im Ost-Berlin der 1980er Jahre die Memoiren eines SED-Funktionärs verschriftlichen, verweigert sich aber dieser Aufgabe, als sie erfährt, dass dieser Funktionär einen ihrer Freunde denunziert hat. Und Walsers Hauptfigur Alfred Dorn greift zu Schlaftabletten, weil er als DDR-Flüchtling im Westen nicht richtig heimisch wird und seine triste Gegenwart immerzu an der verklärten Kinder- und Jugendzeit im für ihn goldeneren Osten misst. Auf Innenansichten aus der untergegangenen DDR und damit wiederum nur auf die Analyse der Verhältnisse in einem der beiden ehemaligen deutschen Teilstaaten beschränken sich auch Wolfgang Hilbigs „Ich" (1993) mit seiner satirischen Darstellung eines zu Spitzeldiensten gezwungenen und allmählich mit seiner Rolle verwachsenden ‚Informellen Mitarbeiters' der Stasi sowie Erich Loests *Nikolaikirche* (1995), worin am Beispiel einer Leipziger Familie demonstriert wird, wie es zur gewaltfreien Revolution gegen das SED-Regime kommen konnte und auf Grund welcher seelischen Dispositionen und gesellschaftlichen Einflüsse dieses Ereignis selbst von eng verwandten Menschen ganz unterschiedlich wahrgenommen und bewertet werden konnte. Den ersten anspruchsvollen Roman, der die Vereinigung aus einer gesamtdeutschen Perspektive behandelt, lieferte Günter Grass mit seinem vieldiskutierten Werk *Ein weites Feld* (1995). Grass bezieht darin Stellung gegen eine nationale Gedächtnispolitik, die schon wenige Jahre nach vollzogener Wende suggerieren wollte, dass es sich hierbei um eine Rückkehr zur Normalität handele und dass die Organisation und Ausgestaltung des Vereinigungsprozesses ein Erfolg gewesen sei. Indem er mehrere Zeitebenen übereinander blendet, macht Grass demgegenüber deutlich, dass die Wende nur ein weiteres Kapitel einer Ausbeutungs- und Eroberungsgeschichte darstellt, die unter dem Deckmantel einer von gutgläubigen Intellektuellen ausformulierten nationalen Ideologie ökonomische und militärstrategische Interessen bedient. Diese provozierende These erregte größtes Aufsehen sowohl in der literarischen als auch in der politischen Öffentlichkeit und weitete sich zu einer Grundsatzdebatte über Versäumnisse der Deutschlandpolitik, der Wirtschaftsförderung in Ostdeutschland, der Gauck-Behörde und nicht zuletzt auch der deutschen Literaturkritik aus. Weil er „das vergessene Gesicht der Geschichte" nachgezeichnet habe, verlieh die Schwedische Akademie Günter Grass 1999 den Nobelpreis für Literatur (www.nobel.se). Auch Christa Wolfs *Medea. Stimmen* (1996) stellt die Wendethematik in einen größeren historischen Zusammenhang. Der Gegensatz zwischen dem östlich-‚sozialistischen' Kolchis und dem westlich-‚kapitalistischen' Korinth wird dabei allerdings vom Konflikt der Geschlechter überlagert, der die unangepasste, bei Wolf anders als im Mythos unschuldige Königstochter Medea hüben wie drüben zum Opfer von Intrigen und Verleumdungen werden lässt. In Thomas Brussigs *Helden wie wir* (1996) ist Christa Wolfs relativierende Deutung Gegenstand einer ätzenden satirischen Kritik, die den Fall der Mauer auf den exhibitionistischen Akt eines späteren Pornostars zurückführt, der die DDR-Grenzsoldaten lähmt, indem er ihnen seinen nach einer Blutspende für den Generalsekretär monströs angewachsenen Phallus präsentiert. In seinem Dokumentarroman *Magdalena: Mfs. Memfisblues. Stasi. Die Firma. VEB Horch & Gauck* (1998) kehrte der 1999 verstorbene Jürgen Fuchs zu handfesteren Formen der Geschichtsdeutung zurück und lieferte wertvolle, aufschlussreiche Innenansichten aus der Arbeit der Gauck-Behörde, in deren Beirat er tätig war, was ihm Einblick in die Funktionsweise sowohl

Ein weites Feld

Brussig vs. Wolf

dieser Institution als auch der Stasi eröffnete. Auch das Werk von Fuchs ist in Form und Inhalt ganz jenem kritischen Engagement verpflichtet, das für den zeigenden, dokumentierenden Roman so charakteristisch ist.

Migrantenroman

Ganz überwiegend von diesem Impetus geprägt sind auch jene Romane, die sich der Migrantenliteratur zuordnen lassen, also der deutschsprachigen Literatur von in Deutschland Lebenden, deren Muttersprache nicht Deutsch ist (oder die von Eltern abstammen, für die dieses Kriterium gilt). Inhaltlich kreisen Werke dieses Typs meistens um Fragen der interkulturellen Kommunikation, der Identitätsfindung, der Vorurteilsbekämpfung, der Diskriminierung, der Emanzipation, der Ausländerpolitik und des Sprachexils, wobei in den letzten Jahren allerdings eine Öffnung gegenüber anderen, allgemein interessierenden Themen festzustellen ist. Zu den bedeutendsten Romanen der deutschsprachigen Migrantenliteratur gehören *Erzähler der Nacht* (1998) von Rafik Schami, *Treibeis* (1992) von Libuše Moníková, *In deutschen Küchen* (1997) von Franco Biondi, *Die Brücke vom Goldenen Horn* (1998) von Emine Sergi Özdamar und *Es wird Diamanten regnen vom Himmel* (1999) von Renan Demirkan. Da die moderne pluralistische Gesellschaft nicht nur dem Migranten, sondern im Prinzip jedermann ein erhöhtes Maß an sozialer, psychischer und auch räumlicher Mobilität zumutet, finden Werke wie diese längst nicht mehr nur unter (deutschsprachigen) Ausländern lebhaften Widerhall.

neue ‚spielende' Romane

Wie schon oben erwähnt, ist der Typus des spielenden, konstruierenden Romans im Verhältnis zum ‚zeigenden', ‚dokumentierenden' Roman in der deutschen Literatur der letzten beiden Jahrzehnte klar unterrepräsentiert, obwohl er in den Diskussionen der Literaturkritiker und Literaturwissenschaftler eine ebenso große, wenn nicht sogar größere Rolle spielt. Wir können drei verschiedene Spielarten dieser avantgardistischen Romanform unterscheiden, und zwar den philosophischen Experimentalroman, den postmodernen Unterhaltungsroman und den nicht-linearen Internetroman.

philosophischer Experimentalroman

Was zunächst den philosophischen Experimentalroman betrifft, so handelt es sich um tiefgründige, schwerverständliche, zitat- und anspielungsreiche Texte, die sich zudem häufig der nach wie vor als besonders modern und anspruchsvoll geltenden Gestaltungsmittel des Erzählens bedienen (Inkohärenz, Achronie, Fiktionsstörung, Entkonkretisierung der Schauplätze, Integration phantastischer oder surreal-traumartiger Episoden, kühne Metaphern, Neologismen, Fremdwörter und Fachtermini, Rara, Archaismen, fremdsprachliche Wörter und Wortfolgen, Satzabbrüche, überlange Sätze, unübersichtliche Satzkonstruktionen, Ich-/Er-Wechsel, unzuverlässige Erzähler usw.). Der ungeübte Leser verliert in solchen Texten schnell die Orientierung, da keine klar identifizierbaren Figuren vorkommen, Ort und Zeit des Geschehens nicht zu erkennen sind und/oder die Handlungsabläufe unverständlich bleiben. Tatsächlich wollen uns die Autoren dieser Werke keine Geschichte erzählen, sondern ein schwieriges gedankliches Problem erörtern, dessen verschiedene Facetten aus den unterschiedlichsten Blickwinkeln und unter Berücksichtigung der relevanten kultur- und geistesgeschichtlichen Traditionen ausgeleuchtet werden. Wer nicht mit den Grundfragen der Anthropologie, der Erkenntnistheorie, der Ästhetik, der Geschichtsphilosophie, der Literaturtheorie, der Psychologie, der Soziologie, der Theologie, der Politologie und diverser anderer Künste und

Wissenschaften vertraut ist, kann normalerweise keinen Zugang zu diesen Werken finden, auch wenn einige ihrer Verfasser bemüht sind, die Lektüre durch spannende Plots und komische Episoden zu erleichtern. Letzteres gilt beispielsweise für *Die ungeheuerliche Ohrfeige oder Szenen aus der Geschichte der Vernunft* (1981) von Ingomar von Kieseritzky, für *Max* (1982) von Matthias Zschokke, für *Die Wallfahrer* (1986) von Carl Amery und erst recht für jene vielverkauften postmodernen Unterhaltungsromane wie Jörg Fausers *Schneemann* (1981), Patrick Süskinds *Parfüm* (1985), Christoph Ransmayrs *Letzte Welt* (1988) oder Robert Schneiders *Schlafes Bruder* (1992), die ihren bedeutenden intellektuellen Gehalt hinter der gefälligen Fassade einer konventionellen Romanhandlung verbergen, an der sich breitere Leserkreise erfreuen können und sollen. postmoderner Unterhaltungsroman

Keine derartigen Kompromisse finden sich hingegen in Werken wie *Irre* (1983) von Rainald Goetz, *Der junge Mann* (1984) von Botho Strauß, *Die Strecke* (1985) von Gerhard Köpf, *Ins Auge* (1987) von Hermann Kinder, *Sacco di Roma* (1989) von Kuno Raeber, *Melodien oder Nachträge zum quecksilbernen Zeitalter* (1993) von Helmut Krausser oder auch *Mein Jahr in der Niemandsbucht* (1994) von Peter Handke. Zu den Hauptthemen dieser sperrigen, voraussetzungsreichen Texte gehören Fragen der Wirklichkeitswahrnehmung, der Identitätsfindung, des Zeitempfindens, der Geschichtsaneignung, des Künstlerdaseins sowie zahlreiche weitere Probleme, die unter den Bedingungen der pluralisierten Gegenwartsgesellschaft neu zu formulieren und zu lösen sind. Wer sorgsam eine Einführung in die Roman-Analyse durchstudiert hat, wird auch Werke dieses Typs mit Interesse und Gewinn lesen können …

Zum Abschluss sei hier noch das Phänomen der Netzliteratur ins Auge gefasst, wobei aber sofort festzustellen ist, dass kürzere Gattungen wie das Gedicht oder die Kurzgeschichte in diesem Genre zu dominieren scheinen. Wenn Autoren wie Franz M. Rinner (*Kurze Heimkehr*; 1999) oder Daniel de Roulet (*Davos Terminus*; 2001) Romane ins Internet stellten, nutzten sie vor allem die Möglichkeit der Produktion und Rezeption auf Raten, d. h. der Text war nicht sofort in Gänze verfügbar, sondern wurde kapitelweise in regelmäßigen Zeitabständen publiziert. Nachdem sogar der Bestsellerautor Stephen King (*The Plant*; 2000) mit diesem Verfahren keinen Erfolg mehr erzielte, weil ab der vierten Lieferung nicht mehr genügend zahlungswillige Leser zusammenkamen, müssen die Prognosen für die Entwicklung einer solchen elektronischen Kolportage jedoch eher skeptisch beurteilt werden. Auch der 1997 von John Updike im Kollektiv mit ihm fremden Computernutzern verfasste Roman *Murder Makes the Magazine* wurde kein Erfolg, zumal die Technik des kollektiven Schreibens als solche kein Novum darstellt, wie sich etwa im Hinblick auf diverse Produkte und Experimente der Gruppe 61 konstatieren lässt. Internet-Roman

Von den Möglichkeiten der multimedialen Präsentation wird bisher im Netz nur in geringem Ausmaß Gebrauch gemacht, wobei natürlich die Gattungsgrenzen leicht gesprengt werden könnten, wenn Elemente wie gesprochene Sprache, erklingende Musik, stehende und laufende Bilder zu einem längeren fiktionalen Text hinzukämen. Die hier liegenden Potentiale dürften erst ausgeschöpft werden, wenn die Bildschirmtechnik so weit entwickelt ist, dass dem gedruckten Roman eine ernsthafte elektronische Kon-

Tradition des nicht-linearen Erzählens

kurrenz im Bereich der Distribution von Großepik erwächst. Vorläufig scheint sich die Diskussion über den Internet-Roman mehr mit Optionen als mit Realitäten zu beschäftigen, wobei speziell das Ende der linearen und deshalb manchmal der Unflexibilität verdächtigten Lektüre zu den Hauptdiskussionsgegenständen gehört (s. Suter 2000). Romane, die dem Leser verschiedene Handlungsfortsetzungen nebeneinander liefern, sind freilich keine Neuigkeit. Schon im Jahre 1967 bot Peter Bichsel den Lesern seines Romans *Jahreszeiten* mehrere Varianten für das Textende an. Um die Möglichkeiten des Internet in puncto Multimedialität und Verlinkung wirklich auszuschöpfen, bedürfte es offenbar ganz neuartiger Formate und Gattungen. Ob diese Formate jemals den Erfolg des Romans erzielen werden, der attraktive Angebote für die unterschiedlichsten Rezipientengruppen mit den unterschiedlichsten Lektüreanforderungen und Mediennutzungsgewohnheiten entwickelt hat, ist vorläufig nicht erkennbar. Aber schon jetzt ist zu befürchten, dass eine Internet-Literatur, die keine vergleichbare Angebotspalette hervorbringt, ein Nischenprodukt bleiben und gegenüber dem Roman auf Dauer chancenlos sein wird.

Für wertvolle Hilfe bei der Materialbeschaffung und bei der Erstellung der Druckvorlage danke ich sehr herzlich Carmen Dreier, Ines Knippschild, Axel Gierke M.A., Thorsten Meier und Mirko Wenzel M.A.!

Bibliographie

Adorno, Theodor W.: Standort des Erzählers im zeitgenössischen Roman [1954]. In: ders., Noten zur Literatur (= Gesammelte Schriften in zwanzig Bänden. Hrsg. v. Rolf Tiedemann. Bd. 11). Frankfurt a. M. 1997. S. 41–48.

Althaus, Thomas (Hrsg.): Kleinbürger. Zur Kulturgeschichte des begrenzten Bewußtseins. Tübingen 2001.

Andreotti, Mario: Die Struktur der modernen Literatur. Neue Wege in der Textanalyse. Einführung. Erzählprosa und Lyrik. 3., vollst. überarb. u. erweiterte Aufl. Bern, Stuttgart u. Wien 2000.

Aristoteles: Poetik. Griechisch/deutsch. Übers. u. hrsg. v. Manfred Fuhrmann. Bibliogr. erg. Ausg. Stuttgart 1994.

Bachleitner, Norbert: Kleine Geschichte des deutschen Feuilletonromans. Tübingen 1999.

Barbian, Jan-Pieter: Literaturpolitik im ‚Dritten Reich'. Institutionen, Kompetenzen, Betätigungsfelder. Überarb. u. aktualis. Ausg. München 1995.

Bauer, Matthias: Im Fuchsbau der Geschichten. Anatomie des Schelmenromans. Stuttgart u. Weimar 1993.

Bauer, Matthias: Romantheorie. Stuttgart u. Weimar 1997.

Benjamin, Walter: Der Erzähler. Betrachtungen zum Werk Nicolai Leskovs [1936]. In: ders., Illuminationen. Ausgewählte Schriften. Frankfurt a. M. 1977. S. 385–410.

Berman, Russell A.: The Rise of the Modern German Novel. Crisis and Charisma. Cambridge, Mass. 1986.

Berthold, Christian: Fiktion und Vieldeutigkeit. Zur Entstehung moderner Kulturtechniken des Lesens im 18. Jahrhundert. Tübingen 1993.

Blamberger, Günter: Versuch über den deutschen Gegenwartsroman. Stuttgart 1985.

Blanke, Hans-Jürgen: Ich und Welt im Roman des 19. Jahrhunderts. Frankfurt a. M. u. a. 1988.

Bogdal, Klaus-Michael (Hrsg.): Neue Literaturtheorien. Eine Einführung. 2., neubearb. Aufl. Opladen 1997.

Bohnsack, Petra/Foltin, Hans-Friedrich (Hrsg.): Lesekultur. Populäre Lesestoffe von Gutenberg bis zum Internet. Marburg 1999.

Bonfadelli, Heinz: Medienwirkungsforschung. Konstanz. Bd. I: Grundlagen und theoretische Perspektiven. 1999. Bd. II: Anwendungen in Politik, Wirtschaft und Kultur. 2000.

Booth, Wayne C.: The Rhetoric of Fiction. Chicago u. London 1961.

Bourdieu, Pierre: Die feinen Unterschiede. Kritik der gesellschaftlichen Urteilskraft [1979]. Übers. v. Bernd Schwibs u. Achim Russer. Frankfurt a. M. 1987.

Breuer, Dieter: Geschichte der literarischen Zensur in Deutschland. Heidelberg 1982.

Brinker-Gabler, Gisela (Hrsg.): Deutsche Literatur von Frauen. 2 Bde. München 1988.

Bullivant, Keith (Hrsg.): The Modern German Novel. Leamington Spa 1987.

Burger, Heinz Otto (Hrsg.): Studien zur Trivialliteratur. 2. Aufl. Frankfurt a. M. 1976.

Chartier, Roger: Lesewelten. Buch und Lektüre in der frühen Neuzeit. Aus d. Französ. v. Brita Schleinitz u. Ruthard Stäblein. Frankfurt a. M., New York u. Paris 1990.

Christmann, Ursula/Groeben, Norbert: Psychologie des Lesens. In: Franzmann u. a. 1999, S. 145–223.

Cicero, Marcus Tullius: De inventione/Über die Auffindung des Stoffes. Lateinisch/deutsch. Hrsg. u. übers. v. Theodor Nüßlein. Darmstadt 1998.

Dainat, Holger: Abaellino, Rinaldini und Konsorten. Zur Geschichte der Räuberromane in Deutschland. Tübingen 1996.

Denkler, Horst (Hrsg.): Romane und Erzählungen des bürgerlichen Realismus. Stuttgart 1980.

Dörrich, Sabine: Die Zukunft des Mediums Buch. Eine Strukturanalyse des verbreitenden Buchhandels. Bochum 1991.

Dülmen, Richard van: Entdeckung des Ichs. Die Geschichte der Individualisierung vom Mittelalter bis zur Gegenwart. Lizenzausgabe. Darmstadt 2001.

Dülmen, Richard van: Kultur und Alltag in der Frühen Neuzeit. München. Bd. 1: Das Haus und seine Menschen. 16.-18. Jahrhundert. 2., durchges. Aufl. 1995. Bd. 2: Dorf und Stadt. 16.–18. Jahrhundert. 1992. Bd. 3: Religion, Magie, Aufklärung. 16.–18. Jahrhundert. 1994.

Eggert, Hartmut/Garbe, Christine: Literarische Sozialisation. Stuttgart 1995.

Eisele, Ulf: Die Struktur des modernen deutschen Romans. Tübingen 1984.

Eke, Norbert Otto: Bibliographie: Der deutsche Roman 1815–1830. Standortnachweise, Rezensionen, Forschungsüberblick. München 1994.

Elias, Norbert: Über den Prozeß der Zivilisation. Soziogenetische und psychogenetische Untersuchungen [1939]. 2 Bde. Frankfurt a. M. 1976.

Ellwein, Thomas: Die deutsche Universität. Vom Mittelalter bis zur Gegenwart. Frankfurt a. M. 1992.

Emmel, Hildegard: Geschichte des deutschen Romans. 3 Bde. Bern u. München 1972–78.
Emmel, Hildegard: Roman. In: Reallexikon der deutschen Literaturgeschichte. Begr. v. Paul Merker u. Wolfgang Stammler. Hrsg. v. Werner Kohlschmidt u. Wolfgang Mohr. Bd. 3. 2. Aufl. Berlin 1977. S. 490–519.
Engel, Manfred: Der Roman der Goethezeit. Bd. 1: Anfänge in Klassik und Frühromantik. Transzendentale Geschichten. Stuttgart u. Weimar 1993.
Engel, Manfred: Roman. In: Ricklefs, Ulfert (Hrsg.): Fischer Lexikon Literatur. Bd. 3: N-Z. Frankfurt a. M. 1996. S. 1669–1709.
Engelhardt, Ulrich: ‚Bildungsbürgertum‘. Begriffs- und Dogmengeschichte eines Etiketts. Stuttgart 1986.
Flaig, Berthold Bodo/Meyer, Thomas/Ueltzhöffer, Jörg: Alltagsästhetik und politische Kultur. Zur ästhetischen Dimension politischer Bildung und politischer Kommunikation. 3. Aufl. Bonn 1997.
Foltin, Hans-Friedrich/Mundhenke, Florian: ‚Jerry Cotton‘ und ‚Perry Rhodan‘. Zwei Dauerbrenner. In: Bohnsack/Foltin 1999, S. 217–230.
Forster, Edward Morgan: Ansichten des Romans [1927]. Übers. v. Walter Schürenberg. Berlin u. Frankfurt a. M. 1949.
Frank, Manfred: Das individuelle Allgemeine. Textstrukturierung und -interpretation nach Schleiermacher. Frankfurt a. M. 1977.
Franzmann, Bodo u. a. (Hrsg.): Handbuch Lesen. München 1999.
Frenzel, Elisabeth: Motive der Weltliteratur. 5., überarb. u. erg. Aufl. Stuttgart 1999.
Frenzel, Elisabeth: Stoffe der Weltliteratur. 9., überarb. u. erw. Aufl. Stuttgart 1998.
Friedemann, Käte: Die Rolle des Erzählers in der Epik [1910]. In: Klotz 1965, S. 162–196.
Galle, Heinz J.: Volksbücher und Heftromane. Ein Streifzug durch 100 Jahre Unterhaltungsliteratur. O. O. 1998.
Geiger, Klaus F.: Jugendliche lesen „Landser"-Hefte. Hinweise auf Lektürefunktionen und -wirkungen. In: Grimm, Gunter E. (Hrsg.): Literatur und Leser. Theorien und Modelle zur Rezeption literarischer Werke. Stuttgart 1975. S. 324–341.
Gelfert, Hans-Dieter: Wie interpretiert man einen Roman? Stuttgart 2002.
Genette, Gérard: Die Erzählung. Aus d. Französ. v. Andreas Knop. Mit einem Nachwort hrsg. v. Jochen Vogt. 2. Aufl. München 1994.
Goldmann, Lucien: Soziologie des Romans [1964]. Übers. v. Lucien Goldmann u. Ingeborg Fleischhauer. Frankfurt a. M. 1984.
Gottsched, Johann Christoph: Versuch einer Critischen Dichtkunst. Unveränd. reprograf. Nachdr. d. 4., vermehrt. Aufl. Leipzig 1751. Darmstadt 1977.
Greimas, Algirdas Julien: Strukturale Semantik. Methodologische Untersuchungen [1966]. Autoris. Übers. aus d. Französ. v. Jens Ihwe. Braunschweig 1971.
Grimm, Gunter E.: Literatur und Gelehrtentum in Deutschland. Untersuchungen zum Wandel ihres Verhältnisses vom Humanismus bis zur Frühaufklärung. Tübingen 1983.
Grimm, Reinhold (Hrsg.): Deutsche Romantheorien. 2 Bde. Bearb. Neuaufl. Frankfurt a. M. 1974.
Groeben, Norbert/Vorderer, Peter: Leserpsychologie II: Lesemotivation – Lektürewirkung. Münster 1988.
Gutzkow, Karl: Wally, die Zweiflerin. Roman. Studienausgabe mit Dokumenten zum zeitgenössischen Literaturstreit. Hrsg. v. Günter Heintz. Bibliogr. erg. Ausg. Stuttgart 1998.
Hamburger, Käte: Die Logik der Dichtung [1957]. Ungekürzte Ausg. nach d. 3. Aufl. 1977. Frankfurt a. M., Berlin u. Wien 1980.
Hanebutt-Benz, Eva-Maria: Die Kunst des Lesens. Lesemöbel und Leseverhalten vom Mittelalter bis zur Gegenwart. Frankfurt a. M. 1985.
Häntzschel, Günter (Hrsg.): Bildung und Kultur bürgerlicher Frauen 1850–1918. München 1986.
Haupt, Heinz-Gerhard/Crossick, Geoffrey: Die Kleinbürger. Eine europäische Sozialgeschichte des 19. Jahrhunderts. München 1998.
Hillebrand, Bruno: Theorie des Romans. Erzählstrategien der Neuzeit. 3., erweiterte Aufl. Frankfurt a. M. 1996.
Hörmann, Hans: Meinen und Verstehen. Grundzüge einer psychologischen Semantik. Frankfurt a. M. 1976.
Holland, Norman N.: 5 Readers Reading. New Haven u. London 1975.
Holzberg, Niklas: Der antike Roman. Eine Einführung. Düsseldorf u. a. 2001.
Horaz: Ars poetica. Lateinisch/deutsch. Übers. u. m. einem Nachw. hrsg. v. Eckart Schäfer. Stuttgart 1994.
Iser, Wolfgang: Das Fiktive und das Imaginäre. Perspektiven literarischer Anthropologie. Frankfurt a. M. 1991.
Jahn, Manfred: Narratologie: Methoden und Modelle der Erzähltheorie. In: Nünning, Ansgar (Hrsg.): Literaturwissenschaftliche Theorien, Modelle und Methoden. Eine Einführung. 3., verb. u. erweiterte Aufl. Trier 1998. S. 29–50.
James, Henry: Die Kunst des Romans. Ausgewählte Essays zur Literatur. Übertrag. aus d. Amerikan. v. Helga Eberhardt. Ausw. v. Joachim Krehayn. Nachw. u. Anm. v. Brigitte Leuschner. Hanau/Main 1984.

Kahrmann, Cordula/Reiss, Gunter/Schluchter, Manfred: Erzähltextanalyse. Eine Einführung. 2. Aufl. d. überarb. Neuausg. d. bisher zweibänd. Taschenbuchs. Frankfurt a. M. 1991.

Kant, Immanuel: Kritik der Urteilskraft [1790]. Mit einer Einleitung u. Bibliogr. hrsg. v. Heiner Klemme. Hamburg 2001.

Kayser, Wolfgang: Entstehung und Krise des modernen Romans. Stuttgart 1955.

Kayser, Wolfgang: Wer erzählt den Roman? [1958] In: Klotz 1965, S. 197–216.

Kienzle, Michael: Der Erfolgsroman. Zur Kritik seiner poetischen Ökonomie bei Gustav Freytag und Eugenie Marlitt. Stuttgart 1975.

Kimmich, Dorothee/Renner, Rolf Günter/Stiegler, Bernd (Hrsg.): Texte zur Literaturtheorie der Gegenwart. Stuttgart 1996.

Kimpel, Dieter/Wiedemann, Conrad (Hrsg.): Theorie und Technik des Romans im 17. und 18. Jahrhundert. 2 Bde. Tübingen 1970.

Klotz, Volker (Hrsg.): Zur Poetik des Romans. Darmstadt 1965.

Knoop, Ulrich: Entwicklung von Literalität und Alphabetisierung in Deutschland. In: Günther, Hartmut/Ludwig, Otto (Hrsg.): Schrift und Schriftlichkeit. Writing and Its Use. Ein interdisziplinäres Handbuch internationaler Forschung. 1. Halbband. Berlin u. New York 1994. S. 859–872.

Koch, Thomas: Literarische Menschendarstellung. Studien zu ihrer Theorie und Praxis (Retz, La Bruyère, Balzac, Flaubert, Proust, Lainé). Tübingen 1991.

Kocka, Jürgen (Hrsg.): Bürgertum im 19. Jahrhundert. Deutschland im europäischen Vergleich. 3 Bde. München 1988.

Koopmann, Helmut: Der klassisch-moderne Roman in Deutschland. Stuttgart 1983.

Koopmann, Helmut (Hrsg.): Handbuch des deutschen Romans. Düsseldorf 1983.

Kosch, Günter/Nagl, Manfred: Der Kolportageroman. Bibliographie 1850 bis 1960. Mit einer Beilage: Der Kolportagehandel. Praktische Winke. Von Friedrich Streissler (1887). Stuttgart u. Weimar 1993.

Krieg, Walter: Materialien zu einer Entwicklungsgeschichte der Bücherpreise und des Autorenhonorars vom 15. bis zum 20. Jahrhundert. Wien u. a. 1953.

Krotz, Friedrich: Lebensstile, Lebenswelten und Medien: Zur Theorie und Empirie individuenbezogener Forschungsansätze des Mediengebrauchs. In: Rundfunk und Fernsehen 39 (1991), H. 3, S. 317–342.

Lämmert, Eberhard: Bauformen des Erzählens. 8., unveränd. Aufl. Stuttgart 1983.

Lämmert, Eberhard u. a. (Hrsg.): Romantheorie. [Bd. 1:] Dokumentation ihrer Geschichte in Deutschland 1620–1880 [1971]. Frankfurt a. M. 1988. [Bd. 2:] Dokumentation ihrer Geschichte in Deutschland seit 1880. Köln 1975.

Leser und Lesen im 18. Jahrhundert. Colloquium der Arbeitsstelle Achtzehntes Jahrhundert. Gesamthochschule Wuppertal. Schloß Lüntenbeck 24.–26. Oktober 1975. Heidelberg 1977.

Lessing, Gotthold Ephraim: Laokoon oder über die Grenzen der Malerei und Poesie. Mit beiläufigen Erörterungen verschiedener Punkte der alten Kunstgeschichte [1766]. Mit einem Nachw. v. Ingrid Kreuzer. Stuttgart 1994.

Ludwig, Hans-Werner (Hrsg.): Arbeitsbuch Romananalyse. 3. Aufl. Tübingen 1991.

Lützeler, Paul Michael (Hrsg.): Deutsche Romane des 20. Jahrhunderts. Königstein im Taunus 1983.

Lützeler, Paul Michael (Hrsg.): Romane und Erzählungen zwischen Romantik und Realismus. Stuttgart 1983.

Lukács, Georg: Die Theorie des Romans. Ein geschichtsphilosophischer Versuch über die großen Formen der Epik [1916]. München 1994.

Mahoney, Dennis F.: Der Roman der Goethezeit (1774–1829). Stuttgart 1988.

Martin, Wallace: Recent Theories of Narrative. Ithaca u. London 1986.

Martinez, Matias/Scheffel, Michael: Einführung in die Erzähltheorie. 3. Aufl. München 2002.

Martino, Alberto: Die deutsche Leihbibliothek. Geschichte einer literarischen Institution (1756–1914). Mit einem zusammen mit Georg Jäger erstellten Verzeichnis der erhaltenen Leihbibliothekskataloge. Wiesbaden 1990.

Max, Frank Rainer/Ruhrberg, Christine (Hrsg.): Reclams Romanlexikon. 5 Bde. Stuttgart 1998–2000.

McHale, Brian: Postmodernist Fiction. New York u. London 1987.

Messerli, Alfred/Chartier, Roger (Hrsg.): Lesen und Schreiben in Europa 1500–1900. Vergleichende Perspektiven. Basel 2000.

Midgley, David (Hrsg.): The German Novel in the Twentieth Century. Beyond Realism. Edinburgh u. New York 1993.

Migner, Karl: Theorie des modernen Romans. Stuttgart 1970.

Moretti, Franco: Atlas des europäischen Romans. Wo die Literatur spielte. Übers. v. Daniele dell' Agli. Köln 1999.

Müller, Günther: Aufbauformen des Romans [1953]. In: Klotz 1965, S. 280–302.

Müller, Günther: Die Bedeutung der Zeit in der Erzählkunst. Bonn 1947.

Muir, Edwin: The Structure of the Novel. London 1928.

Nünning, Ansgar: Die Funktionen von Erzählinstanzen: Analysekategorien und Modelle zur Beschreibung des Erzählerverhaltens. In: Literatur in Wissenschaft und Unterricht 30 (1997), S. 323–349.

Nusser, Peter: Trivialliteratur. Stuttgart 1991.

Nusser, Peter: Unterhaltung und Aufklärung. Studien zur Theorie, Geschichte und Didaktik der populären Lesestoffe. Frankfurt a.M. u.a. 2000.

Nutz, Walter: Trivialliteratur und Popularkultur. Vom Heftromanleser zum Fernsehzuschauer. Eine literatursoziologische Analyse unter Einschluß der Trivialliteratur der DDR. Unter Mitarbeit von Katharina Genau und Volker Schlögell. Opladen u. Wiesbaden 1999.

OUFIT 3. SPIEGEL-Dokumentation. Hrsg. v. SPIEGEL-Verlag. Hamburg 1994.

Peiser, Wolfram: Die Fernsehgeneration. Eine empirische Untersuchung ihrer Mediennutzung und Medienbewertung. Opladen 1996.

Petersen, Jürgen H.: Der deutsche Roman der Moderne. Grundlegung – Typologie – Entwicklung. Nachdr. d. Aufl. 1991. Stuttgart 1999.

Petersen, Jürgen H.: Erzählsysteme. Eine Poetik epischer Texte. Stuttgart u.a. 1993.

Petersen, Jürgen H.: Fiktionalität und Ästhetik. Eine Philosophie der Dichtung. Berlin 1996.

Petersen, Jürgen H.: [Rezension zu:] Ulf Eisele, *Die Struktur des modernen deutschen Romans*. Max Niemeyer Verlag, Tübingen 1984. In: Zeitschrift für deutsche Philologie 104 (1985), S. 625–629.

Pfister, Manfred: Das Drama. Theorie und Analyse. 6. Aufl. (unveränd. Nachdr. d. durchges. u. erg. Aufl. 1988). München [1991].

Propp, Wladimir: Morphologie des Märchens [1928]. Hrsg. v. Karl Eimermacher. München 1972.

Prutz, Robert: Die deutsche Belletristik und das Publicum. In: ders., Die deutsche Literatur der Gegenwart. 1848 bis 1858. Bd. 2. Leipzig 1859. S. 69–89.

Pütz, Frank: „Hintertreppenromancier" oder „Großmystiker"? Karl May und seine Kolportageromane. In: Bohnsack/Foltin 1999, S. 143–162.

Putzger – Atlas und Chronik zur Weltgeschichte. Große Ausgabe. Hrsg. v. Cornelsen Verlag. Lizenzausgabe. Darmstadt 2002.

Rieck, Werner: Zur Vielfalt deutscher Romanliteratur zwischen Barock und Frühaufklärung. In: Studia Germanica Posnaniensia 24 (1999), S. 23–36.

Rinsum, Annemarie u. Wolfgang van: Lexikon literarischer Gestalten. Stuttgart. Bd. I: Deutschsprachige Literatur. 1988. Bd. II: Fremdsprachige Literatur. 1990.

Sangmeister, Dirk: August Lafontaine oder die Vergänglichkeit des Erfolges. Leben und Werk eines Bestsellerautors der Spätaufklärung. Tübingen 1998.

Schärf, Christian: Der Roman im 20. Jahrhundert. Stuttgart u. Weimar 2001.

Scheideler, Britta: Zwischen Beruf und Berufung. Zur Sozialgeschichte der deutschen Schriftsteller von 1880 bis 1933. Frankfurt a.M. 1997.

Schenda, Rudolf: Volk ohne Buch. Studien zur Sozialgeschichte der populären Lesestoffe 1770–1910. 3. Aufl. Frankfurt a.M. 1988.

Schenda, Rudolf: Von Mund zu Ohr. Bausteine zu einer Kulturgeschichte volkstümlichen Erzählens in Europa. Göttingen 1993.

Scheunemann, Dietrich: Romankrise. Die Entstehungsgeschichte der modernen Romanpoetik in Deutschland. Heidelberg 1978.

Schirokauer, Arno: Bedeutungswandel des Romans [1957]. In: Klotz 1965, S. 15–31.

Schmitz, Claudius A./Kölzer, Brigitte: Einkaufsverhalten im Handel. Ansätze zu einer kundenorientierten Handelsmarketingplanung. München 1996.

Schneider, Jost: Einführung in die moderne Literaturwissenschaft. 3., aktualis. Aufl. Bielefeld 2000.

Schneider, Jost: Literarische Kommunikation in Deutschland. Historische Entwicklung und soziale Differenzierung. Berlin u. New York 2004.

Schön, Erich: Der Verlust der Sinnlichkeit oder die Verwandlungen des Lesers. Mentalitätswandel um 1800. Stuttgart 1987.

Schön, Erich: Geschichte des Lesens. In: Franzmann u.a. 1999. S. 1–85.

Schönau, Walter: Einführung in die psychoanalytische Literaturwissenschaft. Stuttgart 1991.

Scholl, Joachim: In der Gemeinschaft des Erzählers. Studien zur Restitution des Epischen im deutschen Gegenwartsroman. Heidelberg 1990.

Schramke, Jürgen: Zur Theorie des modernen Romans. München 1974.

Schülein, Frieder/Stückrath, Jörn: Erzählen. In: Brackert, Helmut/Stückrath, Jörn (Hrsg.): Literaturwissenschaft. Ein Grundkurs. Erw. Ausg. Reinbek bei Hamburg 1995. S. 54–71.

Schulz-Buschhaus, Ulrich/Stierle, Karlheinz (Hrsg.): Projekte des Romans nach der Moderne. München 1997.

Selbmann, Rolf: Der deutsche Bildungsroman. Stuttgart 1984.

Simanowski, Roberto: Die Verwaltung des Abenteuers. Massenkultur um 1800 am Beispiel Christian August Vulpius. Göttingen 1998.

Sowinski, Bernhard: Stilistik. Stiltheorien und Stilanalysen. Stuttgart 1991.
Stanzel, Franz K.: Episches Präteritum, erlebte Rede, historisches Präsens [1959]. In: Klotz 1965, S. 319–338.
Stanzel, Franz K.: Theorie des Erzählens [1979]. 6., unveränd. Aufl. Göttingen 1995.
Stanzel, Franz K.: Typische Formen des Romans [1964]. 12. Aufl. Göttingen 1993.
Stanzel, Franz K.: Die typischen Erzählsituationen im Roman. Wien u. Stuttgart 1955.
Steinecke, Hartmut: Romanpoetik in Deutschland. Von Hegel bis Fontane. Tübingen 1984.
Steinecke, Hartmut (Hrsg.): Theorie und Technik des Romans im 19. Jahrhundert. Tübingen 1970.
Steinecke, Hartmut (Hrsg.): Theorie und Technik des Romans im 20. Jahrhundert. Tübingen 1972.
Steinecke, Hartmut/Wahrenburg, Fritz (Hrsg.): Romantheorie. Texte vom Barock bis zur Gegenwart. Stuttgart 1999.
Strobel, Ricarda: Heft/Heftchen. In: Faulstich, Werner (Hrsg.): Grundwissen Medien. 4. Aufl. München 2000. S. 239–252.
Suerbaum, Ulrich: Krimi. Eine Analyse der Gattung. Stuttgart 1984.
Suter, Beat: Hyperfiktion und interaktive Narration im frühen Entwicklungsstadium zu einem literarischen Genre. Zürich 2000.
Teuscher, Gerhard: Perry Rhodan, Jerry Cotton und Johannes Mario Simmel. Eine Darstellung zu Theorie, Geschichte und Vertretern der Trivialliteratur. Stuttgart 1999.
Uspenskij, Boris A.: Poetik der Komposition. Struktur des künstlerischen Textes und Typologie der Kompositionsformen. Hrsg. u. nach einer revidierten Fassung d. Originals bearb. v. Karl Eimermacher. Aus d. Russ. übers. v. Georg Mayer. Frankfurt a. M. 1975.
Vester, Michael/Oertzen, Peter von/Geiling, Heiko/Hermann, Thomas/Müller, Dagmar: Neue soziale Milieus und pluralisierte Klassengesellschaft. Endbericht des Forschungsprojektes ‚Der Wandel der Sozialstruktur und die Entstehung neuer gesellschaftlich-politischer Milieus'. Hannover 1992.
Vester, Michael: Soziale Milieus im gesellschaftlichen Strukturwandel. Zwischen Integration und Ausgrenzung. Köln 1993.
Vogt, Jochen: Aspekte erzählender Prosa. Eine Einführung in Erzähltechnik und Romantheorie. 8., durchges. u. aktualis. Aufl. Opladen 1998.
Voßkamp, Wilhelm: Romantheorie in Deutschland. Von Martin Opitz bis Friedrich von Blanckenburg. Stuttgart 1973.

Vossler, Karl: Der Roman bei den Romanen. Rektoratsrede gehalten am 18. Juni 1927. In: Klotz 1965, S. 1–14.
Wagener, Hans (Hrsg.): Von Böll bis Buchheim: Deutsche Kriegsprosa nach 1945. Amsterdam u. Atlanta 1997.
Weber, Dietrich: Erzählliteratur. Schriftwerk, Kunstwerk, Erzählwerk. Göttingen 1998.
Weber, Ernst/Mithal, Christine: Deutsche Originalromane zwischen 1680 und 1780. Eine Bibliographie mit Besitznachweisen (Bundesrepublik Deutschland und Deutsche Demokratische Republik). Berlin 1983.
Weber, Ernst (Hrsg.): Texte zur Romantheorie. 2 Bde. München 1974/81.
Wehler, Hans-Ulrich: Deutsche Gesellschaftsgeschichte. Bd. I: Vom Feudalismus des Alten Reiches bis zur Defensiven Modernisierung der Reformära. 1700–1815. 3. Aufl. München 1996. Bd. II: Von der Reformära bis zur industriellen und politischen „Deutschen Doppelrevolution". 1815–1845/49. 3. Aufl. München 1996. Bd. III: Von der „Deutschen Doppelrevolution" bis zum Beginn des Ersten Weltkrieges. 1849–1914. 1. Aufl. München 1995.
Weimar, Klaus: Geschichte der deutschen Literaturwissenschaft bis zum Ende des 19. Jahrhunderts. München 1989.
Wellershoff, Dieter: Der Roman und die Erfahrbarkeit der Welt. Köln 1988.
Wesel, Uwe: Geschichte des Rechts. München 1997.
Wilke, Jürgen (Hrsg.): Mediengeschichte der Bundesrepublik Deutschland. Köln, Weimar u. Wien 1999.
Wittmann, Reinhard: Geschichte des deutschen Buchhandels. Ein Überblick. München 1991.
Wüstenrot Stiftung/Deutscher Eigenheimverein e.V. (Hrsg.): Geschichte des Wohnens. Stuttgart. Bd. 3: 1800–1918. Das bürgerliche Zeitalter. Hrsg. v. Jürgen Reulecke. 1997. Bd. 4: 1918–1945. Reform, Reaktion, Zerstörung. Hrsg. v. Gert Kähler. 2., erweiterte Aufl. 2000. Bd. 5: 1945 bis heute. Aufbau, Neubau, Umbau. Hrsg. v. Ingeborg Flagge. 1999.
Zima, Peter V.: Roman und Ideologie. Zur Sozialgeschichte des modernen Romans. München 1986.
Zimmermann, Harro (Hrsg.): Der deutsche Roman der Spätaufklärung. Fiktion und Wirklichkeit. Heidelberg 1990.
Žmegač, Viktor: Der europäische Roman. Geschichte seiner Poetik. Tübingen 1990.

Personenregister

Achternbusch, Herbert 110
Adorno, Theodor W. 134
Amery, Carl 107, 141
Anton Ulrich von Braunschweig-Lüneburg 80, 81
Apuleius 70, 79
Aretino 126
Aristoteles 18, 20, 123, 133
Ast, Friedrich 125

Bach, Richard 112
Bachmann, Ingeborg 116, 119
Bahr, Hermann 135
Barclay, John 80
Bauer, Matthias 13
Becker, Jurek 119
Becker, Jürgen 116
Beer, Johann 85
Benn, Gottfried 121
Berg, Leo 123
Berthold, Christian 14
Bichsel, Peter 142
Biondi, Franco 140
Birken, Sigmund von 80f., 133
Blanckenburg, Friedrich von 125
Boccaccio, Giovanni 126
Böll, Heinrich 118, 133
Bölsche, Wilhelm 135
Bourdieu, Pierre 11, 15, 21, 23, 32
Brandes, Georg 135
Bronnen, Arnolt 122
Brussig, Thomas 139

Ceram, C. W. 109
Cicero, Marcus Tullius 18
Cooper, James Fenimore 90

Danella, Uta 105
Dark, Jason 104
Dehmel, Richard 123
Demirkan, Renan 140
Desmarets, Jean 124
Dilthey, Wilhelm 128
Döblin, Alfred 114, 123
Dörrie, Doris 108
Dostojewski, Fjodor 23
Dumas d. Ä., Alexandre 90
Dwinger, Edwin Erich 122

Einstein, Carl 121
Eisele, Ulf 13, 136
Eke, Norbert Otto 72
Elias, Norbert 23

Ende, Michael 107
Ernst, Paul 123

F., Christiane 109
Fauser, Jörg 141
Fels, Ludwig 24
Fichte, Hubert 110f.
Fielding, Joy 108
Flake, Otto 125
Fontane, Theodor 17, 130, 131, 135
Forster, Edward Morgan 9, 20
Fortune, Dion 112
François, Louise von 88f.
Frank, Manfred 48
Freytag, Gustav 135
Frisch, Max 119f.
Fuchs, Jürgen 139

Gaarder, Jostein 109
Garve, Christian 125, 129
Genette, Gérard 61, 65
Gerstäcker, Friedrich 90
Goethe, Johann Wolfgang von 95, 98, 126, 128
Goetz, Rainald 141
Gottsched, Johann Christoph 75, 124
Grass, Günter 116, 118, 139
Greimas, Algirdas Julien 20
Grimm, Hans 122
Grimmelshausen, Hans Jacob Christoffel von 85, 127
Groeben, Norbert 15
Gstrein, Norbert 138
Gütersloh, Albrecht Paris 110
Gutzkow, Karl 131, 135

Hamann, Johann-Georg 127
Handke, Peter 141
Happel, Eberhard Guerner 124
Hardenberg, Friedrich von s. Novalis
Hauptmann, Gerhart 99
Hegel, Georg Wilhelm Friedrich 124
Heidegger, Gotthard 129, 133f.
Heidenreich, Elke 108
Heinzmann, Johann Georg 126
Heißenbüttel, Helmut 116, 121
Heliodor 70, 79, 80, 123
Herder, Johann Gottfried von 125
Hesse, Hermann 114
Hilbig, Wolfgang 139

Hildesheimer, Wolfgang 130, 131
Hillebrand, Bruno 12
Hilton, James 107
Hoffmann, E. T. A. 127
Hölderlin, Friedrich 95, 98
Holland, Norman N. 25
Holz, Arno 135
Homer 123
Horaz 19, 123
Huet, Pierre-Daniel 124, 125, 126

Immermann, Karl Leberecht 99

Jahnn, Hans Henny 110
James, Henry 20
Jelinek, Elfriede 116, 137
Johnson, Uwe 119, 136
Joyce, James 37, 44, 136

Kafka, Franz 114, 115, 120, 136
Kant, Immanuel 32, 68
Kasack, Hermann 120
Kästner, Erich 118
Keller, Gottfried 98
Kempowski, Walter 119
Keun, Irmgard 108
Kieseritzky, Ingomar von 141
Kinder, Hermann 141
King, Stephen 141
Kisch, Egon Erwin 109
Koeppen, Wolfgang 110
Kolbenheyer, Erwin Guido 122
Konsalik, Heinz G. 105f.
Koopmann, Helmut 12
Köpf, Gerhard 141
Krausser, Helmut 141
Kronauer, Brigitte 137
Kurz, Hermann 133

La Calprenède, Gautier de Coste 124
Lafayette, Marie-Madeleine de 81
Lafontaine, August Heinrich 90
Lämmert, Eberhard 123
Laube, Heinrich 132f., 135
Lem, Stanisław 107f.
Lenz, Siegfried 119
Lessing, Gotthold Ephraim 75
Lettau, Reinhard 138
Lind, Hera 108f.
Loest, Erich 139
Lohenstein, Daniel Casper von 76, 80, 81

Longos 70, 79, 123
Lukács, Georg 20, 133, 136

Mann, Heinrich 118, 133
Mann, Thomas 17, 29, 98, 114, 125, 128, 136
Marek, Kurt W. s. Ceram, C. W.
Marggraff, Hermann 133
Marlitt, Eugenie 90, 91
Maron, Monika 138
Mayröcker, Friederike 116, 119
Mechtel, Angelika 137
Meier, Georg Friedrich 127
Menasse, Robert 138
Mendelssohn, Moses 127
Menzel, Wolfgang 132
Midgley, David 14, 136
Moníková, Libuše 140
Morgenstern, Karl 128
Moritz, Karl Philipp 99
Muir, Edwin 20
Müller, Herta 138
Mundt, Theodor 136
Münzenberger, Hermann 130
Musil, Robert 37, 120

Neumeister, Erdmann 127
Noll, Ingrid 108
Novalis 126, 128

Ortheil, Hans-Josef 126
Ossowski, Leonie 138
Özdamar, Emine Sevgi 140

Paretsky, Sara 108
Parr, Andrea 108
Petersen, Jürgen H. 13, 15, 97, 117
Petronius 70, 79, 123, 126
Propp, Vladimir 20
Proust, Marcel 136

Raeber, Kuno 141
Rampa, Lobsang 112 f.
Ransmayr, Christoph 121, 141
Rellergerd, Helmut 104
Reuter, Christian 85
Rinner, Franz M. 141
Rist, Johann 127
Rodríguez de Montalvo, Garci 74, 79
Roth, Gerhard 138
Roulet, Daniel de 141
Rousseau, Jean-Jacques 128

Scaliger, Julius Caesar 80
Schädlich, Hans-Joachim 137
Schami, Rafik 140
Schärf, Christian 14, 97, 117, 136
Schiller, Friedrich von 28, 124
Schlegel, Friedrich 95, 97, 125, 126
Schmidt, Arno 121
Schmidt, Julian 130, 135
Schneider, Robert 141
Schnitzler, Arthur 114
Scholl, Joachim 121
Schön, Erich 15
Schopenhauer, Arthur 128
Scott, Walter 90
Scudéry, Madeleine de 124
Simmel, Johannes Mario 105
Sobel, Dava 109
Spielhagen, Friedrich 135
Spitteler, Carl 123
Stanzel, Franz K. 61, 62, 65
Steinecke, Hartmut 12, 123
Stifter, Adalbert 95
Stinde, Julius 90
Strauß, Botho 141
Streeruwitz, Marlene 137

Strittmatter, Erwin 138
Sue, Eugène 90
Süskind, Patrick 121, 141
Suter, Beat 142

Temme, Jodocus Donatus Hubertus 90
Thomasius, Christian 133
Tieck, Johann Ludwig 125
Timm, Uwe 138
Tolkien, John Ronald Reuel 107

Updike, John 141
Urfé, Honoré d' 75, 80
Uspenskij, Boris 59, 67

Vergil 123
Vorderer, Peter 15

Wahrenburg, Fritz 12, 123
Wallraff, Günter 109
Walser, Martin 118, 138
Weiss, Peter 119
Wellershoff, Dieter 120, 126
Wickram, Jörg 84
Wieland, Christoph Martin 128
Wienbarg, Ludolf 134
Windgassen, Antje 103
Wolf, Christa 133, 139

Xenophon 70, 79

Zesen, Philipp von 127
Zigler und Kliphausen, Heinrich Anselm von 75
Žmegač, Viktor 12
Zoderer, Joseph 137
Zola, Emile 135
Zschokke, Matthias 141
Zweig, Stefan 114

Sachregister

Achronie 140
Adjuvant 20
Adressant 20
Adressat 20
affectio 18, 19
Aktant 20
Aktionssequenz 36
Alltagserzählung 51
Alltagsgeschichte 135
Alphabetisierung 128

aptum 39
Ästhetikgeschichte 122
ästhetische Einstellung 32, 34, 50, 53, 54, 57, 67 f., 69
Auktorialität s. Erzähler, auktorialer
Außenperspektive 63, 64
Authentizität 110
Autonomie 90, 97, 116, 117, 121
Autor 53

empirischer 53
idealer 53

Berufsleser 101, 115, 136
Besitzbürgertum 87
bildliches Sprechen 41
Bildung 127
  geistige 128
  gesellige 127
Bildungsauffassung 127

Sachregister

Bildungsbürgertum 97 f.
Bildungsroman 98
Binnenhandlung 65
Buchhandel 100

Collage 38, 119
consilium 18

DDR-Literatur 122
demokratische Gattung 136
Deskriptionssequenz 36
Deviationsästhetik 47
Dialogsequenz 36
Distanzierung 26, 52, 59, 68, 95, 129
   ontische 60
   psychologische 60
   räumliche 59
   stilistische 61
   weltanschauliche 61
   zeitliche 59

Entreferentialisierung 121
episches Präteritum 51, 52
Epochenbegriffe 118
Epochenstil 47
„Epopöe der gottverlassenen Welt" 136
Epos 10, 125, 132
   Heldenepos 80
   höfisches 10, 70, 73
   Versepos 10, 78, 87, 123, 125, 126
erlebte Rede 58
Erzähler 54 ff.
   auktorialer 56, 60, 62
   extradiegetischer 65
   heterodiegetischer 65
   homodiegetischer 65
   Ich-Erzähler 54
   intradiegetischer 65
   personaler 56, 58, 62
   unzuverlässiger 55
Erzählsituation 50 ff.
   auktoriale 56, 60, 62
   Dynamisierung der 62
   Ich-Erzählsituation 56, 62
   limited point of view 63, 64
   personale 56, 58, 62
erzählte Zeit 35
Erzähltempo 36
Erzählung 55
   auktoriale 55
   Ich-Erzählung 55
   personale 55
   Rahmenerzählung 55, 65

Erzählzeit 35
Eskapismus 22, 123, 131

Familienblätter 90
Figur
   flat character 20
   Hauptfigur 17
   Ich-Figur 54
   Nebenfigur 17
   round character 20
Figurenanalyse 17
Figurensoziologie 21
Fiktionalität 9, 15, 51, 52
Fiktionalitätssignale 9
Fiktionsstörung 140
Fiktionstheorie 14
Fiktivitätsbewusstsein 33, 51
Fiktivitätserkennungskompetenz 129
Fokalisierung 65
   externe 65
   interne 65
   Nullfokalisierung 65
fortuna 18, 19
Fortunatus 82 f.
Frivolität 126

Gattungssynthese 125
Gelehrtenstand 77, 78, 80
genera dicendi 39
   genus grande 39
   genus humile 39
   genus medium 39
Geschichtsauffassung 119
Geschichtsschreibung 123, 135
Geschmack 15

habitus 18, 19
Handlung 36
   Haupthandlung 36
   Nebenhandlung 36
Handlungsstruktur 20, 37
   dramatische 37
   episodische 37
   isotrope 37
Historisierung 125
Hybris 134

Ich-/Er-Wechsel 56 f., 140
Identifikation 15, 25, 26, 50, 52, 61, 67, 69, 128
Identität 59, 99
Illusionserzeugung 15
Illusionszerstörung 15
Individualität 38, 46

Individualstil 46
Informationsvergabe 53
Inhaltsanalyse 26
Inkohärenz 44, 140
Innenweltdarstellung 60
Innerer Monolog 58, 59
Inquit-Formeln 58
Intellektualisierung 73, 95, 96, 113, 128
interesseloses Wohlgefallen 16, 32, 68
Internet-Literatur 8
Intertextualität 29
Intimisierung 73
Involvement 69
Isotopieanalyse 44

Kanon 114, 117
Kapitalstruktur 21 f., 24
   körperliches Kapital 21
   kulturelles Kapital 21
   materielles Kapital 21
   soziales Kapital 21
   symbolisches Kapital 21
Kapitel 9
Klassizismus 79 f.
Kohärenzstörung 38, 44
kollektives Schreiben 141
Kolloquialität 45
Kolportage 91 f., 126
Komposition 36
Kultursoziologie 14
Kunstlosigkeit 123 f.

Lautstilistik 39
Lebensstil 101
Legitimität 11
Leitmotiv 31
Lektürepraxis 15
Leseforschung 14
Lesen
   stille, einsame Lektüre 15
   symbiotisches 110
Leser 53 f.
   empirischer 53 f.
   fiktiver 53 f.
   idealer 53 f.
Lesesucht 127

Mehrfachcodierung 116
Mentalitätsgeschichte 135
Metapher 41
Migrantenliteratur 139
Milieu 102 ff.
   alternatives 110
   aufstiegsorientiertes 106

Milieu (Forts.)
  hedonistisches 110
  kleinbürgerliches 104
  konservativ-gehobenes 113
  neues Arbeitnehmermilieu 106
  technokratisch-liberales 113
  traditionelles Arbeitermilieu 102
  traditionsloses Arbeitermilieu 102
Modus 63, 65
Mögliches 129
Montage 19, 38, 119
Motiv 30
Mündlichkeit 73, 93

narrative Ebene 65
Narrativik 50
Nationalsozialismus 122, 132
natura 18, 19
Negativheld 23
Neologismen 40, 140
Normpoetik 122
novel of action 20
novel of character 20

Opponent 20
ornatus 39

Parabolik 120
Perseveranz 67f.
Person 62, 63, 65
Perspektive 62, 63, 65
  Polyperspektivik 119
perspicuitas 39
Plot 31f.
Poetikgeschichte 122
Prosa 10
  absurde 130
  entreferentialisierte, absolute 121
  experimentelle 41
Psychologisierung 128
puritas 39

Rara 40
Raumkonzeption 33
Realitätsverlust 123, 128, 130, 131
Redeschmuck 39
Redundanz 45
Reflektor 63, 64, 65
Reflexionssequenz 36
Repräsentationskultur 72, 86, 88f., 118, 121, 122

Rhetorik 18, 39
Roman
  Ästhetik 122
  Begriffsgeschichte 8
  Definition 8
  Poetik 12, 122
  Theorie 12
  Typologie 11
Romantypen
  Ankunftsroman 132
  autobiographischer Roman 138
  Betriebsroman 132
  Bodenreformroman 132
  bürgerlicher Roman 82
  Experimentalroman 135, 140
  Frauenroman 108
  Gelehrtenroman 77
  Geschichtsroman 133
  gesellschaftskritscher Roman 136
  Gesellschaftsroman 17
  Heftchenroman 103
  höfischer Roman 72, 74
  Illustriertenroman 102f.
  Internet-Roman 140, 142
  Kolportageroman 91f., 93, 94
  Kriminalroman 108
  Montageroman 35
  Professorenroman 28
  psychologischer Roman 98
  Räuberroman 11
  religiös-biblischer Roman 127
  Reportageroman 109
  Schelmenroman 84, 85
  Schundroman 126
  Schwankroman 84
  Tatsachenroman 109
  Unterhaltungsroman 140
  Zeitroman 99
Rückkehr zum Erzählen 121

Satzstilistik 41, 42
  Komplexität der Satzgefüge 42
  Satzlänge 42
Schauplatz 33
  abstrakter 34
  entkonkretisierter 34
  phantastischer 33
  realistischer 33
Schauplatzwechsel 34
Schlüsselroman 17
Schriftlichkeit 73, 93
Segmentierung 37
  äußere 37
  innere 37
  Segmentierungssignale 37

Selbstreferentialität 121
Selektionsästhetik 47
SINUS-Modell 100f.
Skripturalität 45
soziale Reichweite 48
soziale Synthese 129
Soziolekte 41, 61
Spielen 26, 96, 118, 119, 136
sprechende Namen 18
Ständeklausel 23
Stilanalyse 38, 48
Stoff 28
Stofflexika 29
studia 18
Subvokalisation 40
Sujet s. Stoff
symbiotisches Lesen s. Lesen
sympathetischer Hintergrund 34
Sympathielenkung 23, 24
synoptisches Präsens 33

Tabu 118
Textverständlichkeit 44
Thema 27
  Hauptthema 27
  Nebenthema 27
Thematologie 27
Topos 31
Totalität 136
Typenkreis 63

Übersetzungen 49
Unsittlichkeit 123
Unterhaltungskultur 118, 121, 122, 126

Vereinigungsroman s. Wenderoman
Versepos s. Epos
victus 18
Vokabular 40
Volksbuch 82

Wenderoman 138
Wirklichkeitswahrnehmung 119, 141

Zeigen 26, 95f., 118, 136
Zeitkonzeption 34f.
  achronische 34f.
  anachronische 34f.
  chronologische 34f.
Zensur 54, 12, 131f.
Zivilisationsgeschichte 93
Zivilisierung 127